Tributação nos Estados Unidos e no Brasil

Tributação nos Estados Unidos e no Brasil

ESTUDO COMPARATIVO DA MATRIZ TRIBUTÁRIA
(ATUALIZADO COM A REFORMA TRIBUTÁRIA TRUMP)

2020

Valcir Gassen
Marcos Aurélio Pereira Valadão

ALMEDINA

TRIBUTAÇÃO NOS ESTADOS UNIDOS E NO BRASIL
ESTUDO COMPARATIVO DA MATRIZ TRIBUTÁRIA
(ATUALIZADO COM A REFORMA TRIBUTÁRIA TRUMP)
© Almedina, 2020

AUTOR: Valcir Gassen, Marcos Aurélio Pereira Valadão
DIAGRAMAÇÃO: Almedina
DESIGN DE CAPA: Roberta Bassanetto
ISBN: 9788584936014

Dados Internacionais de Catalogação na Publicação (CIP)
(Câmara Brasileira do Livro, SP, Brasil)

Valadão, Marcos Aurélio Pereira
Tributação nos Estados Unidos e no Brasil : estudo comparativo da matriz tributária / Marcos Aurélio Pereira Valadão, Valcir Gassen. – São Paulo : Almedina, 2020.

Bibliografia.
ISBN: 978-85-8493-601-4

1. Direito tributário 2. Direito tributário -
Brasil 3. Direito tributário - Estados Unidos
4. Tributação - Leis e legislação I. Gassen, Valcir.
II. Título.

20-32676   CDU-34:336.2(81)

Índices para catálogo sistemático:

1. Brasil : Direito tributário 34:336.2(81)
2. Estados Unidos : Direito tributário 34:336.2(73)

Maria Alice Ferreira – Bibliotecária – CRB-8/7964

Universidade Católica de Brasília – UCB
Reitor: *Prof. Dr. Ir. Jardelino Menegat*
Pró-Reitor Acadêmico: *Prof. Dr. Daniel Rey de Carvalho*
Pró-Reitor de Administração: *Prof. Me. Júlio César Lindemann*
Diretor de Pós-Graduação, Identidade e Missão: *Prof. Dr. Ir. Lúcio Gomes Dantas*
Diretora da Escola de Humanidades, Negócios e Direito: *Profa. Dra. Regina Helena Giannotti*
Coordenador do Programa de Pós-Graduação em Direito: *Prof. Dr. Maurício Dalri Timm do Valle*
Editor-Chefe do Convênio de Publicações: *Prof. Dr. Marcos Aurélio Pereira Valadão*

Este livro segue as regras do novo Acordo Ortográfico da Língua Portuguesa (1990).

Março, 2020

EDITORA: Almedina Brasil
Rua José Maria Lisboa, 860, Conj.131 e 132, Jardim Paulista | 01423-001 São Paulo | Brasil
editora@almedina.com.br
www.almedina.com.br

AGRADECIMENTOS

Agradeço o apoio recebido da CAPES para realização das pesquisas de pós-doutoramento na *Thomas Jefferson School of Law* – EUA, bem como, pela interlocução com o professor William H. Byrnes IV, o que auxiliou na produção desta obra.

Valcir Gassen

PREFÁCIO

Brasileiros de classe média alta costumam fazer compras em Miami. Ou Nova Iorque. Adquirem roupas, aparelhos eletrônicos, utensílios domésticos. Comparam os preços que pagam lá com os cobrados aqui no Brasil e encontram uma grande diferença. Muito mais baratos nos Estados Unidos. Examinam a nota fiscal das compras e verificam que lá, a alíquota total que incide sobre o consumo (*sales tax*) varia entre 5 e 9%, valor muitas vezes inferior à tributação sobre o consumo que vigora – há décadas – no Brasil.

Terminadas as férias, o brasileiro de classe média alta volta dos Estados Unidos com muitas mercadorias e uma convicção inabalável: que bom seria ser contribuinte nos *States*, pagaria muito menos tributos do que no Brasil. Da convicção chega-se sem esforço a uma conclusão quase óbvia: a pátria da liberdade e do empreendedorismo sabiamente reserva a seus cidadãos uma tributação suave, enquanto o Brasil submete seus bravos empreendedores a um nefando *garrote fiscal* (por aqui adoramos figuras de linguagem dramáticas como essa).

O livro dos professores Valcir Gassen e Marcos Aurélio Pereira Valadão demonstra com muita clareza que aquela convicção é equivocada, e aquela conclusão apressada. Quando se leva em conta os tributos sobre o patrimônio e principalmente o imposto sobre a renda da pessoa física, vê-se que a carga tributária sobre a parcela mais rica da população é, no Brasil, muito mais leve do que nos Estados Unidos. Se a comparação é feita levando em conta um próspero profissional liberal titular de cotas de sociedade, o imposto de renda exigível no Brasil (somente da sociedade, sobre seu lucro presumido e não sobre o lucro de fato apurado e distribuído aos sócios) é, em comparação com o imposto estadunidense (sobre os lucros efetivamente recebidos pelo profissional, segundo alíquotas progressivas que chegam atualmente a 37%), baixíssimo.

Quando o próspero profissional liberal brasileiro souber a proporção de sua renda que terá de entregar ao *Uncle Sam* caso não somente faça compras, mas também exerça sua prestigiosa profissão num escritório em Miami ou Nova Iorque, provavelmente praguejará e negará que aquela seja mesmo a pátria da oportunidade e do capitalismo avançado. Mas então se enganará de novo nosso próspero concidadão: é que, se reparar bem, constatará que o imposto de renda da pessoa física é mais importante (no conjunto geral da arrecadação) e tem essa configuração mais exigente quanto aos cidadãos mais ricos *exatamente* nos países de espírito empreendedor e capitalismo avançado (América do Norte, Europa Ocidental). Tributação exacerbada sobre o consumo e imposto de renda sem progressividade nem universalidade é combinação típica do capitalismo periférico latino-americano – na OCDE, por exemplo, México e Chile são os dois pontos fora da curva.

Para os que ainda acreditam que manter impostos baixos para os cidadãos mais ricos é receita necessária – ou ao menos recomendável – para as nações alcançarem o pleno desenvolvimento econômico capitalista, não custa lembrar que os mesmos Estados Unidos da América tinham, antes de se tornarem uma grande potência econômica, um sistema tributário tão regressivo e perverso como o brasileiro, e que transformaram radicalmente esse sistema exatamente nas décadas (entre o final do século XIX e o início do século XX) em que alcançaram sua maturidade produtiva e industrial (cf. MEHROTRA, Ajay K. *Making the Modern American Fiscal State – Law, Politics and the Rise of Progressive Taxation*, New York: Cambridge University Press, 2013).

Se o livro cujos autores me deram a honra de prefaciar tivesse somente esse mérito – mostrar e documentar de forma didática e com linguagem acessível como são distintas as matrizes tributárias do Brasil e dos Estados Unidos –, já teria cumprido uma bela missão. Mas há mais. O livro prova que o trabalho em coautoria entre dois autores renomados e experimentados é viável e rende ótimos frutos. Que outros acadêmicos se unam e se lancem a novos projetos com essa mesma envergadura.

Em tempos estranhos, em que as armas de fogo são mais valorizadas que as bolsas de estudo, não poderia deixar de registrar neste breve prefácio que a obra não teria sido realizada – ou tão bem realizada – sem que a CAPES (Coordenação de Aperfeiçoamento de Pessoal de Nível Superior) apoiasse o pós-doutorado de um dos autores na *Thomas Jefferson School of*

Law. Viva a universidade brasileira, a pesquisa livre e de qualidade, a vida acadêmica pulsante e comprometida com a construção de uma sociedade solidária, fraterna, sem ódio nem preconceitos de qualquer espécie.

Marciano Seabra de Godoi
Pontifícia Universidade Católica de Minas Gerais
Belo Horizonte, setembro de 2019.

SUMÁRIO

Introdução

Em uma correspondência de Benjamin Franklin pode se extrair uma famosa frase a respeito do poder conferido ao Estado de cobrar tributos de seus cidadãos. Franklin de forma direta afirmou em 1789: *"but in this world nothing can be said to be certain, except death and taxes"*, que em tradução livre corresponde a: "na vida, só existem duas coisas certas: os impostos e a morte"[1]. Esta pode ser uma forma direta e divertida, ou irônica, de começar a pensar no fenômeno da tributação, ou seja, são duas coisas inafastáveis na vida de qualquer cidadão: a morte e o pagamento de tributos.

O objeto da presente pesquisa é a comparação dos sistemas tributários dos Estados Unidos da América (EUA) e do Brasil. Esta escolha do objeto implicou em desafios, visto que os dois sistemas tributários estão alicerçados historicamente em duas distintas tradições do direito, o *common law* (direito comum ou direito consuetudinário), em que o direito tem por principal fonte as decisões proferidas pelo poder judiciário por intermédio de precedentes, e o *civil law* (romano germânico), em que a principal fonte do direito é a legislação. Assim, a análise foi realizada com o maior zelo para que as inúmeras especificidades dos sistemas tributárias fossem consideradas.

Outro desafio que estabelecemos foi de tratar as espécies e subespécies tributárias nos dois diferentes países a partir da clássica distinção das suas bases de incidência, a saber, renda, patrimônio e consumo. O que por si só, não é pouco, e ofertou aos autores um conjunto de dificuldades no que tange as principais características de determinados impostos e contribuições e a consequente inclusão em uma ou outra base de incidência.

---

[1] *Letter to M. Le Roy*, Philadelphia, 13 November, 1789. Disponível em http://oll.libertyfund.org/titles/franklin-the-works-of-benjamin-franklin-vol-xii-letters-and-misc-writings-1788-1790-supplement-indexes Acesso em 03/03/2017.-

No enfrentamento destes desafios procurou-se ofertar ao leitor um campo suficientemente descritivo para a adequada compreensão das espécies e subespécies existentes nos dois ordenamentos jurídicos, para que se possa, em momento posterior, um bom entendimento do viés prescritivo, de crítica as escolhas feitas no campo da tributação.

Assim, como se expressam nos países de língua inglesa, estabeleceu-se o approach, ou, em português, a interpretação (abordagem/enfoque) da tributação, a partir do conceito de matriz tributária, e esta, como sendo o resultado das escolhas no campo da ação social no que tange ao fenômeno da tributação. Contemplando-se assim a formatação das bases de incidência, a distribuição da carga tributária, a fontes de normatização, a relação da tributação com a economia, com a política, enfim, tratando da tributação como algo que diz respeito ao nosso cotidiano, até porque, é uma das coisas certas na vida o pagamento de tributos.

Com essa abordagem, em que se considera que a matriz tributária de um país são as escolhas feitas por parte dos atores sociais, econômicos e políticos, e que, em considerável medida, definem o lugar na escala dos indicadores relacionados ao desenvolvimento humano, é que as críticas ou a postura prescritiva dos autores se inserem.

O presente trabalho é resultado de pesquisas realizadas pelos dois autores nestes últimos quatro anos, em que Gassen, inicialmente, teve a oportunidade de realizar a pesquisa em seu pós-doutoramento na Thomas Jefferson School of Law, EUA, e Valadão, em seguida, nos seus estudos de pós-doutoramento na Pós-Graduação em Direito da Universidade de Brasília – UnB.

Algumas observações de natureza metodológica são necessárias. Nem todos os dados estão atualizados para 2019, ano de finalização do texto. Contudo, no que importa para efeito de análise, os dados não atualizados são em certa medida constantes ou se alteram pouco no curto prazo, não interferindo nos resultados das conclusões decorrentes das análises efetivadas, visto que se tratam de dados macro e que tendem a não variar muito a curto prazo. Ainda, em relação aos dados dos EUA e Brasil, excetos aqueles sob o ponto de vista histórico, se referem em geral ao período de 2012 a 2018, em que se contempla aspectos mais importantes da recente reforma tributária proposta por Donald Trump (2017).

Embora existam itens específicos, onde a análise comparativa é mais singular e para não tornar a leitura desinteressante, os temas concernentes a eventuais discrepâncias, suas causas e seus efeitos são considerados ao longo do texto, ao invés de serem considerados em tópicos ou capítulos específicos.

Como a opção no trabalho foi por organizar as espécies e subespécies em suas respectivas bases de incidência, dividiu-se o trabalho em quatro capítulos. Assim, o primeiro capítulo apresenta os fundamentos do fenômeno tributário, alguns conceitos importantes, uma rápida narrativa histórica da tributação nos EUA e no Brasil, suas principais características, os princípios que norteiam as escolhas na tributação, enfim, uma introdução necessária ao estudo da tributação.

Já o segundo capítulo contempla uma das bases de incidência, no caso, a renda. Neste procurou-se, *v.g.*, demonstrar como a incidência de tributos sobre a renda tem ocupado um lugar de importância, tanto no que tange a eficiência em termos de arrecadação, quanto a questão da equidade em relação a progressividade, com a ressalva de ser historicamente a mais recente base de incidência,

No terceiro capítulo a análise ficou centrada na tributação incidente sobre o patrimônio, com a devida caracterização dos impostos existentes nos dois sistemas tributários e suas particularidades, *v.g.*, as diferenças de alíquotas práticas nos impostos incidentes sobre a herança, que no Brasil fica ao redor de 4% e nos EUA a alíquota chega a ser dez vezes maior.

No quarto e último capítulo tratou-se da base de incidência consumo. Percebe-se também aqui diferenças consideráveis entre o sistema tributário dos EUA e o existente no Brasil no que diz respeito a tributação sobre o consumo, como por exemplo, a importância que tem na arrecadação tributária brasileira essa base de incidência e a sua principal característica, a regressividade, denotando um esforço desmedido nas escolhas da matriz tributária de onerar proporcionalmente mais quem tem uma capacidade contributiva menor.

Por fim, procurou-se estabelecer algumas considerações finais, sem repetir sinteticamente o que consta no interior dos capítulos, que possam expressar uma reflexão final sobre o contexto em que se desvela o fenômeno tributário nos EUA e no Brasil a partir da exposição feita ao longo do trabalho.

1. Aspectos Nucleares da Tributação

1.1. Considerações Preliminares sobre o Fenômeno da Tributação e a Matriz Tributária

A palavra tributar expressa entre os vários significados existentes a ideia de distribuir, dividir, repartir, coletar tributos etc. É também sinônima de taxa do verbo taxar – avaliar, estimar o preço de algo – ou de imposto do verbo impor, como "obrigar" a observar algo ou estabelecer regras. Na língua portuguesa é possível usar tributo, imposto e taxa como sinônimas, mas no sentido jurídico a primeira é gênero e a segunda e terceira são espécies. Na língua inglesa a palavra *tax* é usada no âmbito jurídico no sentido de tributo e esta última, de maneira geral, como sinônima de imposto[2]. Já a palavra inglesa *taxation* é utilizada com mais frequência como sinônimo de tributação em português.

A instituição e cobrança de determinado tributo sempre está vinculado, de certa forma, a instituição de um poder de mando, um poder político. A história dos tributos se confunde com a própria história do Estado[3]. São inúmeros os relatos históricos acerca da existência de tributos na antiga Suméria, Egito, na Grécia ou em Roma, mas há que se salientar que o tributo tinha à época uma natureza distinta da quem se tem hodiernamente.[4]

---

[2] Há também os vocábulos "*impost*" (imposto), "*fee*" (taxa), "*duties*" (direitos), "*excises* " (acisas) usadas para significar tributos (em geral "*tax*"), mas há divergência na significação dessas palavras que afloram quando há traduções. Ver a respeito GODOY, Arnaldo Sampaio de Moraes. Conceituação de Tax nos Tratados Internacionais Tributários: paradoxos e possibilidades de um esperanto jurídico-fiscal. Direito Tributário em Questão, v. 8, p. 38-58, 2012.

[3] BALTHAZAR, Ubaldo César. História do Tributo no Brasil. Florianópolis: Fundação Boiteux, 2005. p.18.

[4] De qualquer forma é curioso notar que 2.360 AC, o imperador Urakagina, após assumir o poder na cidade-estado de Lagash (Mesopotâmia) anunciou que iriar combater as injustiças como a tributação sem autorização, a corrupção no templo e o uso de força desproporcional

Sem desconsiderar as inúmeras peculiaridades de cada momento histórico e do exercício do poder político nas diferentes configurações do ente que atualmente denominamos de Estado, é possível afirmar que desde a antiguidade até o início da era moderna o tributo tinha como característica importante a apropriação por parte daquele que representava o poder político de algo que lhe pertenceria, isto é, o Estado detinha a propriedade[5] de todas as coisas, bem como, de certa forma, das pessoas sob o seu domínio.

A propriedade em regra era indissociável do poder político. Já na era moderna, mais propriamente a partir da revolução industrial inglesa e da revolução política francesa, se consolidou um processo histórico de cisão entre Estado e propriedade. A propriedade passa a ser independente do poder estatal[6]. Essa independência é relativa, pois a propriedade é um direito assegurado a cada indivíduo de si e de suas coisas por intermédio de um complexo sistema de direitos e liberdades que o próprio Estado garante. E para assegurar esses direitos e, no caso, o direito de propriedade privada, o Estado necessita de um suporte econômico para que as suas instituições de forma coativa estruturem e disponibilizem esses direitos.

Portanto, pode ser afirmado que os direitos são garantidos pelo Estado por intermédio das atividades exercidas pelos seus poderes, executivo, legislativo e judiciário.[7] Assim o Estado com suporte econômico e por intermédio de suas atividades assegura a existência de direitos e o seu exercício efetivo. Desta ponderação decorre outra, que é bastante óbvia, mas nem

---

pelos ricos . GRAPPERHAUS, Ferdinand. H. M. Taxes Through the Ages: A pictorial History. Amsterdam: IBF, 2009, p. 10.

[5] Vide: GASSEN, Valcir. A natureza histórica da instituição do direito de propriedade. In: Antonio Carlos Wolkmer. (Org.). Fundamentos de história do direito. 9 ed.Belo Horizonte: Del Rey, 2016, v. , p. 169-194.

[6] "Se na época do Estado absoluto os que detinham o poder representavam igualmente o Estado, e a riqueza do Estado era a sua riqueza, na época do Governo constitucional, ao contrário, o Estado e a propriedade se separaram. Esta separação gerou a dependência – a dependência fiscal – do Estado à sociedade". GOZZI, Gustavo. Estado contemporâneo: o Estado fiscal. *In*: BOBBIO, Norberto; MATTEUCCI, Nicola; PASQUINO, Gianfranco. Dicionário de política. Tradução de Carmen C. Varriale et al. 4. ed. Brasília: UnB, 1992. p. 404.

[7] A tripartição do poder estatal em legislativo, executivo e judiciário, pensada desde os primórdios aristotélicos até a sistematização promovida por Montesquieu permeia os estados modernos, como metodologia de conformação estatal Deve-se reconhecer, porém, que nos estados não-laicos, a autoridade religiosa fragmenta a tripartição dos poderes.

sempre percebida, é que garantir direitos implica dispêndio econômico e que em resumo pode ser assim explicitado: os direitos têm custos.

Neste sentido "os americanos parecem facilmente esquecer que os direitos e liberdades individuais dependem fundamentalmente da ação vigorosa do Estado. (...) Direitos no sentido legal tem 'dentes'. (...) Quando eles não são apoiados por força legal, por outro lado, os direitos morais são desdentados, por definição".[8]

Isto tem implicações interessantes e uma delas é que o direito de propriedade privada, bem como os demais direitos, podem ser vistos em uma perspectiva pós-tributação, pois estes direitos inexistem sem um sistema estatal que os garanta, portanto, a propriedade só existe após o pagamento dos tributos que a asseguram.

Assim, o fenômeno da tributação não pode ser visto na perspectiva de que limita o "natural" direito de propriedade[9], mas como responsável por estruturar e sustentar este e outros direitos. Dessa forma "é ilegítimo, para fins de avaliação de um sistema tributário, fazer apelo a um nível básico de direitos de propriedade numa suposta 'renda pré-tributária', pois essa renda é o produto de um sistema do qual os impostos são um elemento inalienável"[10].

Com isto posto, cabe salientar um outro aspecto importante para se compreender adequadamente o fenômeno da tributação, que é o uso rotineiro da expressão "sistema tributário" por parte dos tributaristas, em específico. O acordo semântico posto pelo senso comum teórico dos juristas[11]

---

[8] "Americans seem easily to forget that individual rights and freedoms depend fundamentally on vigorous state action. (...) Rights in the legal sense have 'teeth'. (...) When they are not backed by legal force, by contrast, moral rights are toothless by definition". HOLMES, Stephen; SUNSTEIN, Cass R. The cost of rights: why liberty depends on taxes. New York, London: W.W. Norton & Company, 1999, p. 14, 17. (tradução nossa).

[9] Um aspecto importante é que a tributação, independente da forma que ocorre, termina por impactar a propriedade, no sentido de capital. Seja a tributação direta na propriedade, seja a tributação da renda (que se não tributada, a parte que deixou de ser tributada converte-se em propriedade), seja no consumo, pois consumo nada mais é que renda não poupada. Assim, não houvesse tributação do consumo a renda poupada seria maior e portanto, também seria o acúmulo da capital (propriedade).

[10] MURPHY, Liam; NAGEL, Thomas. O mito da propriedade: os impostos e a justiça. Trad. Marcelo Brandão Cipolla. São Paulo: Martins Fontes, 2005, p. 13.

[11] "*Senso comum teórico dos juristas* (por referência à produção, circulação e "consumo" das verdades nas diversas práticas de enunciação e escrita do direito): o conjunto das representações, crenças, ficções... que influenciam os juristas profissionais sem que estes tomem consciência

acerca desta expressão muitas vezes fica restrito às questões dogmáticas pertinentes a relação entre fisco e contribuinte, a questão da competência tributária, quais são as espécies tributárias existentes, quais seriam os limites ao poder de tributar etc, não contemplando a relação, *v.g.*, entre a tributação e a economia, a política, a sociedade, o desenvolvimento econômico e humano.

Como a utilização apenas da expressão "sistema tributário" não contempla de forma satisfatória as complexas relações existentes no âmbito do fenômeno da tributação, utiliza-se neste caso a expressão "matriz tributária", como sendo o resultado das escolhas feitas em um determinado momento histórico no campo da ação social no que diz respeito ao fenômeno da tributação[12]. Ou seja, no presente trabalho utiliza-se as duas expressões, a primeira com uma amplitude menor e a segunda com uma maior amplitude.

Portanto, cabe observar que existem duas diferentes formas de encarar o fenômeno da tributação, por um lado, a corrente teórica que considera que os direitos individuais, *v.g.*, o direito de propriedade nesta perspectiva é inerente à condição humana, é natural, e com isso, o direito de propriedade seria pré-tributação. Qualquer forma de imposição tributária implicaria em um ato de ofensa ou de ameaça ao direito de propriedade. Esta corrente é denominada por alguns autores de libertarismo vulgar.[13]

Por outro lado, e na perspectiva adotada neste trabalho, os direitos são pós-tributação, isto é, os direitos individuais, mais especificamente o de propriedade, não são direitos naturais inerentes ao ser humano, mas sim produtos de um processo histórico de naturalização de algo que é meramente convencional, aquilo que se estabelece enquanto convenção, passa com o tempo, a ser encarado como algo natural. Este entendimento é fundamental na análise de qualquer matriz tributária.

de tal influência." *In*: WARAT, Luis Alberto et ali. senso comum. In: ARNAUD, André-Jean (org). Dicionário Enciclopédico de Teoria e Sociologia do Direito. Rio de Janeiro: Renovar, 1999. p. 714.

[12] GASSEN, Valcir. Matriz tributária: uma perspectiva para pensar o Estado, a Constituição e a tributação no Brasil. In: Revista dos Tribunais. (São Paulo. Impresso), v. 935, p. 243-266, 2013. p. 248.

[13] MURPHY, Liam; NAGEL, Thomas. O mito da propriedade. São Paulo. Martins Fontes, 2005.

Além desta perspectiva epistêmica da tributação, atualmente ela não pode mais ser vista meramente como uma atividade arrecadatória para suprir o erário público com recursos, mas também como uma atividade relevante de alocação de recursos econômicos na sociedade. Este é um papel importante das atividades do Estado no âmbito da tributação, de alocar recursos para atingir determinadas metas econômicas-sociais. Pode--se não se saber ao certo os efeitos da tributação, bem como o que pode ser considerada uma justa e equitativa alocação, mas o certo é que neste aspecto o papel da tributação ganha cada vez mais importância.

As funções da tributação são diversas, podendo ser denominadas, de maneira genérica de funções extrafiscais, atuando no ambiente econômico e financeiro, em questões de saúde e ambientais, ou seja, com funções regulatórias, quando a medida tributária visa outros efeitos que não a arrecadação.[14]

A formatação da tributação tem, também, forte impacto no desenvolvimento e na distribuição da riqueza[15]. Neste sentido um resumo bem concatenado destas perspectivas:

> *The distribution of the tax burden remains a key theme in the political fiscal debate in the 21st century. Until recently, that debate was based on the principle of ability to pay and the principle of direct benefit while the focal point was what the most just mix of these two would be. However, for several decades, a third principle has arisen which has to be taken into account in that discussion. This is the principle of damages, which means that if a person causes damage to society by their actions, the government is allowed to recover those damages from that person, at least partly, via taxation, regardless of whether their actions were completely legal.*
>
> *The use of taxation as tool to realize political objectives other than obtaining finances for the government, can infringe upon the supposed ideal distribution of the tax burden.*

---

[14] Ver, *e.g.*, VALADÃO, Marcos Aurélio Pereira: Intervenção no domínio econômico e tributação – extrafiscalidade – aspectos. p. 223-248. In: DIAS, João Luis Fischer et al. Estudos de Direito Público: homenagem aos 25 anos de Mestrado em Direito da UnB. Brasília: Brasília Jurídica, 2000. De observar também que a tributação pode ser ferramenta de estado também no âmbito do exercício do poder de polícia, da regulação *stricto sensu*, como é o caso das taxas.

[15] "The distribution of wealth is one of today's most widely discussed and controversial issues". PIKELLY, Thomas. Capital in the Twenty-First Century. Translate by Arthur Goldhammer. Cambridge, Massachusetts, and London: The Belknap Press of Harvard University Press. 2014, p. 1.

This infringement has to be balanced against the importance of those objectives as well as the likehood and extent to which they may be realized through taxation.[16]

Musgrave trata das funções fiscais e atribui à tributação três funções importantes, alocação, distribuição e estabilização. A função alocativa vincula-se a questão do fornecimento de bens públicos da política orçamentária. A função distributiva refere-se aos ajustes feitos na distribuição de renda e riqueza diante das escolhas formuladas por determinada sociedade. Já a função estabilizadora diz respeito a fazer com que os objetivos estabelecidos, nível de empregabilidade, crescimento econômico etc., sejam atingidos.[17]

Portanto, o estudo do fenômeno da tributação, em uma perspectiva da matriz tributária existente, é crucial para que se compreenda que o pagamento de tributos é o que possibilita a existência de direitos e a possibilidade de ampliação ou de redução dos mesmos, isto é, os direitos não existem desconectados da tributação.

1.2. Conceito de Tributo

Depois destas breves considerações sobre o fenômeno tributário uma pergunta importante é de se saber o que é um tributo, ou, como é possível

---

[16] "A distribuição da carga tributária continua sendo um tema central no debate da política fiscal no século XXI. Até recentemente, esse debate baseava-se no princípio da capacidade de pagamento e no princípio do benefício direto, enquanto o ponto focal era o que seria a mais justa mistura desses dois. No entanto, por várias décadas, um terceiro princípio surgiu, que deve ser levado em conta nessa discussão. Este é o princípio dos danos, o que significa que se uma pessoa causar danos à sociedade por suas ações, o governo pode recuperar esses danos dessa pessoa, pelo menos parcialmente, por meio de tributação, independentemente de suas ações serem completamente legais.
O uso da tributação como ferramenta para realizar objetivos políticos que não sejam obter financiamento para o governo, pode infringir a suposta distribuição ideal da carga tributária. Essa infração deve ser equilibrada com a importância desses objetivos, bem como a condição e a extensão com que podem ser realizados através da tributação." (tradução nossa).
GRAPPERHAUS, Ferdinand. H. M. Taxes Through the Ages: A pictorial History. Amsterdam: IBFD, 2009, p. 62-63.
[17] MUSGRAVE, Richard A.; MUSGRAVE, Peggy B. Finanças públicas: teoria e prática. Tradução de Carlos Alberto Primo Braga. São Paulo: Editora da Universidade de São Paulo, 1980. p. 6 e seguintes.

conceituar tributo, para, entre outros objetivos, distinguir esta obrigação de outras obrigações que tem o cidadão para com o Estado. Tributo é uma prestação normalmente pecuniária que o contribuinte pessoa física ou jurídica deve satisfazer ao Estado quando realizar certas atividades no plano econômico ou o Estado realizar determinadas atividades em prol do contribuinte.

Para que essas atividades econômicas do contribuinte ou atividades desenvolvidas pelo Estado sejam passíveis de tributação precisam, primeiro, ser escolhidas pelo legislador, e, segundo, pré-fixadas em lei. Assim posto, não poderá o contribuinte decidir ou não pelo pagamento do tributo devido, ele terá que pagá-lo de forma compulsória, obrigatória.

Outra característica importante do tributo é que ele não é instituído e cobrado como punição a uma determinada atividade do contribuinte. Exemplo de uma punição do Estado em relação ao comportamento do cidadão que não é considerado como tributo, é a multa de trânsito por dirigir acima da velocidade permitida. Em outras palavras o tributo não pode se constituir enquanto sanção de um ato ilícito.

Poderá o Estado instituir tributos quando este realiza em benefício do contribuinte certas atividades como prestar um serviço ao contribuinte ou de fiscalização e controle de atividades dos particulares (poder de polícia). Esta não é uma característica presente em todos os sistemas tributários, como se pode constatar, a título de exemplo, considerando o Brasil e os EUA no que tange à prestação de um serviço diretamente ao contribuinte, como é o caso da taxa de coleta de lixo. No Brasil é considerado um tributo, no caso, uma taxa, e nos EUA apenas a cobrança de um serviço prestado pelo Estado ao particular. Assim "os impostos não são cobrados como punição (...), nem são cobrados em pagamento de bens particulares ou serviços prestados pelo governo".[18]

Uma característica marcante dos tributos na matriz tributária brasileira, principalmente nos tributos incidentes sobre o consumo, é que eles são ocultos ou anestesiantes. Um tributo oculto ou anestesiante é aquele que o contribuinte paga sem perceber que está pagando, anestesia-se o

---

[18] "taxes are not levied as punishment (...), nor are they levied as payment for particular goods or services rendered by the government (such as a garbage collection fee)". DENIS-ESCOFFIER, Shirley; FORTIN, Karen A. Taxation for Decision Makers. Hoboken, NJ: John Wiley & Sons, 2011. p. 3. (tradução nossa).

contribuinte na sua aversão de pagar tributo, pois o preço do bem que está adquirindo já está anunciado com a inclusão dos tributos e muitas vezes sem a discriminação do gravame. Isto também acontece nos EUA, mas fica restrito aos tributos especiais sobre o consumo que incidem sobre poucos bens, como por exemplo, bebidas, cigarros e combustíveis[19].

Nos EUA os tributos sobre o consumo na sua maioria não são ocultos, pois o preço do bem é anunciado sem o valor do tributo correspondente. Estes tributos não ocultos podem ser considerados, por um lado, como irritantes, pois "irritam" o contribuinte, por outro lado, podem ser vistos como transparentes.

Para finalizar, o conceito legal de tributo não sofre muitas variações além das principais características aqui expostas. A título de exemplo, no Brasil preferiu-se conceituá-lo no Código Tributário Nacional – CTN – de 1966 da seguinte forma: "Art. 3°: Tributo é toda prestação pecuniária compulsória, em moeda ou cujo valor nela se possa exprimir, que não constitua sanção de ato ilícito, instituída em lei e cobrada mediante atividade administrativa plenamente vinculada".

Na clássica obra norte-americana de Thomas Cooley, há a seguinte definição de tributo, elaborada a partir de decisões judiciais dos EUA e das lições de Montesquieu:

> **Definition**. Taxes are the enforced proportional contributions from persons and property, levied by the state by virtue of its sovereignty for the support of government, and for all public needs. The state demands and receives them from the subjects of taxation within its jurisdiction, that it may be enabled to carry into effect its mandates and perform its manifold functions, and the citzen pays from his property the portion demanded, in order that, by means therof, he may be secured in the enjoyment of the benefits of organized society.[20] (Sobretaxado no original).

---

[19] "There are hidden taxes as well. Hidden taxes are those that are paid but that are not specifically itemized as part of the payment". DENIS-ESCOFFIER, Shirley; FORTIN, Karen A. Taxation for Decision Makers. Hoboken, NJ: John Wiley & Sons, 2011. p. 3.

[20] COOLEY, Thomas M. A Treatise on the Law of Taxation Including the Law of Local Assessments. 1st rep. New York: Johnson Rep. Cop., 1972, p. 1.

O conceito de tributos tem diferentes acepções nos diferentes países, o que pode trazer diferentes implicações.[21] Nos EUA, por exemplo, embora os tributos sobre o comércio exterior (*customs duties*) se enquadram no conceito de tributos são tratados como direitos comerciais e não tem o tratamento legal comumente dado aos outros tributos. Para a Organização de Cooperação e de Desenvolvimento Econômico – OCDE – trabalha-se com o conceito de que "imposto é um pagamento obrigatório sem contrapartida por parte do governo"[22].

1.3. Aspectos Históricos da Tributação nos EUA e no Brasil

1.3.1. História da Tributação nos EUA

A história da tributação nos EUA se confunde com o seu processo de independência da Inglaterra. Os protestos contra a política fiscal inglesa na década de 1760 se intensificaram diante da posição do Parlamento Britânico de tributar os colonos com a justificativa de sustentar os custos das despesas militares para proteger as colônias.

A Lei do Selo de 1º de novembro de 1765 (*Stamp Act*) obrigou que na colônia americana todos os documentos legais, contratos, licenças, cartas de baralho etc. devessem conter um selo fiscal. Os colonos americanos se revoltaram contra essa exigência e o argumento principal que utilizavam para justificar a contrariedade em pagar o selo fiscal e o seu consequente boicote era o de que nenhum tributo pode ser estabelecido sem representação[23].

Em 1767 foram aprovadas pelo Parlamento Britânico as Leis Townshend (*Townshend Acts*) – propostas pelo Ministro das Finanças Charles Townshend. Foi instituído um imposto incidente sobre o papel, vidro, chá e chumbo que os americanos comumente importavam da metrópole com o objetivo de obter receitas para o pagamento dos salários dos juízes

---

[21] Para uma visão do conceito de tributo em diversos países e suas diferentes implicações, ver, *e.g.*, PEETERS, Bruno (Ed.). The Concept of Tax. Amsterdam: EATLP/IBFD, 2005.

[22] *"The OECD working definition of a tax is a compulsory unrequited payment to the government"*. OECD. Glossary of Tax Terms. Disponível em: http://www.oecd.org/ctp/glossaryoftaxterms. htm. Acesso: 9.6.2014.

[23] *"No Taxation without Representation"*.

e governadores com o intuito de mantê-los leais a Coroa Britânica. O que diferenciava as Leis Townshend da Lei do Selo é que o imposto não seria pago diretamente pelos contribuintes, mas sim seria cobrado do capitão do navio responsável pelo transporte da carga no descarregamento.

A Lei do Chá (The Tea Act) de 1773 tinha por finalidade inibir o contrabando de chá e proteger a Companhia das Índias Orientais (*East India Company*). Contra a Lei do Chá ocorreu em Boston um forte protesto dos colonos americanos que destruíram uma carga de chá (*The Boston Tea Party*). Houve forte reação da Grã-Bretanha que por intermédio da Lei do Porto de Boston (*Boston Port Act*) determinou o fechamento do porto até que o valor correspondente ao chá destruído fosse pago.

Estes embates, entre outros, se intensificaram e contribuíram com o processo que resultou na declaração de independência dos EUA em 4 de julho de 1776. Esta declaração marca pela primeira vez na história da expansão europeia um processo de independência de uma colônia por intermédio de uma revolução. Com o fim da guerra de independência (1775-1783) foi aprovada na Convenção da Filadélfia entre 25 de maio e 17 de setembro de 1787 a Constituição dos Estados Unidos da América.

Com a independência dos EUA um sistema tributário próprio foi implementado. A estrutura inicial estava assentada no recolhimento por parte da União dos tributos sobre a importação, sobre o uísque e por um tempo sobre janelas de vidro. Já os Estados e governos locais buscavam outras fontes de recursos econômicos por intermédio da tributação, como por exemplo, de imposto sobre a propriedade urbana e rural, imposto de votação cobrado dos eleitores.

É possível de forma didática dividir a história da tributação nos EUA em dois longos períodos: o primeiro que vai do ano de 1789 até o ano de 1913, e o segundo, do período de 1913 até os dias atuais.[24] Não se despreza aqui outras divisões da história da tributação nos EUA e as particularidades nestes dois vastos períodos, mas neste sentido, para um maior conhecimento, indica-se a leitura de obras consagradas e específicas sobre o tema[25].

---

[24] A Constituição dos EUA foi aprovada pela Convenção em 1787, foi ratificada em 1788 (número mínimo de nove Estados, cf. Artigo VII) e entrou em vigor em 4 de março de 1789, mas somente em 1790 os treze Estados então existentes a aceitaram completamente.

[25] A título de sugestão indicamos a leitura das seguintes obras que serviram de base a este item: DEWEY, Davis Rich. Financial History of the United States. New York: Longmans, Green, & CO. 6. ed. 1918.

Eliot Brownlee destaca que a o regime tributário dos EUA começou com a ratificação da Constituição, em 1788, que embora tenha dado plenos poderes tributários à União para estabelecer tributos indiretos, no que diz respeito aos tributos diretos, cobrados das pessoas, estabeleceu regras, especialmente a regra da proporcionalização em relação aos Estados, e isto impactou a estrutura tributária dos EUA, no que diz respeito à tributação federal e aos tributos estaduais e locais.[26]

No primeiro Congresso dos EUA em 1789 foi aprovada a Lei das Tarifas (*Tariff Act of 1789*) que fixou a preponderância de tributos sobre o comércio exterior na composição do orçamento federal em um longo período que pode ter como marco final a criação do imposto de renda – IR – em 1913. Em mais de um século as receitas obtidas do comércio exterior, especificamente do imposto de importação, foram responsáveis pela maior parte da arrecadação.

O Segundo período de uma breve história da tributação nos EUA inicia no ano de 1913 e, com diversas mudanças, continua em termos de estrutura até os dias atuais. O ano de 1913 é escolhido como uma ruptura história pelo fato dos EUA instituírem o imposto de renda.

Há autores que preferem localizar o ano da ruptura em 1916 embora a emenda constitucional que tenha autorizado a instituição do imposto de renda pelo governo federal (contornar a regra da proporcionalização em relação aos Estados) tenha sido aprovada em 1913 (Emenda 16)[27]. A razão

HOFSTADTER, Richard. The Tariff Issue on the Eve of the Civil War. The American Historical Review. Oxford, UK: Oxford University Press. Vol. 44, No. 1 (Oct. 1938).

NORTHRUP, Cynthia Clark; TURNEY, Elaine C. Prange. Encyclopedia of Tariffs and Trade in U.S. Westport, Connecticut: Greenwood Publishing: 2003. Volume 3.

ECKES. Alfred E. Opening America's Market: U.S. Foreign Trade Policy since 1776. Chapel Hill, NC: University of North Carolina Press, 1995.

TUCKER, Barbara and TUCKER, Kenneth H. Industrializing Antebellum America: The Rise of Manufacturing Entrepreneurs in the Early Republic. Palgrave Macmillan, 2008.

TAUSSIG, Frank William. The Tariff History of the United States. New York and London: The Knickerbocker Press, 1910. 5. ed.

[26] BROWNLEE, W. Elliot. Federal Taxation in America: A Short History. Cambridge, UK: CUP, 1999, p. 9.

[27] Em 1895 a Suprema Corte declarou inconstitucional o imposto de renda federal (*Pollock v. Farmer's Loan and Trust Co.* (157 U.S. 429 (1895)), em uma decisão complexa onde parte da incidência do imposto de renda poderia indireta e, portanto, constitucional. O imbróglio só restou resolvido com a Emenda 16, num caso distinto em que uma emenda constitucional alterou a decisão da Corte. BITTKER, Boris. I; LOKKEN, Lawrence. *Federal Taxation on*

é que é o *Underwood-Simmons Tarif Act* de 1913 era menos progressivo e menos ambicioso que as metas das leis da época da guerra civil quando também houve este tipo de cobrança e mesmo da legislação de 1984 (afastada pela Suprema Corte). Porém, a deflagração da I Guerra, abriu espaço para uma tributação mais progressiva, o que transformou as bases tributárias dos EUA, substituindo o sistema de tributos indiretos com forte predominância da tributação da importação.[28]

Ocorreu uma mudança drástica nas bases de incidência. O imposto de importação em 1772 respondia por 95% do orçamento do governo federal, em 1913 respondia por 44% e em 2010 respondia apenas com 1,2 %.[29] Tal processo começou com o presidente Woodrow Wilson em 1913 (exerceu a presidência entre 1912 a 1921) que optou como prioridade, por um lado, reduzir fortemente os tributos sobre o comércio exterior, e por outro lado, para compensar a perda de receita, a reinstituição do imposto de renda.

A tabela seguinte mostra como a mudança nas bases de incidência foi se modificando com o passar dos anos. Percebe-se, entre outros detalhes, um deslocamento do total arrecadado com os impostos sobre o comércio exterior para o imposto de renda[30]:

Income Estates and Gifts. Vol. 1. 3 ed. Boston: Warren, Gorham & Lamont, 1999, p. 1-15-11-20; FRIEDMANN, Lawrence M. *A History of American Law*. 2 ed. New York: Touchstone, 1985, p. 565-567; BROWNLEE, W. Elliot. *Federal Taxation in America: A Short History*. Cambridge, UK: CUP, 1999, p. Lawrence Friedmann afirma que: "If it had not been for World War I mobilization, the major consequence of the passage of the income tax in 1913 might have been the protection of the regime of consumption taxation inherited from the Civil War" "FRIEDMANN, Lawrence M. A History of American Law. 2 ed. New York: Touchstone, 1985, p. 565-567; BROWNLEE, W. Elliot. Federal Taxation in America: A Short History. Cambridge, UK: CUP, 1999, p. 46.

[28] Cf. BROWNLEE, W. Elliot. Federal Taxation in America: A Short History. Cambridge, UK: CUP, 1999, p. 39.

[29] Fonte: United States Census Bureau. Disponível em: http://www.census.gov/compendia/statab/past_years.html. Acesso: 12.5.2014.

[30] Fonte de consulta: Fonte: United States Census Bureau. Disponível em: http://www.census.gov/compendia/statab/past_years.html. Acesso: 12.5.2014.

Ano	% do imposto de importação no orçamento	Imposto de renda	Imposto sobre salários (contribuições)
1792	95.0%	-	-
1795	91.6%	-	-
1800	83.7%	-	-
1810	91.5%	-	-
1820	83.9%	-	-
1830	88.2%	-	-
1840	64.2%	-	-
1850	91.0%	-	-
1860	94.9%	-	-
1865	25.4%	18,2%	-
1870	47.3%	9,2%	--
1880	55.3%	-	-
1890	57.0%	-	-
1900	41.1%	-	-
1910	34.6%	-	-
1913	44.0%	4,8%	-
1920	13.2%	60,2%	-
1930	14.1%	55,2%	-
1940	6.1%	38,8%	14,8%
1950	0.9%	58,2%	6,7%
1960	1.1%	62,3%	12,2%
1970	1.3%	63,9%	23,1%
1980	1.4%	59,7%	30,5%
1990	1.1%	54,3%	36,8%
2000	1.0%	59,8%	32,2%
2010	1.2%	50,4%	39,9%

Os EUA em 1930, por intermédio da Lei Hawley-Smoot (*Smoot-Hawley Tariff Act*) elevaram unilateralmente as alíquotas sobre os produtos importados. Isto causou forte impacto no comércio internacional e teve retaliações de diversos parceiros comerciais, como o Canadá, Inglaterra,

Alemanha e a França. Amadurece com estes acontecimentos a proposta de livre comércio, que tem os EUA como um dos principais atores a partir de então, e a participação do imposto de renda e as contribuições de seguridade social como as principais fontes de arrecadação nas receitas fiscais da União.

Diversas modificações no sistema tributário norte-americano ocorreram após a II Guerra Mundial, mas todas direcionadas fortemente à reestruturações da legislação do imposto de renda federal (alíquotas, deduções, regimes especiais, etc), decorrentes de mudanças mercadológicas e mesmo de ideologias dos grupos que assumiram o poder político, a exemplo das mudanças da década de 1980 da era Reagan, (*Tax Reform Act of 1986*), que reduziu as alíquotas do imposto de renda dentre outros aspectos. A expansão dos gastos com saúde, da era Obama, que foi mantida pela Suprema Corte com base em argumento tributário,[31] e agora se anuncia um redirecionamento decorrente da chamada era Trump, que está em andamento neste período atual.

Deve ser também destacado que a competência tributária nos EUA, considerando os Estados e a União é concorrente, exceto no que diz respeito à tributação das operações de importação e exportação (reservados à União). Assim há muitos Estados, e mesmo Municípios, que cobram o imposto de renda, além de impostos sobre a propriedade sobre o consumo (em geral *"retail sales tax"*, na fase de consumo), não havendo a prática de tributação sobre o valor agregado, tributos tipo IVA (como no Brasil).[32]

Importante destacar que a única alteração tributária na Constituição norte-americana de 1787 foi a já mencionada Emenda 16, contudo diversos julgados da Suprema Corte moldaram o sistema tributário norte-americano (e estabilizam como fonte do Direito, em virtude do sistema do *common law*), dentre as quais cumpre destacar o caso McCulloch v. Maryland, 17 U.S. 316 (1819), que estabeleceu a chamada imunidade tributária

---

[31] *National Federation of Independent Business v. Sebelius* (576 U.S.) – 132 S.Ct. 2566 (2012), onde a Suprema Corte reconheceu que a obrigatoriedade de contatar seguro de sáude, e as consequências financeiras decorrentes da não contratação tinham fundamento no poder de tributar da União.

[32] Para um estudo considerando a implantação de tributo tipo IVA nos EUA ver: VALADÃO, Marcos Aurélio Pereira. Value Added Tax (VAT) and Retail Sales Tax (RST): A Comparative Analysis on the Two Tax Methodologies in the U.S. Revista de Direito Internacional Econômico e Tributário. Brasília, v. 1, n. 1, p. 28-47, 2006.

recíproca (transplantada para as constituições brasileiras após a de 1891), e diversas decisões que vedavam a tributação do comércio interestadual, com base na chamada *commerce clause*, posição que foi recentemente rechaçada no caso Wayfair.[33]

1.3.2. História da Tributação no Brasil

A história da tributação no Brasil, como nos EUA, também guarda relação com o seu processo de independência. São processos distintos, mas é possível fazer algumas aproximações no que concerne a tributação e a relação com o processo de independência do Brasil.

Portugal sempre impôs a colônia brasileira o pagamento de diversos tributos e em momentos distintos era menor ou maior a resistência a pagamento. A principal revolta ficou conhecida como a Conjuração Mineira ou Inconfidência Mineira[34] ocorrida no Estado de Minas Gerais em 1789 que

[33] Ver, *e.g.*, os casos *National Bellas Hess, Inc. v. Department of Revenue of the State of Illinois* 386 U.S. 753 (1967) e *Quill Corporation v. North Dakota 504 U.S. 298 (1992)*, que proibiam a tributação por tributos sobre vendas. Esses casos foram revertidos pela decisão de junho de 2018 no caso Wayfair (*South Dakota v. Wayfair, Inc.*, 585 U.S. __ (2018)), que passou a permitir a tributação nas operações interestaduais, via tributo sobre o consumo (*sales tax*) sem exigência da presença física do vendedor no estado tributante (base do argumento da violação da *commerce clause*), fundamentalmente em decorrência da proliferação das operações da internet, em que o requisito da presença física (vendas por *brick and mortar stores*) restou superada por conta da mudança do contexto histórico.

Para acesso ao teor da decisão vide (*Ship Opinion*) SUPREME COURT OF THE UNITED STATES em https://www.supremecourt.gov/opinions/17pdf/17-494_j4el.pdf, acesso em 11/12/2018; para maiores detalhes sobe o efeito desta decisão ver, e.g., KNOLL, Michael. The Implications of the Supreme Court's Wayfair Decision. The Regulatory Review. Jul 112, 2018, disponível em https://www.theregreview.org/2018/07/24/knoll-implications-supreme--courts-wayfair-decision/, acesso em acesso em 11/12/2018.

[34] (...) Há que se discutir se a derrama foi espécie tributária ou um procedimento para exigibilidade do crédito tributário já existente, ou seja, processo tributário. De modo geral, pode-se afirmar que a derrama consistiu na cobrança de impostos atrasados. (...) A análise dos contratadores que tinham dívidas tributárias com a Coroa Portuguesa no Brasil e suas relações com a revolta fiscal mineira é de extrema relevância. Isso porque, como pode ser observado na tabela, João Roiz de Macedo foi um dos maiores arrematantes e maiores devedores de créditos tributários. Possivelmente, esse sujeito histórico e outros listados na tabela, podem estar entre os principais conspiradores. In: GASSEN, Valcir; OLIVEIRA, Luiz Fernando de. Tributação, direito tributário e Inconfidência Mineira no contexto das revoltas fiscais brasileiras: para além de Tiradentes. Revista de Direito Internacional Econômico e Tributário – RDIET. Brasília, V. 11, nº 1, 377-400, Jan-Jun, 2016.

além de se opor a cobrança do quinto, retenção de 20% do ouro e enviados diretamente para os cofres da Coroa Portuguesa, tinha pretensão separatista. A Inconfidência Mineira foi fortemente reprimida por Portugal, mas transformou-se em um símbolo de resistência para os acontecimentos que se seguiriam, entre eles a independência do Brasil em 1822.

A particularidade do processo de independência brasileira pode ser vista sobre vários aspectos, mas dois merecem destaques. Por primeiro, o Brasil passa a ser sede em 1808 do Governo de Portugal, que com os atritos com a França de Napoleão Bonaparte, opta pelo deslocamento da estrutura governamental portuguesa para o Brasil com o apoio da Inglaterra. Com isso a colônia brasileira recebe a família real portuguesa e sua corte, cerca de 15.000 pessoas, que se radicaram no Rio de Janeiro no período de 1808 a 1820, período este denominado de "inversão metropolitana".

O segundo aspecto da independência brasileira de Portugal é que ela é construída por intermédio de um representante da família real, D. Pedro I, que permaneceu no comando da colônia brasileira quando do retorno da família real portuguesa para Portugal. Isso significou que não houve uma guerra de independência do Brasil de Portugal, mas sim o pagamento de 2 milhões de libras esterlinas para que Portugal a reconhecesse e, como o Brasil não dispunha do valor exigido por Portugal, obteve tal quantia contraindo um empréstimo com a Inglaterra. Os primeiros países a reconhecer a independência do Brasil foram EUA e México.

A primeira Constituição do Brasil é de 1824, sob o regime monárquico, que permaneceu vigente até o advento da proclamação da república em 1889, com a promulgação da primeira Constituição republicana de 1891. Considerando a história da tributação no Brasil após o período colonial é possível didaticamente dividi-la em três períodos.

O primeiro período compreende os anos entre 1822 até 1934 em que preponderou a tributação incidente sobre o comércio exterior como a maior fonte de receitas do orçamento público. No ano de 1922 foi instituído pela Lei n° 4.625 o imposto de renda, mas só foi contemplado a sua previsão constitucional na Constituição Federal em 1934.

Já o segundo período vai do ano de 1934 até a Emenda Constitucional nº. 18/1965, que estabeleceu uma reforma tributária estrutural, cuja matriz permanece após a Constituição de 1988 – CF –, ou seja, se prolonga até nossos dias atuais. Podem ser considerados fatos importantes no âmbito da tributação neste período a criação da Direção Geral da Fazenda Nacional em 1934, atualmente Secretaria da Receita Federal – SRF, a reforma tributária que culminou com a publicação da Lei nº. 5.172 em 1966 que instituiu o Código Tributário Nacional e a Constituição Federal de 1988. Salienta-se que nestes longos intervalos ocorreram diversos acontecimentos também relevantes. Para uma melhor compreensão dos fatos ocorridos neste longo período é indicado a leitura de obras específicas[35].

A seguir um pequeno quadro da participação dos tributos conforme suas bases de incidência no produto total da receita tributária federal em percentual[36]:

Ano	Importação	Consumo	Renda	Selos e afins	Outros
1900	74,7 %	16,7 %	-	8,6 %	-
1910	79,1 %	15,0 %	-	5,9 %	-
1920	58,2 %	29,3 %	-	12,5 %	-
1930	50,2 %	28,3	5,0	16,4	0,1
1935	47,6 %	27,2	8,1	16,4	0,7
1937	50,8 %	28,9	9,9	10,2	0,2
1940	35,9 %	38,7	15,1	10,2	0,1
1945	14,5 %	40,0	33,2	12,2	0,1
1950	10,9	41,0	35,8	12,2	0,1

[35] Sugestão de leitura das seguintes obras:
BORDIN, Luís Carlos; LAGEMANN, Eugênio. Formação tributária do Brasil: a trajetória da política e da administração tributárias. Porto Alegre: Fundação de Economia e Estatística Siegfried Emanuel Heuser, 2006.
BALTHAZAR, Ubaldo César. História do Tributo no Brasil. Florianópolis: Fundação Boiteux, 2005.
ALMEIDA, Paulo Roberto de. Formação da Diplomacia Econômica no Brasil: as Relações Econômicas Internacionais no Império. São Paulo: Editora SENAC São Paulo; Brasília: Fundação Alexandre de Gusmão, 2001.
[36] Fontes consultadas até o ano de 1965:
OLIVEIRA, Fabrício Augusto de. A reforma tributária de 1966 e a acumulação de capital no Brasil. São Paulo: Brasil Debates, 1981, p. 21.
OLIVEIRA, Fabrício Augusto de. A Evolução da Estrutura Tributária e do Fisco Brasileiro: 1889-2009. Brasília: IPEA, 2010.
Fonte de consulta para os anos de 1990 a 2010: Disponível em:
http://receita.economia.gov.br/dados/receitadata/estudos-e-tributarios-e-aduaneiros/estudos-e-estatisticas/carga-tributaria-no-brasil Acesso: 4.4.2019

Ano	Importação	Consumo	Renda	Selos e afins	Outros
1955	4,6	36,0	39,8	13,3	6,3
1960	11,2	42,4	31,6	12,9	1,9
1965	6,9	43,3	33,8	11,5	4,5
1990	1,4	59,9	15,8	-	22,9
1995	2,6	56,5	16,2	-	24,7
2000	2,3	58	16,5	-	23,2
2005	1,3	56,5	18,3	-	23,9
2010	1,7	54,1	17,5	-	26,7

Fonte: quadro elaborado pelos autores. Para efeito de comparação com a tabela dos EUA, na coluna "Outros" estão agregadas também as contribuições previdenciárias que incidem sobre o salário (que economicamente são incidência sobre a renda, como será tratado adiante).

O quadro mostra como os tributos sobre o comércio exterior, no caso sobre a importação, tinham uma considerável participação em 1900 de 74,7% e em um curto espaço de tempo eles passaram a ter uma participação de apenas 14,5 % em 1945 no total da arrecadação federal. Neste período a participação dos tributos incidentes sobre o consumo parte de 16,7% e alcança 40% e sobre a renda de 5% em 1930 chega a 33,2% em 15 anos.

A partir da Constituição de 1891 foram se estabelecendo nas constituições discriminação de competências tributárias, que foram se alterando ao longo do tempo. A Constituição de 1891 se parecia com a norte-americana neste aspecto, pois permitia competência concorrente mais ampla. Assim, embora a competência para instituir o imposto de renda, a partir de 1934 tenha ficado sempre com a União, o sistema constitucional tributário evoluiu para um modelo que, exceto pela tributação da renda e do comércio exterior, reparte as bases de incidência sobre o consumo e sobre o patrimônio entre os três entes federativos, conforme se verá adiante.[37] Outro aspecto relevante foi o surgimento da denominada Lei Complementar a partir da reforma de 1965 e da Constituição de 1967, cujo papel dentro do sistema tributário brasileiro foi sendo expandido, cabendo atualmente desde a instituição de alguns tributos até a regulação das limitações ao

[37] Para maiores detalhes cf. em VALADÃO, Marcos Aurélio Pereira. Evolução da discriminação das rendas tributárias no constitucionalismo brasileiro: aspectos históricos e conceituais. Direito em Ação, Brasília – DF, v. 1, n. 1, p. 57-87, 2000.

poder de tributar, tendo sido inicialmente pensada para tratar de leis da caráter nacional e que veiculasse normas de forma a uniformizar as leis tributárias estaduais e municipais.

As constituições brasileiras (1891, 1934, 1937, 1946, 1967, 1969 e 1988), com um ou outro solavanco, especialmente 1937, foram inflando no que diz respeito às normas tributárias, contemplando além dos aspectos da competência, limitações ao poder de tributar de diversas naturezas, e, após a Constituição de 1988, foi dos temas constitucionais, o que mais sofreu alterações.

Um aspecto importante dessas alterações constitucionais e que permitiam que União modificasse as características de alguns tributos e passasse a concentrar a arrecadação líquida, desvirtuando o modelo de distribuições de receitas tributárias entre os entes da Federação projetado inicialmente com a Constituição de 1988.

1.4. Referências Básicas Atuais da Política e da Economia Brasileira e Americana

Não se pode esquecer que a tributação além do aspecto jurídico é uma questão política e econômica e neste sentido para compreender a tributação nos EUA e no Brasil é necessário conhecer algumas informações acerca da realidade sócio, política e econômica destes países.

A República Federativa do Brasil é o maior e mais populoso país da América do Sul com cerca de 4.300 km de extensão entre os pontos na extremidade leste e oeste e norte e sul, com uma área total de 8.515.767 km^2 o que o coloca como quinto maior país no mundo. Conta com uma população estimada em 2018 de 209.006.821[38] o que lhe confere a sexta posição como mais populoso. Como ex-colônia de Portugal mantém o português como o seu idioma oficial. É o único país da América do Sul que utiliza o português como língua oficial, pois os demais países, entre eles, os dez países que fazem fronteira terrestre pelo lado oeste com o Brasil, utilizam predominantemente a língua espanhola. Na parte leste do Brasil é banhado pelo Oceano Atlântico. No Brasil ocorreram diversas trocas de

---

[38] População estimada. Fonte: Instituto Brasileiro de Geografia e Estatística. Disponível em: https://www.ibge.gov.br/apps/populacao/projecao/. Acesso: 15.05.2018.

moedas nestas últimas décadas, mas desde o plano econômico "real" de 1994 a moeda adotada é o real (BRL).

O Brasil tem feito um enorme esforço de expansão no mercado mundial e atualmente é considerado o centro econômico e financeiro da América do Sul. Com um crescimento econômico relativamente forte e com a prática de altas taxas de juros tem se tornado um destino atraente para os investidores estrangeiros. O Brasil até 2014 era a a sétima maior economia do mundo seguindo os Estados Unidos, China, Índia, Japão, Alemanha e Rússia, a frente, por exemplo da França e do Reino Unido,[39] porém as recentes mudanças no cenário econômico afetaram a economia brasileira em comparação com o resto do mundo, fazendo com que em 2015 a economia brasileira se tornasse a nona economia mundial[40]. O PIB do Brasil em 2015 foi de 1,774 trilhões de dólares (nona economia do mundo) e a renda per capita foi de 8,538 dólares ocupando assim a 70ª posição no ranking da distribuição do PIB por habitante.[41]

Considerando o Coeficiente de Gini como a medida de desigualdade na distribuição de renda, o Brasil tem o indicativo, em 2014, de 51,48 o que o coloca na posição de número 130, e em relação ao Índice de Desenvolvimento Humano – IDH – que utiliza medidas comparativas entre os países para avaliar o desenvolvimento humano, pelos dados da ONU de 2016, o Brasil teve o índice de 0,754 o que o coloca na posição 79ª do ranking.[42]

O Brasil, como república federada, conta com vinte e seis Estados e o Distrito Federal – DF – no qual está localizada a capital da federação Brasília. Conta ainda com 5.570 Municípios. O sistema de governo é presidencial e contempla a tripartição de poderes entre o executivo, o legislativo e o judiciário.

Os Estados Unidos da América têm uma área total de 9.831.513 Km² o que o coloca como o quarto maior território do mundo. Localizado na América do Norte é banhado pelo Atlântico ao leste e o Pacífico a oeste. Faz divisa apenas com dois países, ao sul com o México e ao norte com o Canadá. Sem desconsiderar que o Estado do Alaska faz divisa ao leste

[39] Fonte: The Word Bank. Disponível em: http://data.worldbank.org/. Acesso: 10/06/2014.
[40] Fonte: The Word Bank. Disponível em http://data.worldbank.org/data-catalog/GDP--ranking-table. Acesso em 21/03/2017
[41] Fonte: The Word Bank. Disponível em http://data.worldbank.org, Acesso em 21/03/2017.
[42] Fonte: United Nations 2016 HD Report, disponível em http://hdr.undp.org/en/countries Acesso em 21/03/2017

com o Canadá e a oeste com a Rússia no estreito de Bering. Tem uma população estimada em 2017 de 325.405.935 o que lhe confere a terceira posição como país mais populoso[43]. A moeda é o dólar americano (USD).

Os EUA têm a primeira maior economia do mundo com um PIB nominal estimado em 2015 de 18,036 trilhões de dólares (maior economia do globo), perfazendo uma renda per capita anual de 56.115 dólares[44] o que o coloca na oitava posição no ranking da distribuição do PIB por habitante. Pelo Coeficiente de Gini, que mede a distribuição da renda, dados de 2014, os EUA estão com o indicador de 41,1 como desigualdade, o que os coloca na 71ª posição, e em relação ao pelo IDH, dados da ONU de 2016, tem o índice de 0,920 ocupando assim a décima posição entre os países participantes da amostra[45].

Os EUA é uma república federativa composta por cinquenta Estados e o Distrito de Colúmbia – DC – onde está localizada a capital Washington. O sistema de governo é presidencial e conta além do poder executivo, com o poder legislativo e judiciário.

Nestas referências básicas da economia e da política brasileira e americana, cabe por fim, verificar a relação entre a carga tributária e o Produto Interno Bruto – PIB. Nos EUA ela representa 27,1% do PIB, sendo que no Brasil a carga tributária é de 32,43%, para o ano de 2017.[46]

---

[43] Annual Estimates of the Resident Population for the United States, Regions, States, and Puerto Rico: April 1, 2010 to July 1, 2017 (NST-EST2017-01). Disponível em: https://www.census.gov/data/datasets/2017/demo/popest/nation-total.html. Acesso: 3.8.2018.

[44] Fonte consultada: World Bank. Disponível em: http://data.worldbank.org/ Acesso: 22/03/2017.

[45] Fonte: United Nations 2016 HD Report, disponível em http://hdr.undp.org/en/countries Acesso em 21/03/2017

[46] OCDE. Revenue Statistc 2018. Disponível em: http://www.oecd.org/tax/tax-policy/revenue-statistics-2522770x.htm Acesso: 22.3.2019; BRASIL. Receita da Receita Federal do Brasil. Subsecretaria de Tributação e Contencioso. Coordenação-Geral de Estudos econômico-Tributários e de Previsão e Análise de Arrecadação. Carga Tributária no Brasil – 2017 (Análise por Tributo e Bases de Incidência). Brasília-DF. Nov. 2018. Disponível em: <http://receita.economia.gov.br/noticias/ascom/2018/dezembro/carga-tributaria-bruta-atingiu-32--43-do-pib-em-2017/carga-tributaria-2017-1.pdf> Acesso em: 24/03/2019.

1.5. Princípios a serem Aplicados para uma Boa Tributação

Como as opções feitas no âmbito da tributação interferem diretamente nas relações econômicas e sociais é muito importante se perguntar sobre quais são as características ou os princípios que devem nortear um determinado sistema tributário, ou mais, precisamente, quais as características que desejamos ver presentes em uma determinada matriz tributária.[47] Equidade, eficiência, simplicidade, neutralidade, e mais recentemente, a transparência[48] tem sido apontados como características ideais dos sistemas tributários.

Nesta perspectiva, entende-se que equidade e transparência como sendo características dotadas de autonomia e eficiência, simplicidade e neutralidade como aspectos que estão imbricados, sendo colocados em conjunto sob o rótulo da "eficiência", mas que contempla também as outras duas caraterísticas.

1.5.1. Equidade

A despeito de divergências em relação a alguns aspectos, na construção de uma matriz tributária a primeira característica que deve ser objeto de discussão é a equidade. Provavelmente é uma característica ou princípio a respeito do qual é mais difícil de se chegar a um consenso, pois depende do horizonte de sentido de cada um, da experiência, é enfim uma opção moral e ética. Já na Grécia antiga e em Roma se discutia sobre o conteúdo ou o conceito de equidade.

---

[47] É uma preocupação histórica de se saber quais são as características ou princípios que devem preponderar na escolhas feitas no âmbito de uma matriz tributária. Tentativas de sistematização desses aspectos apareceram no séc. XVIII com Adam Smith (An Inquiry into the Nature and Causes of the Wealth of Nations, 1776.) e no início do séc XIX com David Ricardo (The Principles of Political Economy and Taxation, 1817), sendo constante objeto de escrutínio até os dias atuais.

[48] Na verdade a questão da transparência do sistema tributário, de uma forma geral a transparência fiscal em si, tem sido colocada cada vez mais como relevante nos regimes republicanos, ver. *e.g.*, STIGLIZT, Joseph. E. Sobre a Liberdade, o Direito de Conhecer e o Discurso Público: o Papel da Transparência na Vida Pública/ On Liberty, the Right to Know, and Public Discourse: the Role of Transparency in Public Life. (texto bilíngue) In SANTI, Eurico Marcos Diniz de et. al (Orgs). Transparência Fiscal e Desenvolvimento: Homenagem ao Professor Isaías Coelho. São Paulo: FISCOSoft, 2013, 47-117.

Equidade pode ser vista com o significado de simetria, igualdade ou conformidade. É pela equidade que na esfera jurídica "adaptamos" a aplicação de uma determinada lei a um caso concreto para que a decisão seja simétrica, equânime, justa, conforme uma concepção de que aquela é a melhor decisão para aquele caso.

No âmbito da tributação uma importante pergunta pode ser assim formulada: afinal de contas, quando um tributo é equitativo? São várias as respostas possíveis, mas suscintamente pode ser respondida de duas formas. A primeira resposta é no sentido de equidade como ideia básica de que contribuintes com a mesma capacidade contributiva serão onerados da mesma forma, isto é uma equidade horizontal.

Claro que para se apurar a capacidade contributiva de um indivíduo é necessário não somente verificar a sua renda bruta ou sua renda líquida. É necessário verificar quais os aspectos pessoais do contribuinte que serão considerados por uma questão de equidade na determinação da sua capacidade contributiva. Por exemplo, se o contribuinte é solteiro ou casado, se tem filhos ou não, se teve despesas médicas, se gastou com educação, se tem um plano de saúde privado, se investe parte da sua renda em fundos de pensão por um curto ou longo períodos e tantas outras variáveis.

A segunda resposta possível sobre quando um tributo é equitativo segue em uma perspectiva vertical. Na relação entre contribuintes que possuem capacidade contributiva diferentes. Neste caso será equitativo o tributo que onerar proporcionalmente de forma mais gravosa o contribuinte com maior capacidade contributiva e onerar proporcionalmente de forma menos gravosa àquele que tiver menor capacidade contributiva[49].

Acrescente-se que "atualmente, é esse o critério de equidade vertical mais difundido; na Alemanha, na Itália e na Espanha adquiriu caráter constitucional"[50]. No Brasil há a previsão constitucional disposta desta forma:

---

[49] Cabe lembrar o brocardo em latim atribuído ao jurista Eneo Domitius Ulpianus de *"suum cuique tribuere"* que pode ser traduzido como "de dar a cada um o que é seu".

[50] MURPHY, Liam; NAGEL, Thomas. O mito da propriedade: os impostos e a justiça. Trad. Marcelo Brandão Cipolla. São Paulo: Martins Fontes, 2005. p. 28.

Art. 145. [...]

[...]

§ 1º – Sempre que possível, os impostos terão caráter pessoal e serão graduados segundo a capacidade econômica do contribuinte, facultado à administração tributária, especialmente para conferir efetividade a esses objetivos, identificar, respeitados os direitos individuais e nos termos da lei, o patrimônio, os rendimentos e as atividades econômicas do contribuinte.

A equidade nesta perspectiva vertical é o fundamento de uma tributação ou matriz tributária regressiva, progressiva e proporcional. Tributação regressiva ocorre quando se tributar proporcionalmente de forma mais onerosa os contribuintes com menor capacidade contributiva e de forma menos onerosa os contribuintes com maior capacidade contributiva. A tributação será progressiva quando o contribuinte de menor capacidade contributiva pagar um menor montante de tributo e o contribuinte com maior capacidade contributiva pagar proporcionalmente mais. No primeiro caso temos uma relação inversamente proporcional e no segundo diretamente proporcional. Além da tributação regressiva e progressiva tem-se a tributação proporcional, que ocorre quando um tributo onera o mesmo percentual da renda de todos, independentemente da capacidade contributiva.

No gráfico seguinte é possível visualizar estes três importantes aspectos da equidade na tributação[51]:

---

[51] DAVIS, Carl; DAVIS, Kelly; GARDNER, Matthew; HEIMOVITZ, Harley; MCINTYRE, Robert S.; PHILLIPS, Richard; SAPOZHNIKOVA, Alla & WIEHE, Meg. Who Pays? A Distributional Analysis of the Tax Systems in All 50 States. Institute on Taxation and Economic Policy – ITEP: Washington, D.C. 4 rd. Edition. January 2013. p 7.

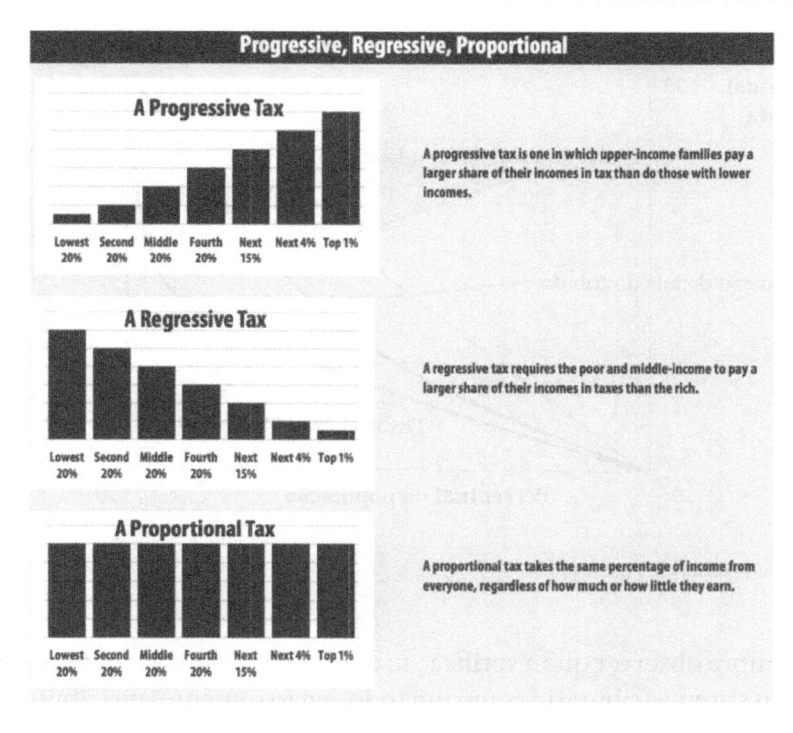

Pode ter-se uma ideia mais precisa da equidade do sistema (ou seja a distribuição da carga tributária em relação à riqueza da população) a partir da denominada curva de Lorenz (curvas do gráfico abaixo), considerando um gráfico de distribuição de riqueza, a partir do qual se visualiza também o índice de Gini. No gráfico abaixo a linha reta representa uma perfeita distribuição de renda com Gini = 0 (distribuição perfeita da renda), sendo que o índice de Gini = 1 seria uma reta perpendicular ao eixo da população e completamente inadequada (1 pessoa com 100% da renda = equidade nula).

As curvas representam a distribuição real da renda em determinado momento. Supondo um sistema tributário que busque a equidade, ele tende a forçar a curva em direção à reta de 45 graus (equidade de absoluta), como é o caso dos tributos progressivos sobre renda e capital. Assim supondo um dado sistema tributário que sobre uma mudança em busca de equidade, termos a curva antes e depois da nova tributação:[52]

---

[52] Derivado de GRAETZ Michael J. Distributional Tables, Tax Legislation and the Illusion of Precision. In: BRADFORD, David (ed.). Distributional Analysis of Tax Policy. Washington, D.C.: AEI, 1995, p. 26-31.

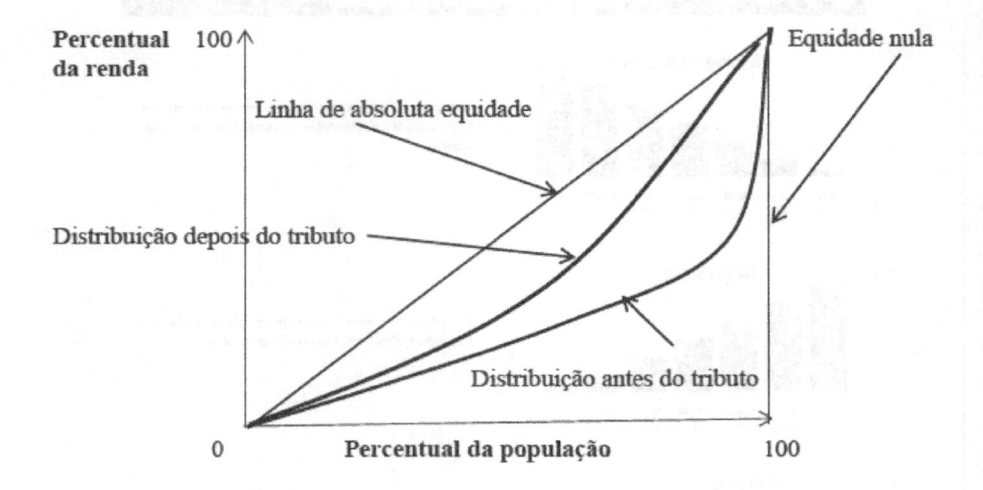

Fonte: gráfico elaborado pelos autores

Cumpre observar que a verificação da equidade deve ser feita considerando o sistema tributário como um todo, e não somente um tributo individualmente, de forma a verificar os efeitos do "mix" tributário (tributos sobre a renda, patrimônio e consumo) em relação à equidade. Isto porque pode haver um imposto sobre a renda progressivo (tributação direta), mas que em face de forte tributação sobre o consumo (indireta), que acabe por tornar a matriz tributária altamente regressiva (como é o caso do Brasil).

1.5.2. Transparência

Outra característica ou princípio importante de uma matriz tributária é a transparência do fenômeno tributário. A transparência tributária pode ser vista como o direito assegurado ao contribuinte de ele saber e ter condições de mensurar exatamente o quanto ele está pagando de tributo em todas as suas atividades passíveis de incidência tributária.

A transparência tributária é uma característica que se estabelece de forma mais contundente com a modernidade inaugurada com o Renascimento e o Iluminismo (Século das Luzes), com a construção de um processo de racionalização bem mais estruturado, de uma racionalidade moderna.

É um princípio que merece uma maior atenção por parte do ente tributante e dos contribuintes, pois é a partir deste princípio que as regras do jogo são esclarecidas para ambos, ou seja, não há a possibilidade da construção do Leviatã (Estado) sem que se saiba de antemão o conteúdo do pacto social que se está firmando e em que bases econômicas e de direitos ele está assentado.

A transparência tributária tem uma relação histórica direta com o princípio da legalidade tributária, de que não pode ser instituído um tributo sem um ato normativo que o estabeleça, pois ninguém pode ser obrigado a fazer ou deixar de fazer algo senão em virtude da Lei[53]. Só será considerado um tributo, portanto, a obrigação do contribuinte de pagar determinado valor ao ente tributante, se primeiramente existir um processo legislativo regular que o institua. Como se pode depreender desse processo de transparência e da sua vinculação com a legalidade, tem-se a questão de não ser possível cobrar um tributo de situações ocorridas antes da instituição do mesmo, consagrado aqui, de certa forma, o mote do princípio da anterioridade.

Não raras vezes o contribuinte fica sem saber quem de fato está pagando determinado tributo, ou qual é o valor de determinada mercadoria e qual

---

[53] Aqui a referência histórica, entre outras, da Carta Magna Inglesa de 1215 como principal marco deste complexo e longo processo histórico. O nome completo da Carta Magna é em latim *"Magna Charta Libertatum seu Concordiam inter regem Johannen at barones pro concessione libertatum ecclesiae et regni angliae .* Em português "Grande Carta das liberdades, ou concórdia entre o rei João e os barões para a outorga das liberdades da Igreja e do rei Inglês"-.
Merece destaque os artigos 12 e 39: "12. Nenhum tributo ou auxílio será imposto no reino, a menos que tenha consentimento do comum do reino, exceto para resgatar nossa pessoa, por fazer de nosso filho mais velho um cavaleiro e por casar uma vez com nossa filha mais velha; e para isto não deve ser cobrada mais do que um auxílio razoável. Do mesmo modo, será feito com relação aos auxílios da cidade de Londres (12. *No scutage not aid shall be imposed on our kingdom, unless by common counsel of our kingdom, except for ransoming our person, for making our eldest son a knight, and for once marrying our eldest daughter; and for these there shall not be levied more than a reasonable aid. In like manner it shall be done concerning aids from the city of London.)* – *Fundamento histórico do princípio da representação (depois legalidade);* "39, Nenhum homem livre será preso, aprisionado ou privado de uma propriedade, ou tornado fora-da-lei, ou exilado, ou de maneira alguma destruído, nem agiremos contra ele ou mandaremos alguém contra ele, a não ser por julgamento legal dos seus pares, ou pela lei da terra." *(39. No freemen shall be taken or imprisoned or disseised or exiled or in any way destroyed, nor will we go upon him nor send upon him, except by the lawful judgment of his peers or by the law of the land*). Disponível em: http://www.constitution.org/eng/magnacar.htm. Acesso: 13.5.2014.

é o valor do tributo já embutido muitas vezes no preço final de um bem ou serviço. Na tributação indireta, em que há um contribuinte de direito e um contribuinte de fato, é necessário sempre que a administração tributária possibilite ao consumidor final (contribuinte de fato) identificar o quanto este último está pagando de tributo.

A tributação indireta é denominada de tributação anestesiante ou oculta pelo fato do contribuinte de fato não perceber, por falta de respeito ao princípio da transparência tributária, em quanto está sendo efetivamente onerado na compra de determinado bem ou serviço[54]. No Brasil com impostos sobre o consumo de tipo valor agregado em que o valor de venda do bem já contempla o valor dos tributos embutidos é difícil perceber o quantum de tributo que está sendo pago[55]. Nos EUA os preços dos bens são anunciados sem o valor do tributo sobre o consumo, no caso, monofásico, o que contribui para a transparência tributária. A exceção são os preços dos combustíveis e cigarros entre outros.

A Constituição Federal brasileira prescreve assim no seu artigo 150, § 5º: "A lei determinará medidas para que os consumidores sejam esclarecidos acerca dos impostos que incidam sobre mercadorias e serviços". Posto, então, o esclarecimento como a ideia norteadora do princípio da transparência tributária.

O princípio ou a característica de uma matriz tributária que contemple a transparência implica em que o ente tributante, e o sistema assim considerado, especialmente no que diz respeito às obrigações acessórias correspondentes, terá que sempre proporcionar ao contribuinte as informações relativas aos tributos, pois ele tem, com base neste princípio, o direito de ser informado, e, diga-se de passagem, informado de forma clara, didática, coerente, precisa e completa.

1.5.3. Eficiência

A outra característica ou princípio importante em uma determinada matriz tributária é o da eficiência. Eficiência é a capacidade de produzir um

---

[54] Cf. GASSEN, Valcir. Tributação na origem e destino: tributos sobre o consumo e processos de integração econômica. 2. ed. São Paulo: Saraiva, 2013, p. 104.

[55] Este fato é tão escandaloso no Brasil que por intermédio da Lei nº. 12.741, de 8 de dezembro de 2012 tenta-se tornar obrigatório que na nota fiscal conste a discriminação e a totalidade dos tributos que já estão incluídos no preço do bem.

determinado efeito com um mínimo de erros ou equívocos, ou, a relação entre os recursos empregados e os resultados alcançados, ou ainda, fazer as coisas da melhor forma possível, fazer as coisas direito. Estes significados são utilizados de diversas maneiras pelos juristas, economistas, administradores etc., mas aqui a pretensão é apenas fazer uma aproximação de como o princípio da eficiência é discutido no âmbito da tributação.

Por primeiro, uma tributação será eficiente se no sistema administrativo fiscal os custos de arrecadação são os mais baixos possíveis. Aqui a pergunta é: quanto se gasta para cobrar um determinado tributo e sua relação com o quanto se arrecada? Cobrar os tributos tem um custo e este deve ser o menor possível considerando o seguinte: a) custos atribuídos ao contribuinte e, b) custos atribuídos à administração tributária.

O contribuinte pessoa física e jurídica dispende tempo e dinheiro na administração das suas atividades econômicas que sobre as quais incidem diversas espécies tributárias, bem como, no pagamento do tributo devido. É necessário que ele faça um controle fiscal das suas atividades, como o ajuste anual do imposto de renda, como a contabilidade e administração de uma empresa, planejando detalhadamente suas atividades para atender as determinações do fisco entre tantas outras. Percebe-se assim que o contribuinte no cumprimento das obrigações impostas por lei tem um custo bem maior do que o valor nominal de um tributo. Quanto menor for este custo, mais eficiente é a tributação.

Já no que concerne aos custos do Estado na administração dos tributos há que se considerar por exemplo os custos do processo legislativo que institui determinado tributo; os custos da administração, fiscalização e arrecadação tributária e os custos na esfera litigiosa administrativa e também na esfera judicial. Os custos devem ser mensurados, pois em inúmeros casos o custo administrativo estatal ser maior do que o valor que está sendo arrecadado.

Tributar implica em ter objetivos claros e bem estabelecidos a respeito de como será feita a alocação do produto da arrecadação. Este é o segundo ponto do princípio da eficiência e pode se referir: a) a forma e o montante de como será distribuído o valor arrecadado, e, b) os custos inerentes a este processo desta distribuição.

No caso da partilha que se faz com o produto da arrecadação é necessário considerar os serviços públicos prestados ao cidadão; a divisão entre os entes tributantes diretamente proporcional ao território e a população e inversamente proporcional a renda per capita com a preocupação com a equidade; os gastos tributários com deduções, incentivos, benefícios fiscais; as políticas públicas para combater a miséria; a destinação de recursos para a administração e remuneração da dívida pública; os investimentos em infraestrutura; a garantia de direitos etc.

Se por um lado tem-se a discussão da eficiência no que tange a forma e montante da distribuição dos recursos, por outro, a questão de que estas próprias atividades tem um custo. É o custo das transferências. Se existe um custo econômico para instituir e arrecadar os tributos há, também, um custo relacionado ao seu retorno para a sociedade, em outros termos, gasta-se para gastar. São inúmeros os custos administrativos das transferências, com planejamento, execução e fiscalização.

Outro aspecto da eficiência da tributação é que ela seja economicamente neutra, i.e., que não interfira na escolha quando da alocação de recursos pelos agentes da sociedade. Claro, há casos que há um efeito extrafiscal pretendido com determinado tributo ou medida tributária. Mas aqui se fala do sistema como um todo, embora, excluindo os tributos regulatórios, esta caraterística desejável valha também para os tributos individualmente considerados.

O princípio da eficiência também guarda relação com as discussões acerca da simplicidade legislativa e operacional de um sistema tributário, não que não se tenha que buscar esta simplicidade, mas não se pode confundir com soluções simplistas que desprezam a complexidade inerente as características de uma determinada matriz tributária. Assim, em geral, quanto mais eficiente mais simples, mas a recíproca não é verdadeira.

No Brasil o princípio da eficiência é contemplado na Constituição Federal em seu artigo 37 que assim dispõe: "A administração pública direta e indireta de qualquer dos Poderes da União, dos Estados, do Distrito Federal e dos Municípios obedecerão aos princípios de legalidade, impessoalidade, moralidade, publicidade e eficiência".

Note-se que no Brasil, no atendimento do disposto no art. 37 da Constituição, a administração pública tem respondido com vários projetos de melhorias em seus processos e procedimentos, alcançando assim, uma maior eficiência, mas na maioria das vezes confundindo quantidade com eficiência, o que não procede, visto que eficiência tem uma dupla face, quantidade e qualidade.

1.6. As Fontes do Direito Tributário

Sempre que se pergunta de onde é que surge o direito que conhecemos, de onde ele vem, de onde se origina, estamos tratando da discussão histórica e dogmática acerca das fontes do direito, aspecto relevante quando se está estudando comparativamente duas ordens jurídicas distintas. Neste sentido é possível se entender por fontes do direito o fenômeno da origem do direito, da sua procedência, da sua proveniência, e neste sentido qual é a autoridade ou a hierarquia que o contribuinte deve respeitar na sua relação com o ente tributante, pois é inerente a um sistema tributário a existência de um suporte legal.

Como já foi dito, há uma diferença de origem entre os sistemas jurídicos do EUA e do Brasil. O primeiro pertence ao ramo do *common law*, enquanto o Brasil pertence à tradição do *civil law*. É bem verdade que as duas tradições sofrem cada vez mais influências recíprocas, aproveitando os institutos que são mais eficientes e replicando-os nos sistemas dos diversos países.

O que é importante destacar é que no sistema do *common law* a lei, isto é, o direito é aquilo que o juiz ou corte diz, ou seja, o direito é baseado na jurisprudência, no denominado *case law*. Assim, embora se tenha normas escritas (e em se tratando de direito público, em geral há uma profusão delas), na prática o que se torna norma de seguimento obrigatório, pois assim o judiciário aplicará a lei, é como aquela norma foi interpretada. Por certo, um mesmo texto, pode ter intepretações diversas ao longo do tempo, e são justamente estes fenômenos que fazem com que a Constituição dos EUA de 1878, ainda seja a mesma até hoje, somente com 27 emendas, embora a intepretação da Suprema Corte em relação ao mesmo dispositivo tenha variado ao longo deste tempo, assim o direito aplicável variou, de acordo com a *law* emanada da decisão judicial.

No sistema do *civil law*, adotado pelo Brasil, a fonte primordial da lei é o texto escrito, o código, o direito codificado (ideias de origem napoleônica). Evidentemente, estando cada juiz a aplicar sua própria intepretação da lei, há um potencial de risco de incerteza (certeza do direito). Porém, deve-se notar que nas últimas décadas vem sendo introduzidos no Brasil efeitos típicos do *common law* às decisões dos tribunais superiores (a exemplo das decisões em sede repercussão geral e de recurso repetitivo), que é uma forma de pacificar a matéria no âmbito do poder judiciário e, por conseguinte, para toda sociedade.

Essas questões são importantes além do fato de que ao contrário do que acontece com o Supremo Tribunal Federal – STF – no Brasil, a Suprema Corte dos EUA não julga praticamente todos os casos que lhe chegam, sendo em média 80 casos por ano (em um volume de aproximadamente 7.000 casos apresentados),[56] e como se verá, devido à conformação tributária da Constituição dos EUA há menos casos passíveis de serem levados à corte máxima por questões constitucionais. Por outro lado, nos EUA não há controle concentrado de constitucionalidade.

Destaque-se que a Constituição brasileira é extremamente analítica especialmente no que diz respeito à matéria tributária, possibilitando que inúmeros casos tributários acabem sendo submetidos ao STF. O STF, mesmo após mudanças no sentido de limitar o número de casos a serem julgados, considerando o pós-2010, tem julgado mais de 11.000 casos por ano em decisões colegiadas (em 2015 foram 17.713 casos), sendo que mais de 2.000 decisões por ano são do Pleno da Corte.[57]

Em relação aos outros temas de direito, estima-se, no pós-88, que em torno de 30% dos casos que são julgados pelo STF referem-se a temas tributários. Os aspectos negativos da elevada litigiosidade tributária são evidentes, gerando ineficiência no sistema (custos para a administração tributária e para o contribuinte), e resultando em uma enorme massa de recursos sobre os quais para dúvida sobre sua efetividade (decorrente da alegada inconstitucionalidade).

1.6.1. As Constituições

1.6.1.1. A Tributação na Constituição dos EUA

Nos EUA a principal fonte do Direito Tributário é a Constituição, em vigor desde 4 de março de 1789, que confere competência ao Congresso para instituir tributos. É composta por sete artigos e que recebeu 27 emendas no decorrer de mais de dois séculos do início da sua vigência. Os principais

---

[56] Cf. *Leadership Conference on Civil and Human Rights* (org.) disponível em www.civilrights.org/judiciary/courts/supreme.html? Consultado em 20/03/2017.

[57] Cf. em STF. Estatísticas do STF. Disponível em http://www.stf.jus.br/portal/cms/verTexto.asp?servico=estatistica&pagina=decisoescolegiadas, Acessado em 25/03/2017.

pontos que afetam a matéria tributária e fiscal podem ser verificados no quadro abaixo[58]:

Matéria tributária na Constituição dos EUA		
Dispositivos expressos em matéria tributária e fiscal		
Dispositivo legal	Resumo do conteúdo	Nome popular
Art. I, Sec. 2, Cláusula 3 e a 16ª Emenda *Representatives and direct Taxes shall be apportioned among the several States which may be included within this Union, according to their respective Numbers, which shall be determined by adding to the whole Number of free Persons, including those bound to Service for a Term of Years, and excluding Indians not taxed, three fifths of all other Persons. The actual Enumeration shall be made within three Years after the first Meeting of the Congress of the United States, and within every subsequent Term of ten Years, in such Manner as they shall by Law direct. [...]* *Article XVI (Amendment 16). The Congress shall have power to lay and collect taxes on incomes, from whatever source derived, without apportionment among the several States, and without regard to any census or enumeration.*	Trata dos impostos diretos (a Suprema Corte declarou que o imposto de renda é um imposto direto), e impõe a proporcionalização (rateio) ente os Estados (à semelhança do número de deputados por Estado). A Emenda 16 exclui a proporcionalização para o imposto de renda.	Cláusula dos três-quintos e emenda do imposto de renda
Art. I, Sec. 7, Cláusula 1 *All Bills for raising Revenue shall originate in the House of Representatives; but the Senate may propose or concur with Amendments as on other Bills.*	Estabelece que as leis sobre receitas fiscais (tributos) devem ter origem na Câmara dos Deputados.[59] [Processo legislativo].	Cláusula da origem
Art. I, Sec. 8, Cláusula 1 *The Congress shall have Power to lay and collect Taxes, Duties, Imposts and Excises, to pay the Debts and provide for the common defense and general Welfare of the United States; but all Duties, Imposts and Excises shall be uniform throughout the United States;*	Autoriza o Congresso para instituir e coletar os tributos, para promover a defesa comum e o bem estar social e impõe a uniformidade geográfica na imposição de tributos federais.	Cláusula de bem estar geral

[58] Ver VALADÃO, Marcos Aurélio Pereira. Limitações Constitucionais ao Poder de Tributar e Tratados Internacionais. Belo Horizonte: Del Rey, 2000, p. 34-40; SILVA, Enio Moraes da. Limites Constitucionais Tributários no Direito Norte-Americano. Curitiba: Juruá, 2001; GODOY, Arnaldo Sampaio de Moraes. Direito Tributário nos Estados Unidos. São Paulo: LEX, 2004.

Art. I, Sec. 9, Cláusula 1. *The Migration or Importation of such Persons as any of the States now existing shall think proper to admit, shall not be prohibited by the Congress prior to the Year one thousand eight hundred and eight, but a Tax or duty may be imposed on such Importation, not exceeding ten dollars for each Person.*	Autorizava a instituição de tributo sobre a importação de pessoas [Dispositivo sem aplicabilidade tendo em vista da proibição da importação de escravos a partir de 01/011808, por lei aprovada em 1807].	Cláusula do comércio de escravos
Art. I, Sec. 9, Cláusula 4. *No Capitation, or other direct, Tax shall be laid, unless in Proportion to the Census or Enumeration herein before directed to be taken.*	Impõe que os tributos por cabeça ou outro tribute direto seja instituído a menos que considere a proporção da população, conforme o censo, de forma que o montante pago por cada estado seja proporcional à sua população (rateio ou proporcionalização). Está relacionada ao Art. I, Sec. 2, Cláusula 3. Também arguida em relação ao imposto de renda, que originou a Emenda XVI.[60]	*Capitation clause* ou Cláusula da tributação direta
Art. I, Sec. 9, Cláusula 5. *No Tax or Duty shall be laid on Articles exported from any State.*	Veda a imposição de tributos (impostos e tributos aduaneiros) na exportação.[61]	Cláusula da exportação
Art. I, Sec. 9, Cláusula 6. *No Preference shall be given by any Regulation of Commerce or Revenue to the Ports of one State over those of another: nor shall Vessels bound to, or from, one State, be obliged to enter, clear, or pay Duties in another.*	Impede tratamento discriminatório em relação à navegação por meio de regulação ou cobrança de direitos referentes as essas atividades.	Cláusula da preferência portuária.
Art. I, Sec. 9, Cláusula 7 *No Money shall be drawn from the Treasury, but in Consequence of Appropriations made by Law; and a regular Statement and Account of the Receipts and Expenditures of all public Money shall be published from time to time.*	Cláusula que confere ao Congresso poder de regular por lei a receitas e as despesas (*purse power*) do dinheiro e de dar publicidade ao orçamento	Cláusula das dotações
Art. I, Sec. 10, Cláusula 2 *No State shall, without the Consent of the Congress, lay any Imposts or Duties on Imports or Exports, except what may be absolutely necessary for executing its inspection Laws: and the net Produce of all Duties and Imposts, laid by any State on Imports or Exports, shall be for the Use of the Treasury of the United States; and all such Laws shall be subject to the Revision and Control of the Congress.*	O Estado fica proibido de tributar as importações e exportações sem a autorização do Congresso.	Cláusula de importação e exportação

Art. I, Sec. 10, Cláusula 3 *No State shall, without the Consent of Congress, lay any Duty of Tonnage, keep troops, or Ships of War in time of Peace, enter into any Agreement or Compact with another State, or with a foreign Power, or engage in War, unless actually invaded, or in such imminent danger as will not admit delay.*	Embora trate de proibições de associações e acordos entre Estados, proíbe também que os Estados cobrarem direitos de tonelagem que podem ser entendidos como tributos.	Cláusula do acordo
Dispositivos não expressos, mas com efeitos em matéria tributária[62]		
Art. I, Seç. 8, Cláusula 3 *1. The congress shall have power [...]* *[...]* *3. To regulate Commerce with foreign Nations, and among the several States. And with the Indian tribes;*	Proíbe os Estados de tributar o comércio interestadual ou estrangeiro (Atualmente em mutação em virtude da decisão no caso Wayfair).[63]	Cláusula do comércio
Art. 4. Seç. 2, Cláusula 1 *The Citizens of each State shall be entitled to all Privileges and Immunities of Citizens in the several States.*	Destinada aos Estados proíbe tratamento discriminatório entre os cidadãos dos diversos Estados.	Cláusula dos privilégios e imunidades
Art. 6. Seç. 2 *This Constitution, and the Laws of the United States which shall be made in Pursuance thereof; and all Treaties made, or which shall be made, under the Authority of the United States, shall be the supreme Law of the Land; and the Judges in every State shall be bound thereby, any Thing in the Constitution or Laws of any State to the Contrary notwithstanding.*	Estabelece que a Constituição é a lei máxima e também as leis e os tratados dos EUA feitas de acordo com ela, e que são de obediência pelos Estados.	Cláusula da supremacia.
1ª Emenda *Congress shall make no law respecting an establishment of religion, or prohibiting the free exercise thereof; or abridging the freedom of speech, or of the press; or the right of the people peaceably to assemble, and to petition the Government for a redress of grievances.*	Garante o livre exercício da religião e da liberdade pensamento (e imprensa)	Cláusula da liberdade de expressão, ou da liberdade de imprensa ou da liberdade religiosa; ou do direito de reunião; ou do direto de petição.
5ª Emenda *No person shall be held to answer for a capital, or otherwise infamous crime, unless on a presentment or indictment of a Grand Jury, except in cases arising in the land or naval forces, or in the Militia, when in actual service in time of War or public danger; nor shall any person be subject for the same offence to be twice put in jeopardy of life or limb; nor shall be compelled in any criminal case to be a witness against himself, nor be deprived of life, liberty, or property, without due process of law; nor shall private property be taken for public use, without just compensation.*	Estabelece limites às autoridades tributárias e proíbe a privação de bens sem o devido processo legal.	Cláusula do devido processo legal.

10 Emenda *The powers not delegated to the United States by the Constitution, nor prohibited by it to the States, are reserved to the States respectively, or to the people.*	Confere poderes aos Estados, inclusive o tributário, resultando que tudo que não for competência exclusiva da União, é concorrente com os Estados.[64]	Cláusula dos poderes reservados dos Estados
14ª Emenda, Seção I *All persons born or naturalized in the United States, and subject to the jurisdiction thereof, are citizens of the United States and of the State wherein they reside. which shall abridge the privileges or immunities of citizens of the United States; nor shall any State deprive any person of life, liberty, or property, without due process of law; nor deny to any person within its jurisdiction the equal protection of the laws.*	Direcionada aos Estados, estabelece limites às autoridades tributárias estaduais e proíbe a privação de bens sem o devido processo legal e garante igual proteção da lei, ou igual tratamento dos contribuintes	Cláusulas do devido processo legal e dos privilégios e imunidades; e de igual proteção.
24 Emenda, Seção I *The right of citizens of the United States to vote in any primary or other election for President or Vice President, for electors for President or Vice President, or for Senator or Representative in Congress, shall not be denied or abridged by the United States or any State by reason of failure to pay poll tax or other tax.*	A inadimplência tributária não pode impedir o cidadão de votar.	[...]

[59] Originalmente somente os deputados eram eleitos diretamente (princípio do no taxation without representation). Em relação aos outros temas as leis podem originadas tanto no Senado quando na Câmara dos Deputados.

[60] Há muitas controvérsias sobre a extensão e real motivação dessas cláusulas que remontam ao passado escravagista e contagem dos escravos, bem como à proteção do patrimônio de Estados menos povoados. Ver, e.g., BITTKER, Boris. I; LOKKEN, Lawrence. Federal Taxation on Income Estates and Gifts. Vol. 1. 3 ed. Boston: Warren, Gorham & Lamont, 1999, p. 1-14-11-21.

[61] Trata-se de uma espécie de imunidade à exportação. Porém não atinge as taxas decorrentes do controle das exportações, por exemplo, mas pode atingir tributação indireta na corrente de comércio/produção para exportação, existindo controvérsias sobre o tema. Ver, e.g., LUNDER, Erika K. Export Clause: Limitation on Congress's Taxing Power. Congressional Research Service. 2012. Disponível em https://fas.org/sgp/crs/misc/R42780.pdf. Acessado em 23/03/2017.

[62] Os dispositivos listados adiante, embora não remetam diretamente à matéria tributária, servem com mais frequência de fundamentos para decisões em matéria tributária. Cita-se como exemplo o cláusula do due processo of law, no caso Brushaber v. Union Pac. RR, no qual foi afirmado: "[...] in other words, that the Constitution does not conflict with itself by conferring upon the one hand the taxing power and taking the same power away on the other by the limitations of the due process clause." (Brushaber v. Union Pac. RR, 240 US 1, 24, (1916)), que corresponde a: "em outras palavras, a Constituição não conflita consigo mesma quando

Alguns desses dispositivos afetam diretamente o poder de tributar dos Estados (embora alguns limitem também os poder de tributar da União), constituindo limitações ao poder de tributar dos Estados: Art. I, Seç. 8, Cláusula 3 (cláusula do comércio); Art. I, Sec. 9, Cláusula 5 (Cláusula da exportação); Art. I, Sec. 10, Cláusula 2 (Cláusula de importação e exportação) Art. I, Sec. 10, Cláusula 3 (Cláusula do acordo); Art. 4. Seç. 2, (Cláusula 1 Cláusula dos privilégios e imunidades, combinada com XIV Emenda); I Emenda (Cláusula da liberdade de expressão, ou da liberdade de imprensa ou da liberdade religiosa; ou do direito de reunião ; ou do direto de petição – em combinação com a XIV Emenda); XIV Emenda, Seç. I (Cláusulas do devido processo legal e dos privilégios e imunidades; e de igual proteção), e também a imunidade recíproca decorrente de construção jurisprudencial (caso *McCulloch v. Maryland*, 17 U.S. 316 (1819).[65]

dá poder de tributar com uma mão e tira esse mesmo poder com a outra pelas limitações da cláusula do devido processo legal". (Tradução nossa).

[63] A commerce clause diz que compete ao Congresso regular o comércio entre os Estados. A Suprema Corte entendeu que os Estados não podem regulá-lo ("dormant" commerce clause) e que a imposição de tributo por um Estado em função da origem ou destino da coisa, viola a cláusula. Cf. Kathleen M. SULLIVAN e Gerald GUNTHER. Constitutional Law. 13a ed. New York : The Foundation Press, 1997, esp. p. 259-328. O tema é controverso, dependendo da extensão da tributação e de aspectos relacionados ao sujeito passivo. Ver tb. SILVA, Enio Moraes da. Limites Constitucionais no Direito Norte-Americano. Curitiba: Juruá, 2001, p. 51-62. Como já dito anteriormente, Após a decisão pela Suprema Corte em Wayfair (South Dakota v. Wayfair, Inc., 585 U.S. ____ (2018)), passou a ser possível a tributação nas operações interestaduais, via tributo sobre o consumo (sales tax) sem exigência da presença física do vendedor no estado tributante. Os efeitos concretos da decisão são objeto de debate, ver e.g., KNOLL, Michael. The Implications of the Supreme Court's Wayfair Decision. The Regulatory Review. Jul 112, 2018, disponível em https://www.theregreview.org/2018/07/24/knoll-implications--supreme-courts-wayfair-decision/, acesso em acesso em 11/12/2018.

[64] "A Emenda nº 10 positivou o que se pode chamar de competência residual cumulativa, ou seja, competência concorrente. Esta Emenda é tida pela jurisprudência (ver, por exemplo, o caso Darby v. United States) como meramente interpretativa, vez que a competência residual cumulativa está implícita na própria Constituição, já que não há vedação expressa, exceto o caso do parágrafo 2 da Seção X do artigo 1º, com relação aos impostos ou direitos sobre a importação ou exportação." VALADÃO, Marcos Aurélio Pereira. Limitações Constitucionais ao Poder de Tributar e Tratados Internacionais. Belo Horizonte: Del Rey, 2000, p. 36.

[65] Ver também, tratando das limitações ao poder de tributar dos Estados, nos EUA, embora com menor escopo. SILVA, Enio Moraes da. Limites Constitucionais Tributários no Direito Norte-Americano. Curitiba: Juruá, 2001.

1.6.1.2. A Tributação na Constituição do Brasil

A Constituição Federal de 1988 também trata das questões da tributação, mas de forma diferente dos EUA. Há que se destacar primeiramente que o Brasil teve diversas constituições (1824, 1891, 1934, 1937, 1946, 1967, 1969), estando em vigor a Constituição de 1988, que já contava ao final de 2016 com 95 emendas. Parte desta profusão de normas tributárias que forma se avolumando ao longo do tempo se deve ao fato de que o Brasil segue-se a tradição do direito romano-germânico, enquanto nos EUA prevalece o sistema do *common law*.

A Constituição brasileira regula detalhes das espécies tributárias, as competências, os atos normativos necessários, a partilha das rendas tributárias etc., sendo conceitualmente uma constituição analítica. Além das duas constituições terem fontes históricas distintas, tem-se no Brasil problemas com a desconfiança com o próprio sistema normativo infraconstitucional e sua instabilidade, e isto explica, pelo menos em parte a opção pelo detalhamento da matéria tributária na Constituição brasileira. Este último aspecto gera uma tendência à constitucionalização de matérias que, a rigor, não teriam *status* constitucional.[66]

No quadro abaixo é possível perceber os principais pontos que a Constituição Federal brasileira trata da tributação, possibilitando uma comparação com o tratamento da matéria na Constituição dos EUA:

Matéria tributária e fiscal expressa na Constituição brasileira		
Tópicos na Constituição	Resumo do conteúdo	Dispositivo legal
TÍTULO VII DA ORDEM ECONÔMICA E FINANCEIRA Capítulo I – Do Sistema Tributário Nacional Seção I – Dos Princípios Gerais	Atribui à União, aos Estados, DF e Municípios a competência para instituir impostos, taxas e contribuição de melhoria. À União o empréstimo compulsório e as contribuições especiais e aos Municípios a contribuição de iluminação pública. A exigência de Lei Complementar para regular determinadas matérias.	Artigos 145 a 149-A
Seção II – Das Limitações do Poder de Tributar	Princípios e imunidades tributárias.	Artigos 150 a 152

[66] Um exemplo extremo deste aspecto é referência do art. 149, em seu § 2º, inciso III, "b", quando "estatui" que as alíquotas das contribuições sociais e de intervenção no domínio econômico de que trata o artigo, poderão ser *ad valorem* ou específica.

Seção III – Dos Impostos da União	Estabelece a competência da União para instituir impostos.	Artigos 153 e 154
Seção IV – Dos Impostos dos Estados e do Distrito Federal	Estabelece a competência dos Estados e Distrito Federal para instituir impostos.	Artigo 155
Seção V – Dos Impostos dos Municípios	Estabelece a competência dos Municípios e Distrito Federal para Instituir impostos.	Artigo 156
Seção VI – Da Repartição das Receitas Tributárias	Trata da partilha das receitas tributárias entre os entes tributantes.	Artigo 157 a 162
Capítulo II – Das Finanças Públicas Seção I – Normas Gerais	Trata das finanças públicas e da competência da União para emitir moeda[67]	Artigo 163 e 164
Seção II – Dos Orçamentos	Trata do plano plurianual, das diretrizes orçamentárias e dos orçamentos anuais	Artigos 165 a 169
TÍTULO VII- DA ORDEM ECONÔMICA E FINANCEIRA Capítulo I – Dos Princípios Gerais Da Atividade Econômica	Dispõe sobre a CIDE-Combustíveis	Art. 177, § 4º
TÍTULO VIII – DA ORDEM SOCIAL Capítulo Ii – Da Seguridade Social – Seção I Disposições Gerais	Dispõe sobre as contribuições para a seguridade social	Art 195
Capítulo III – Da Educação, da Cultura E do Desporto Seção I – da Educação	Dispõe sobre contribuição social para a educação	Art. 212, §§ 5º e 6º
Das Disposições Constitucionais Gerais	Trata de contribuições de outra natureza (sociais e e de interesse das categorias profissionais ou econômicas),	Art. 239 e 240

Fonte: Elaboração dos autores.

Além destes dispositivos que já foram objeto de diversas emendas, há outros dispositivos constantes do Ato das Disposições Constitucionais Transitórias (ADCT),[68] e diversos dispositivos ao longo da Constituição

---

[67] Embora não tenham sido listados na parte que trata dos dispositivos da Constituição dos EUA que trata da matéria tributária e fiscal, sendo mais financeira stricto sensu, aquela Constituição traz normas sobre a emissão de moeda (privilégio do governo central) e sobre empréstimo públicos (Art. I, Seç. 8 Cláusulas 1 (transcrita), 2, 5 e 6, Seç. 10, Cláusula 1; Art. VI; 14ª Emenda, Seç. 4).

[68] Para uma visão analítico-crítica das alterações constitucionais tributárias de 1988 a 2004 ver: VALADÃO, Marcos Aurélio Pereira. Comentários sobre as alterações tributárias à Constituição de 1988. Ciência e Técnica Fiscal. Lisboa, Portugal, v. 413, p. 07-133, 2004; ABRAHAM,

que efetivamente têm repercussão tributária, sendo alguns não expressos relativamente à matéria tributária, destacando-se os direitos e garantias previstos no art. 5º, incisos X, XII, LIV, LV e LVI (relacionados à intimidade, ao devido processo legal, direito processual ao contraditório e ampla defesa e proibição de provas ilícitas), XXXIV, LXXIII, LXXIV, LXXVI e LXXVII (referente a algumas imunidades referentes às taxas judiciais); o art. 8º, IV (contribuição sindical); .o *caput* do art. 37 (princípios da administração pública), e seus incisos XVIII e XXII, que confere poderes à administração tributária.[69]

No que diz respeito às normas do ADCT cumpre esclarecer que diferentemente do que o nome do título diz, esta parte da Constituição contém diversos dispositivos novos que foram sendo acrescentados, além do regramento de transição do sistema tributário anterior a 1988 para o sistema pós-1988 (que do ponto de vista estrutural não sofre mudanças relevantes), compreendido dos arts. 34 a 41 do ADCT. Parece que o constituinte derivado entende que transitório também significa temporário, e não somente transição, pois as normas dedicadas a tributos temporários, como a Contribuição Provisória sobre a Movimentação Financeira (CPMF), que vigorou até 2012, está também no ADCT. Publicado ordinariamente com 70 artigos, atualmente o ADCT tem 114 artigos, sendo grande parte dos acréscimos referentes a normas tributárias ou fiscais, especialmente as que criaram fundos fiscais de emergência e a desvinculação de receita da União (DRU). Há, porém emenda que tratou da matéria tributária, criando imposto novo temporário, sem alterar a Constituição originária ou mesmo o ADCT, neste aspecto, é o caso da criação do Imposto Provisório sobre a Movimentação Financeira (IPMF), pela Emenda 3, de 1993. Depois o IPMF se converteria na CPMF, mas com modificações não nos ADCT.

1.6.1.3. Algumas Distinções e Aproximações Relevantes das Constituições

Como se viu, do conteúdo e da profusão dos dispositivos da Constituição brasileira, mencionados acima, e do pequeno número de dispositivos na Constituição dos EUA, há um grande diferença no detalhamento

Marcus. As Emendas Constitucionais Tributárias e os Vinte Anos da Constituição de 1988. São Paulo: Quartier Latin, 2009.

[69] Conforme a Constituição federal de 1988 e alterações posteriores.

constitucional da matéria tributária e fiscal. Há algumas distinções que merecem destaque, como segue.

A distribuição da competência tributária na Constituição brasileira é rígida, elencando exaustivamente as formas tributárias possíveis de serem instituídas por cada ente da federação. Por outro lado, nos EUA, salvo as competências sobre comércio tributação do comércio exterior, e que são vedadas ou limitadas aos Estados, os Estados detêm competência tributária concorrente plena em relação à União. Adicionalmente seus governos locais (Municípios, Condados), podem também exercer esta competência, nos limites que a lei estadual permitir. Disto pode resultar, por exemplo, que haja situações em que o contribuinte tenha que pagar imposto de renda local, estadual e federal, sendo que a maioria dos Estados cobra o imposto de renda, mas nem todos permitem que os Municípios o façam, especialmente a tributação de empresas.[70]

No caso brasileiro, a Constituição fixa as competências por base tributária, o que inviabiliza este tipo de ocorrência, especialmente no que diz respeito aso tributos diretos (renda e patrimônio), mas no que diz respeito á tributação do consumo, acaba por tendo uma sobreposição de incidências, como é caso do imposto sobre produtos industrializados – IPI-, do imposto sobre operações relativas à circulação de mercadorias e sobre prestações de serviços de transporte interestadual e intermunicipal e de comunicação – ICMS – , do Programa de Integração Social – PIS e da Contribuição Para o Financiamento da Seguridade Social – Cofins, que podem incidir sobre a mesma operação (mesmo fato econômico), sendo na maioria dos casos a mesma base tributável (uma indústria que vender a um consumidor final um produto tributado pelo IPI sofrerá a cobrança de IPI, ICMS e PIS/Cofins tendo por base de cálculo o valor da venda, que é a receita auferida). Outro aspecto é que os governos locais (Municípios, Condados, ou mesmo bairros autônomos (*boroughs*)) tem autonomia tributária relativa, pois a competência é dependente de leis estaduais; enquanto no Brasil a competência dos Municípios (entidade federativa de terceiro nível) é derivada diretamente da Constituição e os Estados não podem legislar sobre ela.

---

[70] Para maiores detalhes consultar o extenso estudo (compilação de dados públicos): BJUR, Timothy et al. (Eds.). 2016 State Tax Handbook. Chicago: Wolters Kluwer, 2015.

Outro aspecto importante é o tema da utilização da espécie normativa Lei Complementar. A Constituição brasileira elenca diversas matérias que são reservadas à Lei Complementar (dirimir conflito entre Estados, instituir alguns tributos, etc.) sendo que algumas delas derivam do fato da Lei Complementar ser uma lei nacional, isto é que obrigado também os Estados e Municípios, considerando o aspecto federativo, com o objetivo de uniformizar o tratamento tributário de algumas matérias. Nos EUA, embora não exista a figura de Lei Complementar o texto constitucional deixa claro (*supremacy clause*, Art. 6. Seç. 2) que uma lei emanada do Congresso é de seguimento obrigatório pelos Estados (não há distinção de tipos de lei na Constituição dos EUA, apenas lei, tratado e emenda constitucional). Ou seja, caso seja necessário uma norma uniformizadora relativa a tributos estaduais ela pode ser editada como lei (ordinária) pelo Congresso, tendo o efeito de lei nacional, como de fato são todas as leis do Congresso dos EUA; na verdade, há dispositivo da Constituição dos EUA (Art. 4º, Seç. 1 , *Full Faith and Credit Clause*) que denomina normas especificamente editadas com este propósito de "leis gerais".[71] Contudo, esta cláusula, em geral, não é usada em matérias tributárias.

Embora existam poucas limitações expressas na Constituição dos EUA, como a imunidade à exportação, outras foram construídas (*case law*) partir de outros dispositivos constitucionais, como a não tributação as operações interestaduais (derivada da *Commerce clause*), recentemente revista por conta da decisão no caso Wayfair (South Dakota v. Wayfair, Inc., 585 U.S. __ (2018), e a imunidade recíproca. Por outro lado, na Constituição brasileira há diversas imunidades, além da imunidade à exportação de tributos indiretos, como a imunidade de livros, jornais e periódicos (para impostos) e outras imunidades específicas.

No que diz respeito aos tratados, inclusive sobre matéria tributária, se aprovados pelo Congresso (há alguns casos, nos EUA, que não passam pelo Congresso), tanto nos EUA quanto no Brasil, se sobrepõe à legislação

---

[71] "Article IV, Section 1 Full Faith and Credit shall be given in each State to the public Acts, Records, and judicial Proceedings of every other State. And the Congress may by general Laws prescribe the Manner in which such Acts, Records and Proceedings shall be proved, and the Effect thereof.", que em versão para o português corresponde a: "Fé e crédito total serão dados em cada estado aos atos públicos, registros e procedimentos judiciais de qualquer outro Estado. E o Congresso pode, por leis gerais, prescrever a maneira na qual tais atos, registros e procedimentos serão provados ou estabelecidos, e os efeitos decorrentes." (Tradução nossa).

interna, contudo, devido á forte autonomia dos Estados nos EUA, alguns tratados ressalvam o impacto nos Estados, como é o caso dos acordos de dupla tributação (a maioria dos Estados também cobra imposto de renda). O que não ocorre no Brasil, que por meio de tratados concede isenções de tributos estaduais e municipais.

1.6.2. O Processo Legislativo

A Constituição dos EUA e do Brasil como fontes do direito são de superior hierarquia e que subordinam a produção de todas as demais leis. Neste sentido o processo legislativo é fonte de todos os atos normativos que regulam todo o complexo sistema tributário. É por intermédio do processo legislativo que uma proposta legislativa passa a fazer parte da legislação tributária do país. Cada espécie de ato normativo (lei) segue um específico processo legislativo, segue um trâmite ditado pelas regras do procedimento legislativo.

Nos EUA a Constituição confere Congresso a competência para iniciar o processo legislativo na esfera federal. A iniciativa em matéria tributária passa a ser denominada de projeto de lei (*bill*) e será apreciada tanto pela Câmara dos Deputados quanto pelo Senado, embora tenha que ter início (iniciativa) na Câmara. A apreciação começa com o controle de comissões apropriadas como por exemplo, a Comissão de Finanças (*Finance Committee*), Comitê de Conferência (*Conference Committee*), Comitê Misto (*Joint Committee*) e podem ser realizadas audiências que poderão propor alterações ao projeto de lei.

Se o projeto de lei for aprovado pelas duas casas legislativas será encaminhado para a sanção ou veto do Presidente dos EUA que terá o prazo de dez dias para se pronunciar. O quórum para aprovação das leis é maioria simples.[72] Após a aprovação, se o Presidente sancionar, aquiescer, o projeto de lei passa à condição de lei. Caso for contrário, vetar o projeto de lei, retorna para apreciação pela Câmara dos Deputados e pelo Senado, para que estas duas casas apreciem o veto e se, for o caso, derrubem o veto, sendo necessário

---

[72] A Constituição norte americana prevê uma maioria de cada casa é suficiente para deliberar (Art. 1º, Seç. 5), sendo que início do funcionamento do Congresso sempre se aprovava as leis sempre pela maioria absoluta, porém com os problemas decorrentes, já que uma minoria poderia impedir a votação, passou-se a interpretar que a maioria era necessário para deliberar (quórum mínimo), mas a lei pode ser aprovada por maioria simples daquele quórum, conforme estabelecido em caso decidido pela Suprema Corte dos EUA (*United States v. Ballin*, 144 U.S. 1 (1892).

neste caso a votação por maioria de dois terços. No caso do Presidente não se pronunciar em dez dias em relação ao projeto de lei recebido e o Congresso estiver em sessão, o projeto se torna lei sem o pronunciamento do Presidente, tem-se assim uma sanção tácita. Se isto ocorrer no período que o Congresso não estiver em sessão automaticamente considera-se que a lei foi vetada. Este procedimento é denominado de "veto de bolso" (*pocket veto*).

No quadro abaixo é possível visualizar de forma resumida o fluxograma mais comum de quais são as etapas do processo legislativo para a produção da legislação tributária nos EUA:

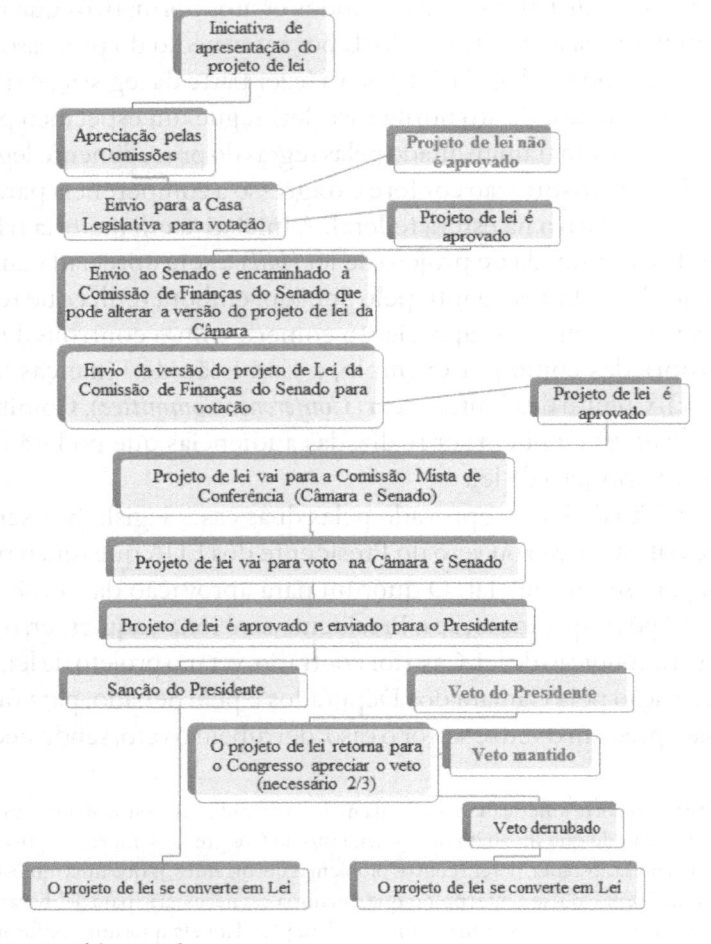

Fonte: Elaboração dos autores.

O Presidente dos EUA pode editar as chamadas *executive orders*, que tem força de lei, podendo, no caso, ser precedidas de uma lei específica sobre o assunto e de autorização para o executivo legislar sobre o assunto.[73] Embora haja alguma controvérsia, pode-se dizer que assemelha-se ao antigo decreto-lei brasileiro, porém com a diferença que não é submetido ao Congresso para aprovação, embora esteja sujeito à contestação judicial, e mesmo à revisão congressual (pouco comum).[74]

[73] Conforme comenta John Duncan: "The Congress and the President are the governing institutions of two of those branches, to which agility is essential as a matter of survival. The most agile tool that the President has is the executive order. There is no statutory authority for the federal executive order or any other source that describes its legal effect, as such, there is no formal definition. Though there is no formal definition, it can be generally said that executive orders are "intended to direct or instruct the actions of executive agencies or government officials, or to set policies for the executive branch to follow." E adiante, tratando de controversa executive order:
"As of the writing of this paper (a kind of post script to this section), President Obama signed Executive Order 13,535 on March 24, 2010, forbidding the use of federal funds for abortions. The ratification of this order was a political commitment to help the recent enactment of the Patient Protection and Affordable Care Act (H.R. 3590), commonly known as "The Healthcare Act."
This executive order was intended to ensure an adequate enforcement mechanism to prevent federal funds from being used for abortion services (except in cases of rape, incest, or when the life of the woman would be endangered).This was consistent with a longstanding federal statutory restriction on federal funds for abortions, which is commonly known as the Hyde Amendment. The purpose of this order is to establish a comprehensive, government-wide set of policies and procedures to achieve the goal of the "The Healthcare Act" and to make certain that all relevant actors-federal officials, state officials, insurance regulators, and health care providers-are aware of their responsibilities.
The Patient Protection and Affordable Care Act is the major health care reform bill, passed by the House on March 21, 2010, by a party-line vote of 219-212. The Act purportedly expanded health care coverage to 31 million uninsured Americans through a combination of cost controls, subsidies and mandates. "It is estimated to cost $848 billion over a 10 year period, but would be fully offset by new taxes and revenues and would actually reduce the deficit by $131 billion over the same period." This is an example of a President pursuing his promised agenda by supplementing legislation with an executive order."
DUNCAN, John C. A Critical Consideration of Executive Orders: Glimmerings of Autopoiesis in the Executive Role, Vermont Law Review, n. 35, p. 333-411, Winter/2010, p. 406-407. Para uma tabela que correlaciona as ordens executivas o Título correspondente do USC, por ela regulamentado, ver http://uscode.house.gov/view.xhtml?path=/tables/table4&edition=prelim
[74] Sobre o assunto ver, *e.g.*, GODOY, Arnaldo Sampaio de Moraes. As Ordens Executivas no Presidencialismo Norte-Americano. Revista da AJURIS, Porto Alegre, v. 42, n. 138, Junho, 2015.

Esses atos, em geral, não são utilizados para matéria tributária (princípio da representação), embora sejam para matéria fiscal.[75]

Os regulamentos dos tributos federais (que seriam equivalente ao decreto presidencial brasileiro em termo de força normativa) são editados pelo Departamento do Tesouro (*Department of the Treasure*), editados como *Code of Federal Regulations* (*CFR*) sendo os outros atos legais do executivo (*rulings*) em matéria tributária editados pelo IRS (*Internal Revenue Service*, correspondente à RFB no Brasil), neste último aspecto semelhante ao Brasil.

No que diz respeito à produção de normas no âmbito dos Estados, Executivo e o Legislativo funcionam de forma semelhante à União. Observe-se que os legislativos estaduais também são bicamerais (exceto Nebraska)[76], e salvo as matérias reservadas à União (já mencionadas acima), e aos limites impostos pela Constituição dos EUA, os Estados tem competência praticamente plena, o que resulta em jurisdições com ordenamentos diferentes, com tratamento diferenciado nos diversos ramos do direito, inclusive em relação ao tributário. Destaque-se que os governadores podem também editar as mencionadas ordens executivas.[77] Em relação à competência legislativa dos Estados nos EUA, cabe transcrever ensinamento de René David:

---

[75] *E.g.* Executive Order 13531 of February 18, 2010, National Commission on Fiscal Responsibility and Reform, disponível em https://www.gpo.gov/fdsys/pkg/CFR-2011-title3-vol1/pdf/CFR-2011-title3-vol1-eo13531.pdf, acessado em 27/03/2017.

[76] As duas casas, em geral são chamadas de câmara de deputados (*house of representatives*) e senado (*senate*). Cf. BURNHAM, William. Introduction to the Law and Legal System of the United States. 3 ed. St. Paul, Mn: West Group, 2002, p. 19.

[77] Interessante exemplo de ordem executiva estadual sobre matéria tributaria ocorreu na Flórida: "[...] *the Governor's issuance of Executive Order* 96-172. *The Executive Order* was issued the same day that the Governor vetoed House Bill 557 and created the Florida *Ad* Valorem Task Force. The Governor charged the Task Force with studying the following issues:
[...]
Whereas the studies in House Bill 557 focused primarily on the procedures for challenging ad valorem tax assessments, the Executive Order required a review of the entire ad valorem tax process, including the underlying valuation process and DOR's review and approval of the ad valorem tax rolls. The burden of proof issue was to be considered by the Task Force, but it was not intended to be the focus of the Task Force's study." (Itálicos no original).
WETHERELL, Kent. The New Burdens of Proof in Ad Valorem Tax Valuation Cases. Florida State Univ. Law Review. n. 25, p. 185-233, 1988, p. 203-204.

É essencial assinalar que mesmo nas matérias que o Congresso pode legislar, a competência dos Estados não está excluída. As autoridades dos Estados têm, nestas matérias, uma competência "residual". O que não lhes é permitido é a elaboração de disposições que iriam de encontro às disposições do direito federal. Nada lhes proíbe, entretanto, de elaborarem disposições que se aditem às do direito federal ou que preencham lacunas deste. Ao lado dos impostos federais existe um direito fiscal próprio de cada Estado.[2] (N. Rodapé 2. – Esta dualidade levanta, no plano das relações internacionais, um problema. Os tratados, visando evitar duplas imposições, concluídos pela diplomacia americana têm apenas valor no que diz respeito aos impostos federais; os Estados da União não estão vinculados opor tratados no que respeita aos impostos que eles próprios podem estabelecer; Lazerov, H. "The United States French Income Tax Convention", in 39 *Fordham Law Review* (1971), 649, 654-55). (Itálicos no original).[78]

O processo legislativo no Brasil é bastante similar ao dos EUA. Uma diferença no processo legislativo brasileiro é o prazo que o Presidente tem para se pronunciar em relação ao projeto de lei aprovado pelas casas legislativas, Câmara dos Deputados e Senado que é de quinze dias para o Presidente sancionar ou vetar. Outra diferença é que não se tem a figura do "veto de bolso" no Brasil, isto é, não se pronunciado no prazo de quinze dias considera-se que ocorreu a sanção tácita, portanto, transforma-se automaticamente em lei independentemente se o Congresso está ou não em sessão. Além destas diferenças tem ainda outra: o veto pode ser derrubado pelas casas legislativas sem a necessidade de dois terços, mas sim com o voto da maioria absoluta, ou seja, com a metade mais um do total dos representantes da Câmara dos Deputados e do Senado.

As fases do processo legislativo brasileiro, em caso de Lei Ordinária e Lei Complementar, são as seguintes: iniciativa, discussão, deliberação ou votação, sanção ou veto, promulgação e publicação. A iniciativa, conforme previsão constitucional pode ser feita por outras pessoas em entidades além dos deputados e senadores, sendo algumas matérias de iniciativa privativa do Presidente da República. A seguir, de forma sintética, é possível visualizar no gráfico quais são as etapas do processo legislativo para a produção da legislação tributária ordinária Brasil pelo Congresso Nacional:

---

[78] DAVID, René. Os grandes sistemas do direito contemporâneo. São Paulo: Martins Fontes, 1996, p. 369.

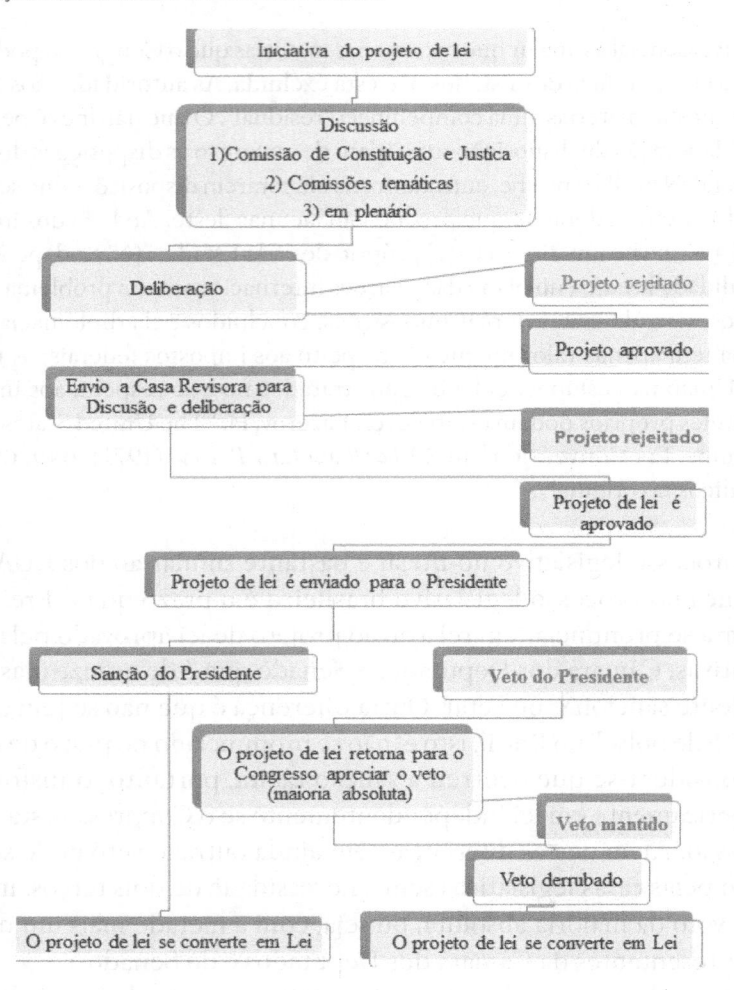

Na Constituição Federal brasileira ficou estabelecido que algumas matérias de Direito Tributário seriam tratadas posteriormente por Lei Complementar. Ela teria a função de disciplinar, organizar, o sistema tributário nacional. Esta previsão na Constituição de matérias que serão tratadas por Lei Complementar é designada de matérias reservadas. Além desta característica a Lei Complementar exige para a sua aprovação maioria absoluta, enquanto as outras leis (ou atos legislativos com força de lei exigem maioria simples dos presentes, desde que haja quórum, conforme o art. 56 da Constituição as decisões "serão tomadas por maioria dos votos, presente a maioria absoluta de seus membros."). Portanto, para aprovar uma Lei Complementar é necessária a aprovação por maioria absoluta dos votos das Casas Legislativas, isto é, cinquenta por cento mais um dos votos do total de membros do Poder Legislativo.

As leis complementares têm por finalidade estabelecer normas gerais de Direito Tributário, dispor sobre os conflitos de competência tributária entre os entes federados, regular as limitações impostas ao poder de tributar etc. (conforme o art. 146). É também por intermédio das leis complementares é que se faz a instituição de determinadas espécie tributárias como, por exemplo, no caso do empréstimo compulsório (art. 148), de impostos instituídos no âmbito da competência residual da União (art. 154, I) e do Imposto sobre Grandes Fortunas (art. 153, VII – imposto que ainda não foi instituído). A Lei Complementar também pode regular, por via de tributação desequilíbrios da concorrência (art. 146-A), bem assim estabelecer normas sobre aspectos específicos de alguns tributos estaduais e municipais (dispositivos constantes dos arts. 155 e 156).

A Lei Ordinária é o ato normativo que é criado habitualmente, regularmente, periodicamente; daí o seu nome "lei ordinária". Diferente da Lei Complementar, a Lei Ordinária não possui matéria constitucionalmente reservada a ela e nem se faz necessária a sua votação por maioria absoluta. Ela é aprovada por maioria simples, 50% mais um dos presentes desde que se tenha quórum deliberativo. A Lei Ordinária se presta à instituição da maioria dos tributos. Utiliza-se do ato normativo Lei Ordinária, tanto pela União, quanto pelos Estados e do Distrito Federal, como pelos Municípios para, por exemplo, instituir os impostos, as taxas, as contribuições de melhoria.

O Presidente, em caso de relevância e urgência,[79] pode também editar medidas provisórias com força de lei, que pode tem eficácia imediata, devendo serem imediatamente submetidas ao Congresso, mas que tem limitação temporal (45 dias) e só pode ser reeditada uma vez, tendo também limitações em relação às matérias que podem ser seu objeto, conforme prevê o §2º do art. 62 da Constituição (*e.g.*, cidadania, direito penal,

---

[79] Na prática o critério da relevância e urgência submete-se à discricionariedade do Presidente, sendo poucas vezes alegado sua ausência quando da submissão á aprovação no Congresso. O STF ao julgar a ADIn 1.417/DF (02/08/1999) declarou "Superação, por sua conversão em lei, da contestação do preenchimento dos requisitos de urgência e relevância."

direito eleitoral). No que diz respeito à matéria tributária, a versão atual do dispositivo contido no § 2º do art. 62 (alteração pela Emenda 32/2001) impôs também restrição no sentido de que a medida provisória que implique instituição ou majoração de impostos, só produzirá efeitos no exercício financeiro seguinte se houver sido convertida em lei até o último dia daquele em que foi editada, exceto para o imposto de importação, imposto de exportação, o IPI, o IOF e imposto extraordinário de guerra (arts. 153, I, II, IV, V, e 154, II, da Constituição).

Há também a lei delegada (art. 68 da Constituição), pela qual o Presidente pode elaborar leis após a delegação pelo Congresso Nacional que especifica a matéria e os termos de seu exercício, sendo vedadas também algumas matérias, não havendo vedação para matéria tributária stricto sensu. Contudo, é um expediente pouco utilizado. No ordenamento só foram editadas 13 leis delegadas, sendo somente duas após 1988 (ns. 12 e 13), nenhuma delas sobre matéria tributária.

O Presidente, assim como os governadores dos Estados e prefeitos, pode fazer uso também do ato normativo designado de decreto. No âmbito federal decreto pode ser usado para alterar a alíquota de alguns impostos como no caso do imposto de importação – II[80] – , imposto de exportação – IE –, o imposto sobre produtos industrializados – IPI – e o imposto sobre operações de crédito, câmbio e seguro, ou relativas a títulos ou valores mobiliários – IOF –. A alteração da alíquota por ato do Poder Executivo deve respeitar os limites fixados pela Lei Ordinária que trata destes tributos. Não há essa alternativa para impostos estaduais e municipais.

Este poder atribuído ao Chefe do Poder Executivo federal de alterar as alíquotas de alguns impostos se dá em razão da finalidade extrafiscal destes impostos. A finalidade extrafiscal é aquela que tem caráter regulatório, no caso de proteger a indústria nacional, regular a balança comercial etc.

Pode ainda o Presidente criar o ato normativo decreto regulamentar. Este é um decreto do Executivo acompanhado em regra de um regulamento. Este ato normativo se presta normalmente a regulamentar a aplicação da Lei Ordinária e da Lei Complementar em seus detalhes administrativos.

---

[80] Atualmente a competência para alterar as alíquotas está delegada à Câmara de Comércio Exterior (CAMEX), vinculada ao MDIC.

O Poder Legislativo também pode expedir atos normativos próprios em matéria tributária sem a sanção do executivo. Neste caso têm-se as resoluções e os decretos legislativos. As resoluções do Senado estabelecem, por exemplo, os limites das alíquotas do imposto de transmissão de bens e direitos por *causa mortis* e doação – ITCD – e imposto sobre operações relativas à circulação de mercadorias e sobre prestações de serviços de transporte interestadual e intermunicipal e de comunicação, ainda que as operações e as prestações se iniciem no exterior – ICMS –. Já os decretos legislativos tratam, por exemplo, em matéria tributária, da aprovação dos tratados internacionais.

No direito brasileiro um ato normativo que também tem importância no ordenamento tributário, considerando o aspecto externo que é o tratado internacional, que é sempre firmado pela União Federal. Este ato normativo tributário em regra cuida das questões tributárias pertinentes ao comércio internacional e às transações internacionais ou que envolvem empresas transnacionais, ou situações nas quase mais de uma jurisdição internacional está envolvida, como, por exemplo, os tratados de dupla tributação referentes ao imposto de renda. Deve-se destacar que por força do art. 98 do CTN os tratados internacionais em matéria tributária se sobrepõem às leis ordinárias federais, estaduais e municipais.[81]

Há também o ato normativo "convênio" serve para pactuar os acordos entre os entes federados no que tange à administração tributária, como, por exemplo, a instituição de benefícios fiscais do ICMS e o compartilhamento de informações entre os fiscos em relação à fiscalização e à arrecadação dos tributos.

---

[81] Ver VALADÃO, Marcos Aurélio Pereira. Limitações Constitucionais ao Poder de Tributar e Tratados Internacionais. Belo Horizonte: Del Rey, 2000, p. 288-301. Tb. cf. decisão do STF constante do RE 229096/RS, de 16/08/2007, Rel para Ac. Min. Carmen Lúcia, donde se extrai: "O artigo 98 do Código Tributário Nacional "possui caráter nacional, com eficácia para a União, os Estados e os Municípios" (voto do eminente Ministro Ilmar Galvão). 3. No direito internacional apenas a República Federativa do Brasil tem competência para firmar tratados (art. 52, § 2º, da Constituição da República), dela não dispondo a União, os Estados-membros ou os Municípios. O Presidente da República não subscreve tratados como Chefe de Governo, mas como Chefe de Estado, o que descaracteriza a existência de uma isenção heterônoma, vedada pelo art. 151, inc. III, da Constituição."

1.6.3. Códigos, Leis, Tratados e Outros Atos Normativos

1.6.3.1. A Legislação nos EUA

Nos EUA, sob a Constituição, a mais importante fonte do Direito Tributário e das normas tributárias, são as leis aprovadas pelo Congresso (no âmbito federal), e que são codificados dentro do chamado U.S.C., ou United States Code, que traz toda a codificação do direito federal. O USC é a consolidação e codificação por matéria das leis grais e permanentes dos EUA. O USC é preparado e atualizado pelo Gabinete do Conselho de Revisão das Leis da Câmara dos Deputados (*House of Representatives*) e tem 54 Títulos[82] (considerando os propostos), sendo o de n. 26 dedicado ao Código da Receita Federal (ou Código Tributário Federal) (*Internal Revenue Code*) que usualmente é denominado de Código (Code) ou pela sigla em inglês IRC. O atual Código da Receita Federal (IRC) é de 1986 (última revisão geral), e substituiu o de 1954 (que substituiu o de 1939), às vezes é referido como *Internal Revenue Code of 1986*[83], cobre matérias federais do imposto de renda, tributo sobre herança e doações, tributos especiais e tributos sobre emprego (ver tabela abaixo).

O IRC está dividido nos seguintes subtítulos e capítulos relacionados:

Subtítulos	*Capítulos*
A. Tributação sobre a renda	1-6
B. Impostos sobre herança e doações	11-15
C. Impostos sobre o emprego e arrecadação do imposto de renda	21-25
D. Impostos especiais de consumo em geral	31-47
E. Álcool, tabaco e outros impostos especiais de consumo	51-55
F. Procedimentos e administração	61-80
G. Comissão Mista sobre tributação	91-92
H. Financiamento eleitoral das campanhas presidenciais	95-96

[82] Ver Office of the Law Revision Counsel website, disponível em http://uscode.house.gov/, acessado em 27/03/2017.

[83] RICHMOND, Gail Levin. Federal Tax Research: Guide to Material and Techniques. 9th ed. New York: Foundation Press, 2014, p. 31-32. Na verdade, o próprio USC define o Título 26 atual como "Internal Revenue Code of 1986" (US Code. Title 26. Subtitle F. Chapter 79. § 7701(a)(29)).

Subtítulos	Capítulos
I. Código do fundo fiduciário (*Trust Fund*)	98
J. Benefícios para a saúde na indústria do carvão	99
L. Requisitos dos planos de saúde em grupo	100

Fonte: Elaboração dos autores.

O Código Tributário Federal – IRC – não contempla toda a matéria tributária federal, pois algumas matérias são tratadas em outros títulos do Código dos Estados Unidos, como por exemplo, o Título 11 que trata da falência e o Título 28 que cuida do sistema judicial e o Título 29 com normas que afetam os benefícios de aposentadoria e Título 37 com normas sobre que tratam do adiamento da tributação para militares desparecidos em ação (37 U.S.C. § 558). Há também leis avulsas que não foram codificadas (incluídas no USC), embora não seja muito comum.[84] Outro aspecto importante é que, o IRC, posto que é uma consolidação de leis, em geral, não traz a data da entrada em vigor de cada dispositivo, à medida que são alterados/introduzidos; assim, para um caso especifico que não constar do Código há que se consultar a data que consta da lei respectiva, e no caso de provisões com vigência temporária, o IRC, em geral, traz a data.[85]

O IRC autoriza o Departamento do Tesouro e editar regulamentos, e também o IRS. Cabe lembrar que as regulamentações são minutadas pelo IRS mas publicadas pelo Secretário do Tesouro (titular do Departamento do Tesouro, que corresponde ao Ministro da Fazenda no Brasil). O dispositivo que autoriza a edição das regulamentações é o 26 U.S. Code § 7805, que segue abaixo transcrito:

26 U.S. Code § 7805

(a) AUTHORIZATION

Except where such authority is expressly given by this title to any person other than an officer or employee of the Treasury Department, the Secretary shall prescribe all needful

---

[84] *E.g.*, Public Law n. 107-16, § 803, 115 Stat. 38, 149 (2001) (que afeta a base de cálculo do IR de pessoas físicas). Cf. RICHMOND, Gail Levin. Federal Tax Research: Guide to Material and Techniques. 6th ed. New York: Foundation Press, 2002, p. 41-42.

[85] RICHMOND, Gail Levin. Federal Tax Research: Guide to Material and Techniques. 9th ed. New York: Foundation Press, 2014, p. 36-39.

rules and regulations for the enforcement of this title, including all rules and regulations as may be necessary by reason of any alteration of law in relation to internal revenue.

(b) RETROACTIVITY OF REGULATIONS

(1) IN GENERAL Except as otherwise provided in this subsection, no temporary, proposed, or final regulation relating to the internal revenue laws shall apply to any taxable period ending before the earliest of the following dates:

(A) The date on which such regulation is filed with the Federal Register.

(B) In the case of any final regulation, the date on which any proposed or temporary regulation to which such final regulation relates was filed with the Federal Register.

(C) The date on which any notice substantially describing the expected contents of any temporary, proposed, or final regulation is issued to the public.

(2) EXCEPTION FOR PROMPTLY ISSUED REGULATIONS

Paragraph (1) shall not apply to regulations filed or issued within 18 months of the date of the enactment of the statutory provision to which the regulation relates.

(3) PREVENTION OF ABUSE

The Secretary may provide that any regulation may take effect or apply retroactively to prevent abuse.

(4) CORRECTION OF PROCEDURAL DEFECTS

The Secretary may provide that any regulation may apply retroactively to correct a procedural defect in the issuance of any prior regulation.

(5) INTERNAL REGULATIONS

The limitation of paragraph (1) shall not apply to any regulation relating to internal Treasury Department policies, practices, or procedures.

(6) CONGRESSIONAL AUTHORIZATION

The limitation of paragraph (1) may be superseded by a legislative grant from Congress authorizing the Secretary to prescribe the effective date with respect to any regulation.

(7) ELECTION TO APPLY RETROACTIVELY

The Secretary may provide for any taxpayer to elect to apply any regulation before the dates specified in paragraph (1).

(8) APPLICATION TO RULINGS

The Secretary may prescribe the extent, if any, to which any ruling (including any judicial decision or any administrative determination other than by regulation) relating to the internal revenue laws shall be applied without retroactive effect.

(c) PREPARATION AND DISTRIBUTION OF REGULATIONS, FORMS, STAMPS, AND OTHER MATTERS

The Secretary shall prepare and distribute all the instructions, regulations, directions, forms, blanks, stamps, and other matters pertaining to the assessment and collection of internal revenue.

(d) MANNER OF MAKING ELECTIONS PRESCRIBED BY SECRETARY

Except to the extent otherwise provided by this title, any election under this title shall be made at such time and in such manner as the Secretary shall prescribe.

(e) TEMPORARY REGULATIONS

(1) ISSUANCE

Any temporary regulation issued by the Secretary shall also be issued as a proposed regulation.

(2) 3-YEAR DURATION

Any temporary regulation shall expire within 3 years after the date of issuance of such regulation.

(f) REVIEW OF IMPACT OF REGULATIONS ON SMALL BUSINESS

(1) SUBMISSIONS TO SMALL BUSINESS ADMINISTRATION

After publication of any proposed or temporary regulation by the Secretary, the Secretary shall submit such regulation to the Chief Counsel for Advocacy of the Small Business Administration for comment on the impact of such regulation on small business. Not later than the date 4 weeks after the date of such submission, the Chief Counsel for Advocacy shall submit comments on such regulation to the Secretary.

(2) CONSIDERATION OF COMMENTS *In prescribing any final regulation which supersedes a proposed or temporary regulation which had been submitted under this subsection to the Chief Counsel for Advocacy of the Small Business Administration—*

(A) the Secretary shall consider the comments of the Chief Counsel for Advocacy on such proposed or temporary regulation, and

(B) the Secretary shall discuss any response to such comments in the preamble of such final regulation.

(3) SUBMISSION OF CERTAIN FINAL REGULATIONS *In the case of the promulgation by the Secretary of any final regulation (other than a temporary regulation) which does not supersede a proposed regulation, the requirements of paragraphs (1) and (2) shall apply; except that—*

(A) the submission under paragraph (1) shall be made at least 4 weeks before the date of such promulgation, and

(B) the consideration (and discussion) required under paragraph (2) shall be made in connection with the promulgation of such final regulation.

Observe-se que há várias limitações para edição dos regulamentos, que podem interpretativos ou regulatórios (em relação ao 26 USC), podendo ser também regulamentos propostos, sujeitos comentários e discussões antes se tornarem definitivos e válidos (*final*), e também editados como temporários (máximo de três anos de vigência) mas que são efetivos desde a publicação. Ambos podem se tornar definitivos. O 26 USC *Section* 7701(a)

(11)(B) autoriza a delegação, assim, foi delegada a competência para minutar os regulamentos ao Comissário do IRS[86] (o Comissário do IRS corresponde ao Secretário da RFB no Brasil).

Nos EUA, os ministérios e as agências, em geral, regulam as matérias de suas competências, conforme autorizados pelas leis. Desta forma, o Departamento do Tesouro e o IRS interpretam e aplicam as leis tributárias e as regulamentam. Assim, há também o Código de Regulamentações Federais (*Code of Federal Regulations – C.F.R.*) numerado na sequência do USC, de forma que os regulamentos tributários do Departamento do Tesouro são editados sob n. 26, ou seja, são o Título 26 do Código de Regulamentações Federais, que podem ser mencionadas também como Treas. Reg. (Regulamentações do Tesouro), ao invés de 26 C.F.R.[87] As Treas. Reg. não só regulamentam e interpretam, mas traz também exemplos, configurando-se de maneira muito detalhada e extensiva. Estimando-se que o 26 USC e o 26 C.F.R. completos, em conjunto, tenha cerca de dez mil páginas.

A partir de março de 1996 o Congresso dos EUA promulgou ato que autoriza procedimento de revisão de regulamentações editadas pelo Executivo, mediante edição de resolução do Congresso. A resolução congressual está sujeita a veto de presidente, o qual pode ser derrubado pelo Congresso (quórum qualificado). Veja-se que na Constituição brasileira, o art. 49, inciso V, traz dispositivo que autoriza o Congresso sustar atos do Poder Executivo "que exorbitem do poder regulamentar ou dos limites de delegação legislativa;" (porém caso sobrevenha tal ato do Congresso, não há previsão constitucional de veto).[88]

---

[86] Conforme consta das Regulamentações do IRC: Treas. Reg. § 301.7805-1(a) (interpretando o 26 U.S. C. § 7805(a) transcrito acima). Na nomenclatura usada nos EUA § corresponde a Seção (*Section*). Há uma série de procedimentos regulados para confecção e publicação destes atos. As alterações e as inovações são CRF são elaboradas no importante gabinete do conselheiro chefe (*chief counsel's office*), que torna publica a agenda de trabalhos. Cf. RICHMOND, Gail Levin. Federal Tax Research: Guide to Material and Techniques. 9th ed. New York: Foundation Press, 2014, p. 138-152.

[87] De notar que algumas agências podem editar regulamentos que também afetem a norma tributária, *e.g.* o Ministério do Trabalho pode editar regulamento afetando benefícios dos empregados que aparecem no 29 C.F.R. RICHMOND, Gail Levin. Federal Tax Research: Guide to Material and Techniques. 9th ed. New York: Foundation Press, 2014, p. 141.

[88] Entende-se, porém, que há limites implícitos a esse poder congressual, ver VALADÃO, Marcos Aurélio Pereira. Sustação de atos do Poder Executivo pelo Congresso Nacional com

Adicionalmente o IRS (assim como a RFB) também edita normas tributárias. Na maioria dos casos a competência para a RFB regular determinados dispositivos legais está contida na própria lei tributária (exceto no que diz respeito às obrigações acessórias), ao invés de uma autorização genérica, como ocorre nos EUA.

O IRS publica alguns tipos de normativas e documentos no seu *Internal Revenue Bulletin* (IRB), dentre os quais:

Revenue Rulings: literalmente "Regras da Receita" que corresponde de certa forma às instruções normativas da RFB.

Revenue Procedures e *Procedural Rules*: literalmente "Procedimentos da Receita" e "Normas de Procedimento", são normas que estabelecem regras de procedimento de como obter normativas do IRS, orientações, como processo de consulta (que resulta em *determination letter* ou *private ruling letter*), ou outras instruções, ou referindo-se a áreas ou temas que o IRS não editará normas especificas *(rulings)*.[89]

Notices: literalmente "Aviso", que são orientações editadas antes das normativas ou dos regulamentos estejam disponíveis, com relativa força normativa.

Annoucements: literalmente "Anúncio", alerta os contribuintes sobre uma variedade de informações, são menos formais que os *"notices"* mas também tem relativa força normativa (e.g, evita multas que segue tal orientação).[90]

O IRB do IRS publica outras informações, inclusive os avisos de aquiescência ou não aquiescência (*Notices of acquiescence and nonacquiescence*) em relação a questões que o IRS perdeu ou teve sucesso na justiça.[91]

O IRS publica também os formulários de declarações e os manuais e orientações correspondentes, assim como edita outros tipos de orientações para os contribuintes a exemplo das *determination letter* (se regional) ou *private letter rulings* (se do órgão nacional), "Memorandos de Auxílio Técnico" (que

base no artigo 49, inciso V, da Constituição de 1988. Revista de Informação Legislativa, Brasília – DF, v. 153, p. 287-302, 2002.

[89] RICHMOND, Gail Levin. Federal Tax Research: Guide to Material and Techniques. 9th ed. New York: Foundation Press, 2014, p. 178-186.

[90] Por exemplo a "Notice 2003-16, 2002-9 I.R.B. 567" tratou da taxa média de juros para o exercício de 2002 para os casos que especifica. Ver RICHMOND, Gail Levin. Federal Tax Research: Guide to Material and Techniques. 6th ed. New York: Foundation Press, 2002, p. 140-141.

[91] RICHMOND, Gail Levin. Federal Tax Research: Guide to Material and Techniques. 9th ed. New York: Foundation Press, 2014, p.186-187.

se refere a operações já concretizadas), e "ações" e "decisões" que não são publicadas (tidas também como orientações que não geram precedentes, a não ser para os envolvidos). As *private letter rullings* (Regulamentações privadas) correspondem às respostas às consultas do Direito Tributário brasileiro. Nem todos esses atos são tornados públicos, conforme estabelece a norma, mas estão sujeitos à lei de acesso à informação dos EUA (*Freedom of Information Act* – FOIA).[92] Deve-se atentar que há diversas outras publicações como os Boletins do Conselheiro-Chefe, o Boletim de Litigância Tributária, o Manual da Receita, estatísticas, relatório, etc, bem assim outros documentos que não são publicados, estando mesmo à margem de legislação de transparência (FOIA), como é o caso dos APAs (*Advance Pricing Agreements*), acordados entre o IRS e contribuintes ou outra administração tributária, relativamente a fixação de cálculos para preços de transferência.[93]

Pode-se dizer que o papel que nos EUA é exercido pelo Departamento do Tesouro (responsável pelo 26 C.R.F.) e as normas editadas pelo IRS é, no Brasil, o correspondente aos decretos presidenciais e normas editadas pela RFB (especialmente as instruções normativas), embora não haja um paralelismo perfeito dos sistemas (há também atos ministeriais em tema tributário, em geral, em forma de portaria, em geral com previsão expressa na lei tributária).

Nos Estados, as leis tributárias são também reguladas por atos do poder executivo, trazendo o detalhamento da aplicação da norma editada pelo poder legislativo.

1.6.3.2. A Legislação no Brasil

Como principal fonte do Direito Tributário no Brasil além da Constituição Federal há o Código Tributário Nacional de 1966 que comumente é denominado pelo acrônimo em português CTN, que tem força de Lei Complementar, pois pela Constituição atual as normas nele tratadas devem ser editadas por via de Lei Complementar, sendo assim de observância também pelos Estados. A seguir um resumido quadro dos livros, títulos e capítulos que compõe o Código Tributário Nacional com seus 218 artigos:

[92] Cf. RICHMOND, Gail Levin. Federal Tax Research: Guide to Material and Techniques. 9th ed. New York: Foundation Press, 2014, p.178, 194,
[93] Ibidem, p. 187-206.

Livros/Títulos	Artigos
Livro Primeiro: Sistema Tributário Nacional	Artigo 1° ao 95
Título I: Disposições Gerais	artigos 2° ao 5
Título II: Competência Tributária	artigos 6° ao 15
Título III: Impostos	artigos 16 a 76
Título IV: Taxas	artigos 77 a 80
Título V: Contribuição de Melhoria	artigos 81 e 82
Título VI: Distribuições de Receitas Tributárias	artigos 83 e 94
Livro Segundo: Normas Gerais De Direito Tributário	Artigos 96 a 218
Título I: Legislação Tributária	artigos 96 a 112
Título II: Obrigação Tributária	artigo 113 a 138
Título III: Crédito Tributário	artigos 139 a 193
Título IV: Administração Tributária	artigos 194 a 218

Fonte: Elaboração dos autores.

Observe-se que as fontes do Direito Tributário, no que diz respeito às fontes normativas, estão previstas no CTN, destacando-se que o termo "legislação tributária" abrange "compreende as leis, os tratados e as convenções internacionais, os decretos e as normas complementares que versem, no todo ou em parte, sobre tributos e relações jurídicas a eles pertinentes" (art. 96 do CTN), e que o art. 100 do CTN ao dispor sobre as normas complementares, o faz da seguinte forma:

Art. 100. São normas complementares das leis, dos tratados e das convenções internacionais e dos decretos:
I – os atos normativos expedidos pelas autoridades administrativas;
II – as decisões dos órgãos singulares ou coletivos de jurisdição administrativa, a que a lei atribua eficácia normativa;
III – as práticas reiteradamente observadas pelas autoridades administrativas;
IV – os convênios que entre si celebrem a União, os Estados, o Distrito Federal e os Municípios.
Parágrafo único. A observância das normas referidas neste artigo exclui a imposição de penalidades, a cobrança de juros de mora e a atualização do valor monetário da base de cálculo do tributo.

Este é o arcabouço normativo, fonte primordial do Direito Tributário no Brasil. Diferentemente dos EUA, no Brasil os regulamentos dos tributos são editados por decreto presidencial e não por ato do Ministro da Fazenda, embora as regulamentações federais, abaixo dos decretos, sejam feitas em sua maioria pela RFB. Note-se que a mesma ressalva que existe no sistema dos EUA pela não aplicação de multas para os contribuintes que seguem as normas editadas pelo IRS (em matéria de tributos federais dos EUA), está prevista no Parágrafo único do art. 100, acima transcrito, que vale para as três entidades federativas brasileiras.

Em federações, como é o caso do Brasil e dos Estados Unidos da América, é necessário perceber que além da Constituição Federal, das especificidades dos processos legislativos, do Código Tributário Nacional brasileiro e do Código da Receita Federal americana, cada Estado e Município no âmbito de suas competências elabora as suas Constituições e os seus Códigos Tributários e a legislação tributária regulando cada um dos tributos. Essa observação é importante, pois para se conhecer adequadamente a tributação em um determinado local é necessário conhecer um sistema normativo vasto e na muitas vezes complexo.

1.6.4. Outras Fontes do Direito Tributário: Judiciário e Executivo

A Constituição, o Processo Legislativo e o IRC (26 USC) as Regulamentações, Código da Receita Federal, o Código Tributário Nacional, os atos do IRS, os atos da RFB e os correspondentes atos dos Estados e Municípios são fontes legislativas do Direito Tributário, mas não se pode esquecer que também são fontes do Direito Tributário as decisões do Poder Judiciário e também do Poder Executivo (vide art. 100, II, do CTN transcrito acima). O poder executivo por intermédio da administração fazendária produz decisões administrativas fiscais e elabora normas que regulamentam os procedimentos administrativos, bem como, o poder judiciário é fonte do direito com suas decisões.

No gráfico abaixo é possível visualizar um resumo das fontes do Direito Tributário nos EUA e no Brasil considerando a tripartição de poderes:

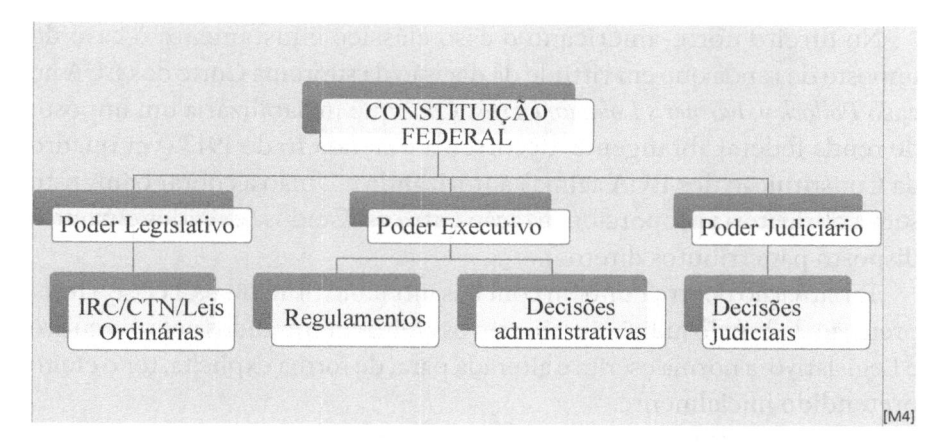

[M4]

Fonte: gráfico elaborado pelos autores.

Cabe lembrar novamente que enquanto no Brasil somente as decisões judiciais com efeito vinculante são de seguimento obrigatório pelo executivo e judiciário, no sistema da *common law*, prevalece sempre a decisão tida como precedente para o caso concreto superveniente, ou seja, a jurisprudência (*case law*) no sistema dos EUA tem, na prática, maior relevância que para o Direito brasileiro.

Um importante aspecto é que embora no Brasil existam dispositivos constitucionais tributários que o STF tem entendido como cláusula pétrea, isto é insuscetíveis de alteração por conta de subsumirem ao art. 60, § 4º da Constituição, não é incomum casos em que o Poder Judiciário considera uma intepretação da Constituição em um sentido que não corresponde aos importantes efeitos econômicos pretendidos, e decorre daí uma mudança no texto constitucional. Embora haja outros, um caso paradigmático ocorreu com a incidência do ICMS na importação, isto porque o STF construiu uma intepretação, a partir da redação original da Constituição de 1988, que resultou na não incidência daquele imposto na importação de bens não destinados à revenda por não contribuintes, o dispositivo (art. 155, § 2º, inciso IX, "a" da CF/1988) então foi alterado de forma a não deixar dúvidas sobre incidência do ICMS independentemente do tipo de operação e do importador.[94]

---

[94] Redação do dispositivo original da Constituição de 1988:

Art. 155. Compete aos Estados e ao Distrito Federal instituir impostos sobre:

No direito norte-americano o caso clássico é justamente o caso do imposto de renda que em virtude da decisão da suprema Corte dos EUA no caso *Pollock v. Farmer's Loan and Trust Co.*[95] que inviabilizaria um imposto de renda federal abrangente, decorreu a Emenda 16 de 1913 (ver quadro da Constituição dos EUA acima) autorizando a União a cobrar o imposto sem a obrigatória proporcionalização entre os Estados (exigidos em outro disposto para tributos diretos).

Tal situação ocorre também com leis infraconstitucionais, i.e., se a intepretação dada pelo judiciário não tem os efeitos pretendidos pelo executivo e Legislativo, a norma escrita é alterada para, de forma explícita, ter o efeito pretendido inicialmente.

A esse respeito, tratando do direito dos EUA, cita-se a seguinte recomendação, os autores norte-americanos recomendam que em virtude de que *"Congress can usually "overrule" a judicial decisions it disagrees with by amending the statute [...]"*, é importante verificar a legislação recente e a pendente antes de se tomar um caso como precedente, adicionalmente convém verificar a posição do IRS, que pode decidir não seguir a decisão de um corte inferior contrário à sua posição.[96] Veja que esta posição é mais complexa desde um ponto de vista do sistema do *common law*, onde prevalece o *stare decisis*, mas é muito comum no caso Brasil, onde só as decisões do tribunais máximos (STF e Superior Tribunal de Justiça – STJ) podem vincular, ou seja, a RFB e as administrações tributárias estaduais e municipais só

[...] II – operações relativas à circulação de mercadorias e sobre prestações de serviços de transporte interestadual e intermunicipal e de comunicação, ainda que as operações e as prestações se iniciem no exterior;
[...] § 2º O imposto previsto no inciso II atenderá ao seguinte:
[...] IX – incidirá também:
a) sobre a entrada de mercadoria importada do exterior, ainda quando se tratar de bem destinado a consumo ou ativo fixo do estabelecimento, assim como sobre serviço prestado no exterior, cabendo o imposto ao Estado onde estiver situado o estabelecimento destinatário da mercadoria ou do serviço;
Redação dada à alínea "a" pela Emenda Constitucional n. 3/2001:
a) sobre a entrada de bem ou mercadoria importados do exterior por pessoa física ou jurídica, ainda que não seja contribuinte habitual do imposto, qualquer que seja a sua finalidade, assim como sobre o serviço prestado no exterior, cabendo o imposto ao Estado onde estiver situado o domicílio ou o estabelecimento do destinatário da mercadoria, bem ou serviço;
[95] Pollock v. Farmer's Loan and Trust Co. (157 U.S. 429 (1895))
[96] RICHMOND, Gail Levin. Federal Tax Research: Guide to Material and Techniques. 9ʰ ed. New York: Foundation Press, 2014, p. 221.

adotarem posições judiciais com as quais não concordam somente após uma decisão em ação de controle concentrado, ou com repercussão geral (STF) ou recurso repetitivo (STJ), ou mesmo no caso de decisões do STF, que tenham sido objeto de resolução do Senado Nacional (nos termos do art. 52, inciso X, da Constituição brasileira).

Adicionalmente, para o correto entendimento de um determinado tributo, ou mesmo do sistema tributário em si, é necessário, além destas fontes formais estatais do Direito Tributário, conhecer também a doutrina, ou seja, o que os pesquisadores da área publicam a respeito do sistema tributário e sua aplicação. A doutrina é considerada uma importante fonte mediata não estatal do direito e merece ser conhecida.

1.7. Competência Tributária no Brasil e Estados Unidos da América

Verificou-se anteriormente que o poder conferido ao Estado para tributar decorre em considerável medida do fenômeno da cisão entre Estado e propriedade. O Estado, não sendo mais proprietário de tudo e de todos, passa a exigir dos seus cidadãos o pagamento de tributos para garantir a sua existência em termos econômicos (perspectiva fiscal) e legitimar a sua atuação (perspectiva extrafiscal).

Antes destas ponderações há que se ter claro que a existência primeira do Estado centra-se na ideia de que este exerce um determinado poder[97]. Poder exercido sobre um determinado território e sobre as pessoas que ali residem. O exercício deste poder de mando sobre as pessoas e sobre um território de forma autônoma é denominado de forma geral de soberania estatal. Neste sentido "a soberania de um Estado pode ser vista em uma perspectiva interna e externa. Na perspectiva interna a soberania se constitui pela existência de um povo, de um território e de um poder político. No plano externo a soberania se constitui enquanto um poder independente

---

[97] Neste sentido: "O Estado age porque tem Poder e a ação do Estado se realiza pela atuação de órgãos funcionais nos quais o Poder está subdividido. O Estado não é o órgão, nem a totalidade dos órgãos, porém o Ser Social cujas funções se especializaram em múltiplos órgãos funcionais; por isso, embora haja a divisão do Poder, o Estado continua sempre com a plenitude do Poder. Esta autolimitação pela divisão do Poder é, na verdade, o fenômeno da especialização das funções que se verifica em qualquer organismo evoluído". BECKER, Alfredo Augusto. Teoria geral do direito tributário. 3. ed. São Paulo: Lejus, 1998. p. 210.

no plano internacional. Hodiernamente muito mais interdependente do que independente"[98].

A soberania, quando observada no aspecto interno, do exercício do poder do Estado no que diz respeito à apropriação de rendas pela cobrança de tributos, diz-se competência, ou mais especificamente, competência tributária. Assim competência tributária é o poder conferido ao Estado para criar (instituir) e cobrar os tributos dos seus cidadãos. Em outras palavras, a competência tributária é o exercício da soberania do Estado no que tange ao poder de tributar.

Considerando o regime federativo e a competência tributária é importante lembrar que:

> é o federalismo a fórmula histórico-pragmática de composição política que permita harmonizar a coexistência, sôbre idêntico território, de duas ou mais ordens de poderes autônomos, em suas respectivas esferas de competência. Ambicionavam os Estados, que o adotaram, alcançar a unidade nacional através da diversidade regional e estabelecer um sistema de equilíbrio de poderes, pelo contraste das autonomias paralelas, numa época de domínio absoluto de monarquias centralizadas.[99]

Neste sentido é interessante notar que no federalismo brasileiro há uma tríplice discriminação de competências, pois além da perspectiva clássica de federação, contemplando os entes federados União e Estados, no Brasil foram contemplados também os Municípios. Da perspectiva federalista dual passou-se a uma peculiar perspectiva tríplice de federação. Com isso atribui-se competência tributária privativa aos Municípios, "não vemos isso

---

[98] GASSEN, Valcir. Tributação na origem e destino: tributos sobre o consume e processos de integração econômica. 2. ed. São Paulo: Saraiva, 2013, p. 141.
Para maiores detalhes vide também: GOMES, Carla Amado. Estado e integração econômica: subsídios para uma reflexão sobre o conceito de soberania. In: Curso de integração econômica e direito internacional fiscal: programa de cooperação técnica. Disciplina de direito comparado estatal. Brasília: Comissão da União Européia/Escola de Administração Fazendária/ Gabinete de Apoio da Universidade Técnica de Lisboa, 1998. 218 p. Mimeo, p. 17 e ss.
[99] DÓRIA, Antônio Roberto Sampaio. Discriminação de competência impositiva: sua evolução na federação brasileira. São Paulo: 1972. p. 9.

em nenhuma outra federação. Se podemos ser originais em alguma coisa, em matéria de organização política, temos aí um traço de originalidade"[100]. A respeito de um federalismo em três níveis no Brasil:

a figura do município brasileiro vai beber a sua inspiração ao município português. O vasto território foi-se organizando à semelhança do que acontecia em Portugal, por força da colonização dos donatários das capitanias e dos governadores. Como nota Carvalho Mourão, estas circunstâncias contribuíram para que a história da organização municipal no Brasil-colónia seja decalcada da legislação portuguesa sobre a administração dos conselhos da mesma época. Historicamente, as municipalidades precederam no Brasil a província e o estado.[101]

Em matéria tributária a federação dos EUA é composta pela União, Estados e o Distrito Federal (Distrito de Colúmbia – DC). Há que se notar aqui uma diferença considerável entre o federalismo nos EUA e no Brasil. No primeiro a construção do federalismo ocorreu no final do século XVIII de forma centrípeta e no Brasil ocorreu no final do século XIX de forma centrífuga. Isto é, nos EUA houve o agrupamento dos Estados soberanos para a construção da federação, no Brasil vigia um estado unitário e que com a proclamação da República concedeu-se poder e autonomia para os Estados que passaram a integrar a federação[102].

Considerando, portanto, a divisão interna da soberania no aspecto fiscal na federação brasileira[103] e norte-americana, como critério da classificação dos tributos, pode-se falar em competência tributária federal, estadual, distrital e

---

[100] LEAL, Victor Nunes. Problemas de direito público e outros problemas. V. 1. Brasília: Imprensa Nacional, 1999, p. 323.

[101] GOMES, Carla Amado. Estado e integração económica: subsídios para uma reflexão sobre o conceito de soberania. In: Curso de integração econômica e direito internacional fiscal: programa de cooperação técnica. Disciplina de direito comparado estatal. Brasília: Comissão da União Européia/Escola de Administração Fazendária/Gabinete de Apoio da Universidade Técnica de Lisboa, 1998. Mimeo. p. 46.

[102] Para a discussão sobre o federalismo brasileiro e americano vide: BERCOVICI, Gilberto. Dilemas do Estado Federal Brasileiro. Porto Alegre: Livraria do Advogado, 2004; LACROIX, Alison L. The Ideological Origins of American Federalism. Cambridge: Harvard University Press, 2010.

[103] Vide: LAGEMANN, Eugenio; OLIVEIRA, Cristiano Aguiar de; MARQUES JUNIOR, Liderau dos Santos. Federalismo fiscal brasileiro: problemas, dilemas e competências tributárias. Porto Alegre: Fundação de Economia e Estatística, 2011.

municipal (ou dos governos locais). Note-se que no Brasil a figura do Distrito Federal, que, por força do artigo 147 da Constituição Federal, exerce uma competência "distrital", isto é, peculiar, pois tem a competência para instituir tanto os tributos de competência dos Estados, quanto dos Municípios.

No Brasil, dependendo dos poderes atribuídos aos entes federativos para instituir e cobrar tributos a competência também pode ser classificada em: a) competência exclusiva ou privativa; b) competência comum ou compartilhada, e, c) competência residual ou de apoio.

Sendo que a distinção entre a privativa e a exclusiva refere-se à restrição do tipo tributário. Assim, a competência da União para contribuições (exceto a de melhoria) é exclusiva, embora haja duas exceções (a contribuição previdenciária para os Estados, Municípios e DF em relação aos seus próprios servidores, e a contribuição de iluminação pública para os Municípios e DF), já em relação aos impostos a competência é privativa, mas diz respeito ao âmbitos de incidência dos impostos, assim as competências elencadas nos artigos 153, incisos I a VII, para a União, 155, incisos I a III para os Estados e DF e 156, incisos I a III para os Municípios e DF, embora seja referente a impostos é privativa, pois cada ente federativo pode, de forma privativa, instituir a espécie tributária "imposto" (cujo tipo é comum a todos) sobre as bases de incidência rigidamente elencadas na Constituição.

Neste caso, o legislador optou em termos políticos e, consequentemente, em termos jurídicos e econômicos, por atribuir com exclusividade para apenas um ente a competência para instituir determinado tributo (no caso, as contribuições em geral, que não a melhoria).

Já competência comum é aquela atribuída a todos os entes que integram a federação brasileira e dos EUA. Assim a União/federação pode instituir um determinado tributo bem como os Estados podem fazê-lo. No Brasil compete à União, aos Estados, aos Municípios e ao Distrito Federal a instituição, a título de exemplo, de duas espécies tributárias: taxas e contribuições de melhoria.

A competência pode ser, além de privativa ou comum, residual. Neste caso, no Brasil atribui-se à União a competência para instituir outros impostos além dos previstos na Constituição Federal[104]. Essa competência é denominada residual, pois foge às competências privativas ou comuns.

---

[104] Artigo 154, inciso I, da Constituição Federal de 1988: "A União poderá instituir: I – mediante lei complementar, impostos não previstos no artigo anterior, desde que sejam

A classificação da competência tributária em privativa, comum ou residual no que tange a instituição de tributos é uma classificação que trata da competência ordinária. Há ainda no Brasil uma competência extraordinária que possibilita a União criar impostos que são de sua competência ou privativos dos Estados, do Distrito Federal e dos Municípios.[105]

Atente-se que a questão é de competência tributária – poder conferido para instituir tributo –, portanto, é possível que um ente conceda a outro o poder para fiscalizar ou arrecadar um determinado tributo e isto não implica em delegação de competência[106]. Esta situação, de que um ente concede ao outro alçada para fiscalizar e arrecadar um determinado tributo, é designada de atribuição da capacidade tributária ativa.

A delegação da capacidade tributária ativa está prevista no Brasil no próprio artigo 7º do CTN em que sublinha-se que a competência tributária é indelegável, mas as funções de arrecadar ou fiscalizar tributos podem ser delegadas e reitera-se no parágrafo 3º do mesmo artigo que não constitui delegação de competência tributária a atribuição a pessoas de direito privado a função de arrecadar tributos.

Uma questão importante no estabelecimento da competência tributária é saber qual a motivação, ou qual é a explicação que se oferta à divisão da competência entre os entes federados. Deste modo, quando a competência tributária entre os entes federados é distribuída, são respeitados basicamente dois critérios: o critério da atuação estatal e o critério da tipificação dos fatos geradores.

No caso do critério da atuação estatal, atribui-se competência tributária ao ente político que estiver desenvolvendo uma determinada função prevista na legislação e que tem competência para instituir o tributo, como por exemplo, taxas e contribuições de melhoria.

---

não-cumulativos e não tenham fato gerador ou base de cálculo próprios dos discriminados nesta Constituição; II – (...)"

[105] A base para tal assertiva se encontra no artigo 154, inciso II, da Constituição Federal de 1988: "A União poderá instituir: I – (...) II – na iminência ou no caso de guerra externa, impostos extraordinários, compreendidos ou não em sua competência tributária, os quais serão suprimidos, gradativamente, cessadas as causas de sua criação".

[106] De acordo com o Código Tributário Nacional: "Art. 7º (...) § 3º Não constitui delegação de competência o cometimento, a pessoas de direito privado, do encargo ou da função de arrecadar tributos".

Quando o critério da atuação do ente federado não for determinante para se fixar a competência, utiliza-se o critério da tipificação dos fatos geradores. Neste critério, consideram-se alguns fatos que servem de fundamento para a tributação e a partir deles para atribuir a competência de instituir os tributos a um ou outro ente político.

Neste caso o fato que foi escolhido (fato gerador) para receber o gravame tributário (incidência tributária) determinará a qual ente será atribuído a competência. Pode-se citar, por exemplo, que no caso do fato eleito ser o "comércio exterior" a tributação sobre ele incidente será de competência da União (imposto de importação ou imposto de exportação). Isto ocorre tanto no Brasil quanto nos EUA[107].

Assim competência tributária pode ser conceituada como o poder conferido ao Estado para instituir e cobrar tributos. A competência em matéria de tributação está sujeita a inúmeras tensões entre os entes partícipes de uma federação como no caso do Brasil e dos Estados Unidos, entre Estados-membros em processos de integração econômica (NAFTA, UE, Mercosul etc), ou ainda, entre Estados nas suas relações comerciais internacionais (OMC). Estas tensões resultam dos interesses de cada Estado no que concerne a igualdade de condições no mercado interno e competividade nas relações internacionais em zonas integradas ou não integradas.

Neste sentido a competência tributária é algo sensível pois envolve questões econômicas, sociais e políticas. Assim, também no que diz respeito à competência internacional tributária, para estabelecer tratados é somente da União, mas o exercício desta competência, salvo se ressalvado no próprio acordo, obriga também às outras entidades federativas, nos EUA por força da própria Constituição, no Brasil por força do art. 98 do CTN.

---

[107] Nos EUA a Constituição estabeleceu no Art. I, Sec. 10, Cláusula 2, a cláusula sobre o comércio exterior onde o Estado fica proibido de tributar sobre as importações e exportações sem a autorização do Congresso.

1.8. Estrutura do Sistema Tributário Americano e Brasileiro e Sistema de Litigância

1.8.1. Estrutura do Sistema Tributário nos EUA e no Brasil

Não existe uma única forma de explicitar a estrutura de um determinado sistema tributário. Pode ele ser estruturado de diversas formas dependendo da perspectiva que se adota. Nos EUA considerando os entes tributantes podemos falar em tributos federais (*Federal tax*) e tributos estaduais (*State tax*), e que os governos locais também podem, limitado pelas leis estaduais instituir tributos.

Detalhando esta estrutura relacionada com a competência tributária e com os códigos utilizados segue o quadro abaixo, salientando que o quadro de tributos recolhidos por tipo de tributo e tipo de jurisdição tributária nos EUA não contempla cobranças especiais por melhoria de propriedade, contribuições para o sistema de seguridade social, tributos recolhidos por uma jurisdição em nome de outra.[108] Para detalhes sobre em que consiste cada item dos Códigos, consultar Anexo Único.

CODE	TIPO DE TRIBUTO	Governos (considerando com finalidade geral)					
		Federal	Estadual	DC[109]	Grande cidade-condado	Locais-Outros	Distrito especial[110]
T01	Tributos sobre a propriedade	N	S	S	S	S	S
Tributos sobre Vendas e Receita Bruta:							
T08	Direitos Aduaneiros Federais	S	N	N	N	N	N

---

[108] Quadro adaptado de UNITED STATES. Federal, State, and Local Governments. Government Finance and Employment. Classification Manual. Description of Tax Categories. United States Census Bureau. Disponível em: www.census.gov/govs/www/class_ch7_tax.htm. Acesso: 23/03/2017.

T09	Tributos sobre Vendas Gerais e Receita Bruta	N	S	S	S	S	S
Tributos Seletivos sobre Vendas:							
T10	Bebidas Alcóolicas	S	S	S	S	S	S
T11	Diversões	N	S	S	N	N	N
T12	Prêmios de Seguro	N	S	S	N	N	N
T13	Combustíveis para Motores	S	S	S	S	S	S
T14	Apostas	N	S	N	N	N	N
T15	Prestação de Serviços Públicos	S	S	S	S	S	S
T16	Produtos do Tabaco	S	S	S	S	S	S
T19	Outros	S	S	S	S	S	S
Taxa de Licença:							
T20	Bebidas Alcólicas	N	S	S	N	N	N
T21	Diversões	N	S	S	N	N	N
T22	Companhias em Geral	N	S	S	N	N	N
T23	Caça e Pesca	N	v	Y	N	N	N
T24	Veículos Motorizados	N	S	S	Y	S	N
T25	Operadores sde Veículos Motorizados	N	S	S	N	N	N
T27	Prestadores de Serviços Públicos	N	S	S	N	N	N
T28	Ocupação e Negócios, NEC[111]	N	S	S	N	N	N
T29	Outros	N	S	S	N	N	N
Tributos sobre a Renda:							
T40	Pessoas Físicas	S	S	S	S	S	N
T41	Pessoas Jurídicas	S	S	S	S	N	N

Outros Tributos:							
T50	Herança e Doações	S	S	S	N	N	N
T51	Sobre Documentos, Registros e suas Transferências	N	S	S	N	N	N
T53	Sobre Exploração de Recursos Naturais	N	S	N	N	N	N
T99	Outros Tributos, NEC	S	S	S	S	S	S
* (S) corresponde a ter receita (SIM) e (N) não ter receita (NÃO) por tipo de tributo.							

Em termos de estrutura do sistema tributário no Brasil e considerando os entes tributantes como critério pode se falar que existem tributos federais, estaduais e municipais, além dos distritais que é a soma dos estaduais e municipais. Se for considerada as espécies do gênero tributo e a adotada pelo Supremo Tribunal Federal é possível estruturar da seguinte forma: 1) impostos, 2) taxas, 3) contribuição de melhoria, 4) empréstimo compulsório, e, 5) Contribuições especiais.

A estrutura também pode ser vista em relação as subespécies tributárias de acordo com o previsto nas competências distribuídas pela Constituição Federal da seguinte forma:

TRIBUTOS	COMPETÊNCIA			
	União	Estados	Municípios	DF
EMPRÉSTIMO COMPULSÓRIO	Sim	Não	Não	Não
TAXAS (No âmbito de sua competência)	Sim	Sim	Sim	Sim
IMPOSTOS				

[109] DC = District of Columbia.

[110] "Special district – A political subdivision that is created to bypass normal borrowing limitations, to insulate certain activities from traditional political influence, to allocate functions to entities reflecting particular expertise, and to provide a single service within a specified area <a transit authority is a special district> Black's Law Dictionary, 10th ed., 2014, versão eletrônica, em WestLaw.

[111] NEC = Not Elsewhere Classified, que em português corresponde "a não classificado em outro lugar".

Imposto de Importação – II	Sim	Não	Não	Não
Imposto de Exportação – IE	Sim	Não	Não	Não
Imposto de Renda – IR	Sim	Não	Não	Não
Imposto sobre Produtos Industrializados – IPI	Sim	Não	Não	Não
Imposto sobre Operações Financeiras – IOF	Sim	Não	Não	Não
Imposto sobre a Propriedade Territorial Rural[112] – ITR	Sim	Não	Não	Não
Imposto sobre Grandes Fortunas – IGF	Sim	Não	Não	Não
Impostos da Competência Residual	Sim	Não	Não	Não
Imposto Extraordinário de Guerra	Sim	Não	Não	Não
Imposto sobre a Circulação de Mercadorias – ICMS	Não	Sim	Não	Sim
Imposto sobre a Transmissão *Causa Mortis* e Doação – ITCD	Não	Sim	Não	Sim
Imposto sobre Veículos Automotores – IPVA	Não	Sim	Não	Sim
Imposto Predial e Territorial Urbano – IPTU	Não	Não	Sim	Sim
Imposto sobre a Transmissão *Inter Vivos* – ITBI	Não	Não	Sim	Sim
Imposto sobre Serviços de Qualquer Natureza – ISS	Não	Não	Sim	Sim
CONTRIBUIÇÕES				
Contribuição de Melhoria	Sim	Sim	Sim	Sim
Contribuições Gerais[113]	Sim	Não	Não	Não
Contribuição Previdenciária[114]	Sim	Sim	Sim	Sim
Contribuição de Iluminação Pública	Não	Não	Sim	Sim

Fonte: Elaboração dos autores

Para finalizar, salienta-se que a Constituição brasileira traz distribuição compulsória das receitas de determinados impostos para as outras entidades federativas, bem assim a vinculação de percentuais da receita a determinadas despesas (*e.g.*, educação, saúde).[115] Porém, a Constituição dos EUA não tem dispositivos semelhantes, embora sejam repassadas verbas federais, via previsão orçamentária, para Estados e Municípios.[116] A título

---

[112] A depender do convênio com Municípios e o DF pode ter a receita arrecadada totalmente apropriada por essas entidades.

[113] Inclui todas as contribuições exceto a previdenciária e a de iluminação pública.

[114] Compreende somente a contribuição previdenciária dos seus próprios servidores.

[115] Cf. arts. 157 a 62 da Constituição brasileira.

[116] Ver, *e.g.*, CONGRESSIONAL BUDGET OFFICE. Federal Grants to State and Local Governments. Washington: US Congress, 2013. Disponível em https://www.cbo.gov/sites/

de exemplo, para 2016, são os seguintes os dez Estados que mais recebe-ram verbas federais e o percentual correspondente ao repasse federal em relação à sua receita total: 1) Mississippi, 42.9%; 2) Louisiana, 41.9%; 3) Tennessee, 39.5%; 4) South Dakota, 39.0%; 5) Missouri, 38.2%; 6) Montana, 37.4%; 7) Georgia, 37.3%; 8) New Mexico, 36.6%; 9) Alabama, 36.1%; 10) Maine, 35.3%.[117]

1.8.2. Estrutura do Sistema de Litigância Tributária nos EUA e no Brasil

Analisa-se, neste item, os sistemas de litigância, assim considerado a estru-tura legal, tanto administrativa quanto judicial, que o contribuinte tem a sua disposição quando é cobrado pela administração tributária e não concorda com a cobrança (ou tem um pedido de restituição negado, total ou parcialmente). Não se deve esquecer que há processos de jurisdição voluntária, como consultas e pedidos de regime especial, que são institutos comuns a ambos os sistemas (embora varie o procedimento), mas que não serão considerados aqui.

1.8.2.1. Litigância no Brasil

A litigância tributária no Brasil é feita tanto administrativamente quanto judicialmente. A discussão administrativa é feita sem custos para o

---

default/files/113th-congress-2013-2014/reports/03-05-13federalgrantsonecol.pdf, cessado em 31/03/2017.

Convém destacar o seguinte trecho deste *Report*: *"Grants to state and local governments can promote economic efficiency in instances when those governments have localized knowledge that would permit them to implement a program more efficiently and effectively than the federal government could but when they have insufficient incentives or funding to provide a good or service—infrastructure, for example—whose benefits extend beyond their jurisdictions. In addition, some grants use the broad federal tax base to redistribute resources among communities and individuals, and certain intergovernmental grants can help stabilize the economy. In some cases, federal policymakers turn to intergovernmental grants to encourage state and local governments to adopt federal policy priorities. Finally, such grants may help foster policy experimentation at the state and local levels that would be difficult to achieve in a single national program."* Idem, p. 1-2.

[117] CHAPMAN, Michael W. Top 10 States That Rely Most on Federal Aid. Cnsnews.com,, disponível em http://www.cnsnews.com/news/article/michael-w-chapman/top-10-states-rely--most-federal-aid, acessado em 10/04/2017.

contribuinte e tem, em geral, duas instâncias, sendo a segunda colegiada, com paridade entre representantes da Fazenda e representantes dos contribuintes. Essa estrutura é utilizada na União, nos Estados.[118] Municípios menores podem ter sistema de litigância baseado em recursos simplificados analisados por funcionários da Fazenda Municipal, funcionando o Secretário de Finanças como última instância. A decisão administrativa favorável ao contribuinte põe fim ao litígio. Caso o contribuinte não logre êxito no recurso administrativo, poderá ao fim do processo administrativo, recorrer ao judiciário, recomeçando o processo na 1ª instância. Além disso há medidas judiciais preventivas, como mandado de segurança e outras ações com tutela antecipada.

No que diz respeito ao procedimento administrativo em si, não há norma geral, assim cada Estado e Município pode estabelecer o seu, embora a maiorias das unidades federativas siga o padrão do Decreto nº 70.235/1972, que teve diversas alterações, que é procedimento federal, em suas legislações.[119] Contudo, o Código Tributário Nacional traz diversas normas que afetam a litigância e que devem ser observados pelos Estados e Municípios. Dentre elas se destaca as normas de prescrição e decadência, que prescrevem, em geral, o prazo de cinco anos para sua contagem. No caso da decadência, podendo ser no primeiro dia do exercício seguinte ao que o tributo poderia ter sido lançado, da data em que se tornar definitiva a decisão que houver anulado, por vício formal, o lançamento anteriormente efetuado, ou da data da ocorrência do fato gerador, cf. art. 173, I, e II, e Art. 150, § 4º, do do CTN). Sendo o caso de prescrição do pedido de restituição também se aplica o prazo de cinco anos, contados da data do pagamento feito em erro ou da alteração da sentença condenatória (cf. arts. 165 e 168 do CTN). O prazo prescricional para a exigência do crédito tributário que esteja constituído é de cinco anos (art. 174 do CTN).

No que diz respeito ao processo judicial, a lei procedimental é única para todas as entidades federativas, seja o Código de Processo Civil – CPC, sejam as leis especiais como a Lei de Execução Fiscal, que deve ser seguida

---

[118] Exceto Pernambuco, cuja segunda instância é formada por julgadores que fazem concurso próprio para a função.

[119] Há, contudo, propostas de lei complementar e estudos no sentido de harmonizar o tratamento entre os tesados, ver e, g, VALADÃO, Marcos Aurélio Pereira; et ali. Estudo sobre o Contencioso Administrativo Fiscal da Federação Brasileira: Problemas e Soluções. In: Estudos do Fórum Fiscal Dos Estados 2012. 1ª ed. BRASÍLIA – DF: ESAF, 2013, V. 1, P. 13-196.

por todas entidades federativas. Os tributos federais são da competência dos juízes federais de primeira instância e em segunda instância julgados pelos tribunais federais regionais (total de cinco), podendo haver recursos ao STJ (especial, no caso de matéria legal federal) ou STF (extraordinário, sobre matéria constitucional), sendo que os tributos estaduais e municipais estão sujeitos aos juízes estaduais e em grau de recurso aos tribunais estaduais, sendo cabível recurso ao especial STJ ou extraordinário ao STF, conforme o caso.

A cobrança forçada de créditos tributários é sempre feita via judicial, via execução fiscal, que comporta procedimentos específicos,[120] mas comuns a todos os entes federativos. No Brasil não há execução administrativa.

Considerando aos crimes de natureza tributária, o Brasil tem algumas peculiaridades. Uma delas é que o início do procedimento criminal está condicionando ao encerramento do processo administrativo (trânsito em julgado)[121], e outra, que não encontra paralelo no mundo, é a possibilidade de extinção da punibilidade caso o infrator pague os tributos e a multa, ou sua suspensão, se parcelado o débito, antes do recebimento da denúncia.[122] Contudo, o STF já decidiu que a extinção da punibilidade pelo pagamento pode ocorrer depois do trânsito em julgado da decisão condenatória.[123]

1.8.2.2. Litigância nos EUA e as Diferenciações

Assim como no Brasil, nos EUA a litigância pode ser feita tanto administrativamente como judicialmente, mas há diversas diferenças que impactam a facilidade de resolução do litígio, mas também a possibilidade de abusos protelatórios ou manobras dessa natureza para evitar ou diferir a execução.

Nos EUA, a litigância administrativa é feita dentro do órgão que faz o lançamento (no caso federal o IRS)[124], sendo possível a sua discussão também em relação os tributos estaduais e locais (nos órgãos estaduais e

---

[120] Lei de Execução Fiscal – Lei n. 6.830, de 22 de setembro de 1980.
[121] Ver Súmula Vinculante STF n. 24; Portaria RFB nº 1750, de 12 de novembro de 2018.
[122] Cf. art. 34 da Lei nº 9.249/95, art. 15 da Lei 9.964/00, art. 9º da Lei nº 10.684/03, art. 69 da Lei nº 11.941/09, art. 83 Lei nº 9.430/1996 (com red. Da Lei nº 12.382/2011).
[123] BRASIL. STF. 2ª T. Recurso ordinário em *habeas corpus* nº 128.245, São Paulo, Rel. Min. Dias Toffoli. Data da decisão: 23/08/2016. Disponível em: http://redir.stf.jus.br/paginadorpub/paginador.jsp?docTP=TP&docID=11898938
[124] Para maiores detalhes ver o site do "Office of Appeals" do IRS: https://www.irs.gov/appeals

locais). Na esfera federal não há órgão decisório colegiado, fora da estrutura do IRS, de forma institucional, como no Brasil, mas há a possibilidade de transação e de arbitragem (não é aplicável a todos os casos). Nos EUA a legislação, seja procedimental seja de direito material, é diferente nas diversas unidades federativas e governos locais, não havendo norma geral de direito tributário, que fixe, por exemplo, o prazo decadencial ou prescricional de maneira uniforme.[125]

Outro aspecto importante é que nos EUA existe a execução administrativa (inclusive nos Estados), ou seja, não é preciso que seja feita uma cobrança forçada judicial para que o Estado arrecade os tributos e multas devidos, bastando que haja um débito tributário constituído de maneira inequívoca, ou seja, nos EUA o IRS tem o poder de fazer a execução administrativa forçada. Como se sabe, no Brasil há um procedimento solene, que só autoriza a cobrança forçada pela via judicial, antecipada da inscrição na dívida ativa. Nos EUA há também a execução judicial, envolvendo penhora de bens e direitos acarretando as discussões decorrentes típicas dessas situações, havendo também, em certa medida um correspondente à inscrição na dívida ativa, considerando a inscrição do débito do contribuinte na lista oficial do IRS (*official list*) (IRC § 6203).[126]

No que diz respeito à litigância judicial. O contribuinte que não conseguir equacionar seu débito junto ao IRS (via discussão administrativa), tem três opções na esfera judicial. *A Tax Court, a United States Court of Federal Claims*,[127] e as cortes federais distritais (cujo grau de recurso é a um dos tribunais dos doze circuitos). A escolha depende de alguns fatores, inclusive

---

[125] Para uma visão sucinta do funcionamento e das disparidades existentes no sistema de contencioso dos Estados, inclusive o papel da Suprema Corte na questão ver GELFAND, M. David; MINTZ, Joel A.; SALSICH JR., Peter. State and Local Taxation and Finance. 3rd ed. St. Paul: West Group, 2007, p. 116-124.

[126] Para um maior detalhamento sobre a execução fiscal nos EUA ver GODOY, Arnaldo Sampaio de Moraes. Direito Tributário nos Estados Unidos. São Paulo: Lex, 2004, p. 69-79. Ver também o documento do IRS *"The IRS Collection Process"*, Publication 594, 2018. Disponível em https://www.irs.gov/pub/irs-pdf/p594.pdf

[127] Essas duas primeiras opções correspondem a "tribunais legislativos", estabelecidos conforme o art. 1º da Constituição norte-americana e, embora tenham funções judiciais (há discussões sobre isso), não são cortes judiciais na acepção estria da palavra no direito norte--americano, por exemplo, seus juízes não tem a mesma estabilidade dos juízes das cortes judiciais (estabelecidas com base no art. 3º da Constituição).

a matéria tributária a ser discutida.[128] A *Tax Court* decide matéria tributária federal apenas, mas tem algumas particularidades. Por exemplo, pode ser demandada sem que o contribuinte tenha que pagar o tributo antes de iniciar o litígio[129], podendo ser utilizada sem advogado (auto representação), havendo procedimento especial em causas de pequeno valor (neste caso é decido em instância única), e não decide sobre matérias criminais. A *United States Court of Federal Claims* é mais utilizada nos casos de restituição. As cortes judiciais que julgam litígios tributários funciona sob a cláusula *solve et repete*, sendo possível julgamento por júri (o que não é feito nas outras duas opções de jurisdição). As causas tributárias federais são decididas pelos juízes distritais, juízes de 1ª instância, e em grau de recurso pelos tribunais de apelação dos circuitos (treze no total, que também decidem apelações da *Tax Court* e *United States Court of Federal Claims*).

Cumpre lembrar que a Suprema Corte julga cerca de oitenta casos por ano em sessão plenária, e são poucos os casos tributários que são admitidos a julgamento pela Suprema Corte dos EUA, mesmo porque a Constituição norte-americana tem poucas cláusulas tributárias, sendo muitas vezes matéria tributária decidida com base em cláusula não tributária (e.g., *commerce clause*, já mencionada). Não há controle de constitucionalidade concentrado nos EUA, assim o controle constitucional de norma tributária só pode ser feito no caso concreto, pela via difusa, podendo chegar à Suprema Corte. Além disto, não é comum ações preventivas tributárias, como mandado de segurança (*writ of mandamus*), como ocorre com frequência no Brasil.

Como foi dito, nos EUA não há norma geral de Direito Tributário que dê tratamento uniforme às diversas questões tributárias comuns às demais entidades federativas. Assim, cada Estado e governo local pode estabelecer suas normas, inclusive no que diz respeito à prescrição e decadência. Ademais, embora o prazo geral das lei federal no que diz respeito à decadência[130] seja em geral de três anos, em diversas situações ela se estende para

---

[128] Ver WATSON, Camillla. E. Tax Procedure and Tax Fraud. 5th ed. St. Paul: West Academics, 2016, cap. 14.

[129] Por isso é, às vezes, chamada de Corte dos Homens Pobres (*poor man's* court).

[130] A legislação dos EUA não distingue formalmente entre esses institutos (decadência e prescrição), embora haja normas distintas com prazos distintos para o lançamento (*assessment*), que corresponde ao prazo decadencial, e a cobrança (*collection*), que corresponde ao prazo prescricional.

seis anos contados da data do tributo não pago corretamente, podendo não haver prazo nenhum caso tenha ocorrido situações específicas como, por exemplo, sonegações de informações ao fisco (não entrega de declaração) ou fraude fiscal. O prazo prescricional para a cobrança pelo IRS é de dez anos seja por ação própria, seja via judicial. O quadro abaixo dá uma visão mais completa das situações mais comuns:

Quadro de prazos decadência e prescrição no EUA
(*STATUTES OF LIMITATIONS*)[131]

Type of Action	Limitation Period	I.R.C
IRS assessment of tax deficiency **(prazo decadedncial para lançamento)**	Generally 3 years after due date of return (or date actually received by IRS later)	6501(a)
Exceptions to normal 3-year limit 1. No return filed 2. Fraudulent return 3. Substantial omission from gross income **(prazo decadencial para lançamento em situações específicas)**	No limit No limit 6 years	6501(c)(3) 6501 (c)(1) 6501(e)
Claim for refund over paid tax **(prazo prescricional para restituição)**	On or before later of: 3 years after return filed or 2 years after tax paid	6511(a)
	If statute of limitations was extended by consente: on or before 6 months after expiration of extended period.	6511(c)(2)
Filing suit for refund of overpaid tax **(prazo prescricional para restituição via judicial)**	Not before: 6 months from date of filing refund claim (with no response from IRS) or date of notice of disallowance.	6532(a)(1)
	Not after: 2 years from date notice of disallowance issued for 2 yrs. From date statutory notice of disallowance was waived.	6532(a)(3)
IRS collection process (tax liens) **(prazo prescricional para cobrança e execução forçada)**	Ten years **(sujeito a interrupção por atos judiciais)**	§ 6502 (a)(1)

---

[131] Adaptado de MORGAN, Patricia T. Tax Procedure and Tax Fraud. 2nd ed. St. Paul: West Group, 1999, p. 96.

Este aspecto traz uma distinção importante em relação ao Brasil, que mesmo no caso de fraude, ainda que seja tributo lançado por homologação (*self assessment*), remete ao prazo de cinco anos contados do primeiro dia do exercício seguinte em que o tributo poderia ter sido lançado, enquanto nos EUA, para este caso não há prazo decadencial.

Outra diferença relevante é que, ao contrário do que ocorre no Brasil, nos casos de crimes tributários, o pagamento não impede o prosseguimento da ação penal, *i.e.*, o pagamento do tributo e multa não se constituem elemento de extinção da punibilidade, mas tão somente de fator de redução de pena, observando que nos EUA o crime tributário pode ser objeto decisão por tribunal do júri, e de *plea bargain*. Até em sentido contrário da metodologia brasileira, nos EUA pode se discutir o tema da fraude fiscal em juízo, e se o contribuinte perde a causa, não há prazo decadencial aplicável, sendo o lançamento feito após a condenação (IRC § 6505 (c)).

Por fim cumpre lembrar que nos EUA, em nível federal, existe a figura do *Taxpayer Advocate Service* (TAS) uma espécie de *ombudsman*, uma organização independente dentro da estrutura do IRS, cuja função é analisar e encaminhar soluções de críticas e denúncias recebidas por excesso, ou erros, na atuação do IRS.[132] De observar que há Estados que adotam estruturas semelhantes ao TAS federal. De uma certa forma, a atuação *Taxpayer Advocate* resulta também em prevenção de litígios tributários. Não se tem tal estrutura no Brasil, o que pode se justificar tendo em vista o nível de *enforcement* administrativo na competência do IRS relativamente à RFB, o mesmo se aplicando aos Estados.

---

[132] Conforme consta do website to *Taxpayer Advocate Service* (TAS): "The Taxpayer Advocate Service is an independent organization within the IRS and is your voice at the IRS. Our job is to ensure that every taxpayer is treated fairly, and that you know and understand your rights as a taxpayer. We offer free help to guide you through the often-confusing process of resolving tax problems that you haven't been able to solve on your own. Remember, the worst thing you can do is nothing at all. TAS can help if you can't resolve your problem with the IRS and: your problem is causing financial difficulties for you, your family, or your business; you face (or your business is facing) an immediate threat of adverse action; you've tried repeatedly to contact the IRS but no one has responded to you, or the IRS hasn't responded by the date promised." Cf. em www.irs.gov/taxpayer-advocate e https://taxpayeradvocate.irs.gov/ (Website do TAS/IRS). Visitados em 17/02/2019.

1.8.2.3. Observações Gerais

Considerando os aspectos acima, pode ser afirmado que a sistemática de resolução de litígios norte-americana, considerando também os crime tributários, é mais repressiva do que brasileira, isto porque possibilita a execução administrativa (sem interferência judicial), pela inexistência de prazo decadencial para o lançamento no caso de fraudes fiscais ou omissão dolosa de informações, e pela continuidade da ação penal, independentemente do pagamento do tributo e multa.

Nos EUA, por um lado, existem meios alternativos de solução de controvérsias tributárias, que do no Brasil se denomina de transação tributária. Por outro lado, no Brasil não vigora a cláusula *solve et repete* para o acesso às cortes judiciais (não é necessário pagar o tributo para discutir o caso tributário na justiça).

Considerando os dois sistemas, levando em consideração o risco tributário, em decorrência das estruturas de litigância, i.e., oportunidades e formas de litigância e prazos de decadência, pode ser dito que a sensação da "repressão fiscal" é maior nos EUA, ou seja a espada de Dâmocles fiscal nos EUA tem um fio mais tênue que no Brasil, o que talvez seja um dos fatores que determinam do menor índice de inadimplência naquele pais (em função de maiores riscos decorrentes da inadimplência tributária)[133]. Em outras palavras, a sistemática de litigância tributária (administrativa, judicial e criminal) no Brasil é muito mais favorável ao contribuinte do que nos EUA, embora o sistema norte-americana contemple vias alternativas de negociação que não estão disponíveis no Brasil.

---

[133] Os poderes do IRS são bem maiores que da RFB, por exemplo a não entrega de documento fiscal constitui crime autônomo, passível de prisão (IRC § 7203 – *Willful failure to file return, supply information, or pay tax*), enquanto no Brasil é apenas ilício administrativo, resultando em agravamento de multa. Outro exemplo do poder do IRS é que o Serviço pode comunicar ao Departamento de Estado dos EUA a existência de débito tributário relevante em aberto, o que pode resultar revogação do passaporte do contribuinte norte-americano. Ver IRS. "The IRS Collection Process", Publication 594, 2018, p. 7. Disponível em https://www.irs.gov/pub/irs-pdf/p594.pdf

1.8.3. As Bases de Incidência e a Matriz Tributária nos EUA e no Brasil

Não poderíamos deixar de lembrar, para finalizar esta primeira parte da obra, das escolhas que historicamente se fez no âmbito da tributação nos EUA e no Brasil no que concerne a arrecadação centrada em uma ou outra base de incidência. É notório, em linhas gerais, que das três bases de incidência, renda, patrimônio e consumo, a primeira e a segunda podem ter como característica marcante a progressividade, e a última, a característica da regressividade.

Para ilustrar esse aspecto da matriz tributária, no que diz respeito a arrecadação distribuídas pelas bases de incidência, cabe por primeiro verificar como ocorre a arrecadação nos EUA[134]:

**Receita tributária por base de incidência-2016 EUA
(agregado federal, estadual e municipal)**

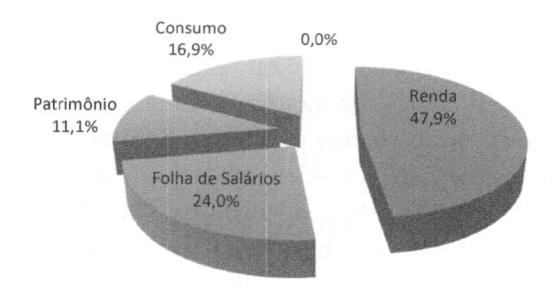

Fonte: gráfico elaborado pelos autores.

Já no Brasil a arrecadação por bases de incidência ocorre desta forma[135]:

---

[134] Elaboração própria dos autores. Fonte dos dados: OCDE. Revenue Statistics 2018. Disponível em: http://www.oecd.org/tax/tax-policy/revenue-statistics-highlights-brochure.pdf Acesso: 23.3.2019.

[135] Elaboração própria dos autores. Fonte dos dados: Ministério da Fazenda. Receita Federal. Carga tributária no Brasil – 2017: análise por tributos e bases de incidência. p. 5. Disponível em: http://receita.economia.gov.br/dados/receitadata/estudos-e-tributarios-e-aduaneiros/estudos-e-estatisticas/carga-tributaria-no-brasil/carga-tributaria-2017.pdf/view . Acesso: 22.3.2019.

Receita tributária por base de incidência-2017 Brasil
(agregado federal, estadual e municipal)

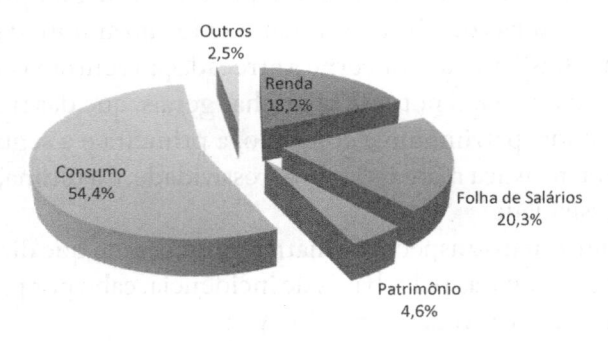

Fonte: gráfico elaborado pelos autores.

Salienta-se que no presente trabalho os tributos existentes nos EUA e no Brasil foram estruturados nas clássicas três bases de incidência: renda, consumo e patrimônio e que nos gráficos acima ainda consta uma quarta base de incidência "folha de salários" e ou "seguridade social". Esse alargamento ou criação de uma base de incidência inexistente, se dá em razão da dificuldade em se apurar de forma precisa qual foi a base de incidência de alguns tributos. Assim, parte considerável da doutrina, acaba sugerindo "Folha de Salários", "Seguridade Social" ou ainda, "Previdência", para que nesta pseudo base se incluam os tributos com base de incidência dúbia.

No Brasil há um agravante, a base de incidência consumo é denominada de forma ideológica de "bens e serviços", "circulação", "produção", "industrialização" etc., e, em regra, a própria Receita Federal não aponta em seus relatórios quais são os tributos que integram as referidas bases.

O gráfico acima, em relação ao Brasil, foi elaborado com os dados disponibilizados em dezembro de 2018 pela Receita Federal referente a carga tributária em 2017. Consideramos, com as devidas ressalvas, que é necessário e possível incluir na base de incidência "consumo" os impostos sobre o comércio exterior (II e IE); o imposto sobre produtos industrializados (IPI), o imposto sobre operações relativas à circulação de mercadorias e sobre prestações de serviços de transporte interestadual e intermunicipal e de comunicação, ainda que as operações e as prestações se iniciem no exterior (ICMS), o imposto sobre serviços de qualquer natureza, não compreendidos no ICMS (ISS), o imposto sobre operações de crédito, câmbio e seguro, ou relativas a títulos ou valores mobiliários (IOF), a contribuição para o financiamento da seguridade social (COFINS), a contribuição para o programa de integração social e o programa de formação do patrimônio do servidor público (PIS/PASEP), a contribuição de intervenção no domínio econômico" (CIDE), a contribuição para o custeio do serviço de iluminação pública" (COSIP), a contribuição sobre o lucro líquido (CSLL), a contribuição para o Sistema S, a contribuição para o FGTS, e por fim, o imposto sobre serviços (ISS).

Na base de incidência "renda" temos o imposto de renda pessoa física e jurídica (com as devidas retenções e salientando que isto não importa em outra espécie tributária). Já na base de incidência "patrimônio" temos considerado o imposto sobre a propriedade territorial rural (ITR), o imposto sobre a propriedade de veículos automotores (IPVA), o imposto de transmissão da propriedade causa mortis e doação (ITCMD), o imposto sobre a propriedade territorial urbana (IPTU) e o imposto sobre a transmissão da propriedade inter vivos (ITBI). Totalizando em 2017 uma participação de 4,6% da arrecadação.

Portanto, para finalizar, se as escolhas dos Estados centrar-se nas bases de incidência renda e patrimônio, o Estado poderá arrecadar mais cobrando dos contribuintes (de forma direta) que possuem maior capacidade contributiva; se optar pela base de incidência consumo, em regra, o Estado acaba arrecadando mais cobrando dos contribuintes (de forma indireta) que possuem menor capacidade contributiva. Salienta-se assim, que as escolhas que se faz em um contexto da ação social no que tange ao fenômeno da tributação acaba definindo a sua matriz tributária, que poderá ser notadamente mais progressiva ou regressiva.

2. Tributação sobre a Renda

2.1. A Escolha da Renda como Base de Incidência

Das escolhas feitas no âmbito de uma matriz tributária uma questão importante é de se saber quais serão as bases de incidência dos tributos. A divisão clássica das bases da tributação corresponde ao patrimônio, o consumo e a renda. A tributação do patrimônio e do consumo são as mais antigas, embora haja notícia da tributação sobre a renda em tempos mais remotos.[136] Porém, existência de um tributo que tem por base de incidência a renda, com incidência progressiva de maneira mais efetiva, é relativamente nova na história, cerca de dois séculos apenas.[137]

---

[136] Ver *e.g.*, SELIGMAN, Edwin R. A. Progressive Taxation in Theory and Practice. Baltimore: American Economic Association, 1894, p. 13-65; NÓBREGA, Cristóvão Barcelos da. História do imposto de renda no Brasil: um enfoque da pessoa física. Brasília: Receita Federal, 2014, p. 17-23.

[137] Cabe aqui transcrever uma importante observação de Thomas Piketty: "Voltemos no tempo e tentemos compreender melhor como chegamos aqui. Em primeiro lugar, é importante perceber que o imposto progressivo no século XX é produto tanto das guerras quanto da democracia. O imposto progressivo foi adotado em meio ao caos e ao improviso, o que explica ao menos em parte por que não se pensou o suficiente quanto às suas diferentes missões e por que ele é questionado hoje. O imposto progressivo sobre a renda foi instituído em vários países antes do início da Primeira Guerra Mundial. Com exceção da França, onde a votação da lei de 15 de julho de 1914 [...] a criação se fez, em geral, sem grandes emoções, no curso normal das instituições parlamentares, como em 1909 no Reino Unido e em 1913 nos Estados Unidos. Nos países do norte da Europa, em vários Estados alemães e no Japão, a criação do imposto progressivo sobre a renda foi ainda mais precoce: 1870 na Dinamarca, 1887 no Japão, 1891 na Prússia e 1903 na Suécia. Por volta de 1900-1910, ainda que o imposto sobre a renda não abarcasse todos os países desenvolvidos, um consenso internacional estava prestes a se constituir em torno do princípio da progressividade e de sua aplicação na renda global (ou seja, no topo das rendas do trabalho, provenientes de salário ou não, e das rendas do capital de toda natureza: aluguéis, juros, dividendos, lucros e às vezes ganhos de capital)."PIKETTY,

Para uma elucidação de como se coloca a base de incidência "renda" considerado as três bases de tributação clássicas, que são o patrimônio, a renda e o consumo, cabe, primeiramente uma pequena digressão teórica.[138] Tem-se que:

$R = C + P$
Onde
R = Renda
C = Consumo
P = Poupança.

Assim dada uma determinada renda, ela é consumida ou poupada. A parte consumida é tributada pelos tributos sobre o consumo, havendo a tributação da renda quando é auferida. Sendo que, dado um período, o período de apuração do imposto sobre a renda, a poupança (P) passa ser patrimônio acumulado, que pode estar convertido em imóveis, ações, automóveis etc. e que pode ser tributado por um tributo sobre o patrimônio, como IPTU, ITR e IPVA. Ou seja, a riqueza de uma pessoa dada um patrimônio inicial (que pode ser "zero" ou positivo, no caso de herança) é aumentado a cada período pela renda poupada, e assim sucessivamente. Os tributos sobre o consumo são também denominados indiretos, pois os seu ônus acaba sendo suportado pelo consumidor e incluiu os tributos incidentes diretamente no consumo (como os já mencionados ICMS, IPI, PIS/Cofins no caso do Brasil e RST e tributos seletivos sobre venda nos EUA), como também os tributos sobre o comércio exterior de maneira geral, ou seja os impostos sobre importação e exportação. Por outro lado, o patrimônio acumulado pode ser tributado do ponto de vista estático (casos do IPTU, IPVA e dos impostos sobre o capital, como o IGF, por exemplo) e do ponto de vista dinâmico, casos dos tributos sobre heranças e doações.

Thomas. O capital no século XXI. Tradução de Monica Baumgarten de Bolle. Rio de Janeiro: Intrínseca, 2014, p. 485 (notas de rodapé omitidas, negritou-se).

[138] O tema permite digressões teóricas de maior complexidade, com efeitos práticos, especialmente na formação da base tributável de incidência, que não são parte do objeto específico deste trabalho. Ao leitor que quiser se aprofundar no tema, além da literatura puramente de origem econômica remete-se a HOLMES, Kevin. The Concept of Income: A multidisciplinary analysis. Amsterdam: IBFD, 2001; e no caso específico do Brasil (referindo-se mais especificamente ao ordenamento jurídico brasileiro): OLIVEIRA, Ricardo Mariz de. Fundamentos do Imposto de Renda. São Paulo: Quatier Latin, 2008.

Verificando-se o montante da arrecadação fiscal de cada base de incidência e a sua participação no total das receitas tributárias dos Estados em um recuo temporal de dois séculos, constatar-se-á que predominavam as receitas fiscais advindas do imposto sobre a importação. Como este imposto é considerado um tributo indireto, o ônus tributário não é suportado pelo importador, mas sim pelo consumidor final do bem. Desta forma o imposto de importação, bem como o de exportação (os tributos sobre o comércio exterior), são pagos pelo consumidor, portanto a sua base de incidência é o consumo.

Em 1810 nos EUA a receita tributária obtida com os impostos sobre o comércio exterior representou $ 8,6 milhões de dólares do total da arrecadação de $ 9,4 milhões de dólares, ou seja, somente a tributação sobre o comércio exterior representou 91,5% do orçamento do governo federal. Em 2010 a participação das receitas fiscais advindas do comércio exterior foi de $ 25,298.0 milhões de dólares do total arrecadado de $ 2,162,700.0 milhões de dólares, representando apenas 1,2% do total das receitas. Já a participação no total da arrecadação do imposto de renda em 2010 foi de $ 1,090,000.0 representando assim mais de 50% do total das receitas do governo federal[139].

Em 1923 quando no Brasil começou a ser cobrado o imposto de renda a tributação sobre a importação representava 50,3% da arrecadação federal. Já em 1967 respondia por apenas 7,4% do total das receitas fiscais federais O imposto de renda que em 1923 representava 5,1% passou a representar em 1967 30,8% do total da arrecadação federal[140].

A renda atualmente, de acordo com a matriz tributária adotada (não é o caso do Brasil), pode ser a principal base de incidência, superando as vezes a soma da tributação sobre o consumo e o patrimônio. Os motivos para o surgimento "tardio" da possibilidade de tributar a renda podem ser esclarecidos em considerável medida se for considerado o contexto histórico da: a) cisão entre estado e propriedade, e, b) da mudança de um sistema econômico baseado na troca de bens e serviços para um sistema

---

[139] Fonte consultada: UNITED STATES. Department of Commerce, Bureau of the Census. Historical Statistics of the United States 1789-1945: A Supplement to the Statistical Abstract of the United States. 1949.
Disponível em: http://www.census.gov/compendia/statab/past_years.html. Acesso: 1.6.2014
[140] Cf. OLIVEIRA, Fabrício Augusto de. A reforma tributária de 1966 e a acumulação de capital no Brasil. São Paulo: Brasil Debates, 1981. p. 21.

econômico centrado na moeda. Com esses dois processos tornou-se possível separar o patrimônio do Estado do patrimônio do indivíduo, bem como, mensurar pela moeda o patrimônio, e aqui é o caso, a renda do contribuinte. Assim tornou-se possível avaliar a riqueza não só do patrimônio do contribuinte, mas também pela renda auferida da exploração econômica destes bens.

Os Estados passaram a considerar renda para fins de incidência todas as atividades laborais e de capital da qual se tem o resultado "renda". Não importa se a renda provém de salários, de renda advinda de aluguéis, da renda proveniente da venda de um imóvel, de dividendos, de juros, ela será considerada para fins fiscais. Varia de Estado para Estado o conceito legal de renda, mas na leitura comparativa dos conceitos de renda percebe-se que os Estados "ampliam" o conceito para alcançar o maior número de fatos geradores do imposto e consequentemente um maior número de contribuintes e um maior resultado no produto na arrecadação. Na definição de quem é o contribuinte ocorre o mesmo, "amplia-se" o conceito para incluir todas as pessoas, sejam físicas ou jurídicas.

A discussão histórica acerca da pertinência e da legitimidade da escolha da base de incidência renda tem inúmeras facetas no âmbito jurídico, político, econômico e social. Desde a alegação de que a instituição deste imposto fere, por exemplo, o direito a privacidade, até o argumento de ser injusta a sua cobrança, uma constante é a permanência da questão da equidade desde as primeiras tentativas da instituição do imposto de renda.

O problema da equidade esteve e está presente nas discussões acerca do fenômeno da tributação, mas ganha um maior relevo quando se trata do imposto de renda. Por ser um tributo direto (não oculto) ele possibilita ao contribuinte saber exatamente o quanto está pagando ao fisco, e, como o direito é um fenômeno societal, o contribuinte tem a possibilidade de mensurar o ônus suportado com o "outro" contribuinte. Neste processo de mensuração proporcional do ônus tributário entre um contribuinte e outro contribuinte provoca, entre outras questões, a indagação acerca de aspectos relativos à equidade.

Assim, o debate da equidade transparece no imposto de renda por intermédio da discussão acerca da progressividade tributária. Um tributo é progressivo quando onera proporcionalmente mais quem dispõe de uma maior renda e, pelo seu contrário, onera proporcionalmente de forma menos gravosa quem dispões de uma menor renda. É o respeito à capacidade econômica do contribuinte com as suas peculiaridades. Esta avaliação da capacidade econômica de pagamento de um tributo é denominada didaticamente no Direito Tributário de capacidade contributiva. Para que se respeite a capacidade contributiva de cada cidadão o imposto de renda sempre é norteado pelo princípio da progressividade e isso transparece nas escolhas de mais de uma alíquota de acordo com diversas faixas de renda e com as deduções e isenções possíveis.

Esse processo histórico de transferência da principal fonte de arrecadação tributária do patrimônio e consumo para a renda é um fato inconteste em muitos países, como é o caso dos EUA e em menor grau no Brasil, e é tema de debates importantes envolvendo tributação e desenvolvimento econômico, social e político. A seguir algumas notícias históricas sobre a criação do imposto de renda, para posteriormente, verificar como é tributada a renda nos EUA e no Brasil.

2.2. Notas sobre a História da Criação do Imposto de Renda

A "decima scalata" cobrada em Florença no século XV é considerado a primeira tentativa histórica de um tributo que por via indireta considerava a renda. "Decima" foi uma das formas utilizadas à época para denominar imposto e a expressão "scalata" demonstrava que era cobrado de forma escalonada, gradual, progressiva. Incidia sobre a capitalização, mas utilizava a renda como base para calcular o imposto a ser pago. Além deste aspecto, a "decima scalata" teve curta duração em Florença, o que a coloca em menor relevo como o primeiro imposto de renda.[141]

Neste sentido o primeiro imposto que considerava como base de incidência a renda foi criado na Inglaterra no século XVIII com a justificativa de obter recursos para financiar a guerra com a França de Napoleão Bonaparte. No final do ano de 1798 o primeiro ministro inglês William Pitt, o Jovem, propôs modificações no tributo que incidia sobre as despesas o *assessed taxes* para que ele incidisse sobre as principais fontes de renda denominando-se assim de *income tax*. O projeto de lei foi fortemente

---

[141] NÓBREGA, Cristóvão Barcelos da. História do imposto de renda no Brasil: um enfoque da pessoa física. Brasília: Receita Federal, 2014, p. 17.

questionado, mas mesmo assim foi convertido em lei e já no exercício de 1799 começou a ser cobrado.[142]

Com a renúncia de William Pitt em 1802, contrariado com a questão da emancipação da Irlanda católica, e com o breve tratado de paz celebrado com a França o imposto de renda foi suprimido em 1802. Com a volta dos combates entre a Inglaterra e a França e a necessidade de suporte econômico, o sucessor de William Pitt, Henry Addington, instituiu novamente o imposto de renda em 1803.

A Lei Addington (*Addington's Act*) de 1803 instituiu a "contribuição dos lucros decorrentes da propriedade, profissões, comércios e escritórios[143]". Diante da resistência parlamentar e social em relação a renda se constituir em uma base de incidência, propositadamente não se utilizou a denominação imposto de renda (*Income Tax*). Esta Lei introduziu algumas mudanças significativas e que são referências até os dias atuais: a) a tributação na fonte; b) a divisão do imposto de renda em cinco faixas: b.1.) renda sobre terrenos e edifícios, b.2.) lucros decorrentes das atividades agrícolas, b.3) renda de títulos públicos, b.4) renda proveniente do trabalho autônomo e outras rendas não incluídas nos itens anteriores, b.5) renda proveniente de salários e pensões[144]; c) isenção para pequenos rendimentos, e, d) dedução de despesas familiares.

Com a derrota de Napoleão Bonaparte em Waterloo em 1815 o imposto de renda foi revogado em 1816, pois a sua instituição fora alicerçada na necessidade de recursos econômicos para financiar a guerra. Neste momento a justificativa já não mais existia e a resistência ao imposto de renda de que ofendia o direito a privacidade e a discussão em torno da

---

[142] UNITED KINGDOM. The National Archives. A tax to beat Napoleon: 1799-1999 bicentenary of income tax. Disponível em: http://webarchive.nationalarchives.gov.uk/+/http://www.hmrc.gov.uk/history/taxhis1.htm. Acesso: 06/06/2017.

[143] "Addington's Act for a 'contribution of the profits arising from property, professions, trades and offices". Ver UNITED KINGDOM. The National Archives. A tax to beat Napoleon: 1799-1999 bicentenary of income tax. Disponível em: http://webarchive.nationalarchives.gov.uk/+/http://www.hmrc.gov.uk/history/taxhis1.htm. Acesso: 06/04/2017.

[144] *"Taxation at source – the Bank of England deducting income tax when paying interest to holders of gilts, for example. The division of income taxes into five 'Schedules' – A (income from land and buildings), B (farming profits), C (public annuities), D (self-employment and other items not covered by A, B, C or E) and E (salaries, annuities and pensions)"*. United Kingdom. The National Archives. A tax to beat Napoleon: 1799-1999 bicentenary of income tax. Disponível em: http://webarchive.nationalarchives.gov.uk/+/http://www.hmrc.gov.uk/history/taxhis1.htm. Acesso: 05/04/2017.

justiça era tamanha que: "Um ano depois de Waterloo, o imposto de renda foi revogado 'com uma forte salva de palmas' o Parlamento decidiu que todos os documentos relacionados com ele devem ser coletados, cortados em pedaços e reduzidos a polpa"[145] (Tradução nossa).

Mesmo com essa rejeição foi novamente instituído em 1842 pelo Primeiro Ministro Robert Peel, outrora feroz crítico deste tributo, para enfrentar as crises e déficits orçamentários com a promessa de sua supressão assim que as constas públicas fossem sanadas. Foi instituído por três anos e com a possibilidade de permanecer por mais dois anos, o que ocorreu. Essa provisoriedade do imposto de renda na sua origem ainda hoje permanece, pois na Inglaterra é um imposto "temporário", necessitando ser reinstituído por Lei das Finanças (*Finance Act*) a cada ano no dia 5 de abril.

De um imposto que tinha a finalidade pontual de obter recursos para financiar a guerra com a França e posteriormente para enfrentar o déficit do orçamento, o imposto de renda transformou-se atualmente em uma importante base de incidência e consequentemente com forte participação no total das receitas tributárias da Inglaterra.

2.3. Imposto de Renda nos EUA

2.3.1. A Instituição do Imposto de Renda nos EUA

Como visto anteriormente a primeira tentativa de instituir, de maneira efetiva, um imposto em que a renda é a base de incidência, no sentido econômico moderno, deu-se na Inglaterra a partir de 1799 com o objetivo de obter recursos econômicos para atender as despesas de guerra com a França. Assim também ocorreu nos EUA na Guerra de 1812[146] em que

---

[145] "A year after Waterloo, income tax was repealed 'with a thundering peal of applause' and Parliament decided that all documents connected with it should be collected, cut into pieces and pulped". UNITED KINGDOM. The National Archives. A tax to beat Napoleon: 1799-1999 bicentenary of income tax. Disponível em: http://webarchive.nationalarchives.gov. uk/+/http://www.hmrc.gov.uk/history/taxhis1.htm. Acesso: 06/04/2017.

[146] Também conhecida por Guerra Anglo-Americana ocorreu no período entre 18 de junho de 1812 e 23 de março de 1815 (o Tratado de Paz foi celebrado em 1814) entre os Estados Unidos e o Reino Unido da Grã-Bretanha e Irlanda e suas colônias.

se discutiu a instituição do imposto de renda para financiá-la, mas o que acabou não acontecendo pelo tratado de paz assinado em 1814.

Eliot Brownlee distingue quatro períodos do imposto de renda nos EUA: (1) formação dos regimes tributários: 1789-1916; 2) 1916-1941: regime tributário democrático-estatista; 3) 1941-1986: período do financiamento fácil; 4) de 1986-1996 e além...).[147]

Embora tenha havido tentativas anteriores de instituição pelos Estados, a União instituiu seu primeiro imposto de renda durante no período da Guerra Civil Americana (Guerra de Secessão – 1861 a 1865) com carácter temporário. Em 1861 a Lei da Receita (*Revenue Act*) instituiu o imposto de renda com o fito de obter recursos econômicos diante das despesas de guerra, havia apenas uma alíquota de 3%, com uma faixa de isenção. Esta lei foi alterada no ano seguinte.

No quadro abaixo é possível perceber as alíquotas e base de cálculo nominal de acordo com a Lei da Receita de 1865:

Alíquota marginal	Renda maior que:	Renda não maior que:
5%	$600	$5,000
10%	$5,000	-

Fonte: Elaboração dos autores.

Essas alíquotas de 1865 foram consideradas muito altas à época se contrastadas com a tributação do patrimônio, gerando descontentamento. A justificativa para a instituição do imposto de renda foi as despesas da guerra civil, mas cessada em 1865 começaram as críticas e ataques a sua manutenção, bem como a capacidade administrativa de manter a cobrança de forma efetiva, o que acabou com a sua supressão em 1872.[148]

Em 1894 foi novamente instituído o imposto de renda com uma alíquota fixa de 2% incidente sobre uma renda fixa superior a U$ 4.000 dólares, não sem haver muita discussão e protestos, embora o argumento da capacidade contributiva tenha prevalecido. A questão, sob o argumento

---

[147] BROWNLEE, W. Elliot. Federal Taxation in America: A Short History. Cambridge, UK: CUP, 1999, p. 9.
[148] BROWNLEE, W. Elliot. Federal Taxation in America: A Short History. Cambridge, UK: CUP, 1999, p. 26-27.

de inconstitucionalidade por se tratar tributo direto e, portanto, havia necessidade de proporcionalidade entre os Estados (cláusula constitucional[149]), o que a lei do imposto não previa. O caso chegou à Suprema Corte que decidiu em 1895 pela inconstitucionalidade do imposto de renda, no tormentoso caso *Pollock x Farmer's Loan and Trust Co* (157 U.S. 429 (1895), já comentado acima.

O Presidente Wiliam Taft diante das dificuldades orçamentárias iniciou um processo em 1909 de alteração constitucional para que o imposto de renda fosse admitido legalmente. Em 1913 foi aprovada a Emenda n° 16 que concedeu ao Congresso o poder para instituir e cobrar o imposto de renda pessoa física – IRPF – e jurídica – IRPJ – sem a necessidade de partilhá-lo com os Estados[150].

Inúmeras foram as alterações posteriores na legislação do imposto de renda de 1913 até os dias atuais, mas pode-se considerar que ele permanece desde então com as suas principais características. Uma alteração que merece destaque ocorreu em 1943 com a obrigatoriedade da retenção na fonte do imposto devido sobre os salários, o que permitiu o aumento considerável do número de contribuintes e consequentemente o total da arrecadação[151].

No gráfico a seguir é possível perceber a importância na arrecadação fiscal do governo federal nos EUA do imposto de renda, seja pessoa física ou jurídica[152]:

---

[149] Ver item 1.6.1, acima.

[150] Amendment 16 – Status of Income Tax Clarified. Ratified 2/3/1913. "The Congress shall have power to lay and collect taxes on incomes, from whatever source derived, without apportionment among the several States, and without regard to any census or enumeration".

[151] Para uma visualização completa das alíquotas praticadas e a referência as bases de cálculo de 1862 até a presente data nominais e ajustadas de acordo com a inflação no período, consultar:
TAX FOUNDATION. Federal Individual Income Tax Rates History: Nominal Dollars Income Years 1913-2013. Federal Individual Income Tax Rates History: Inflation Adjusted (Real 2012 Dollars) Using Average Annual CPI During Tax Year Income Years 1913-2013. Disponíveis em: www.taxfoundation.org. Acesso: 29.5.2014.

[152] Fonte: CONGRESS OF UNITED STATES. Overview Of The Federal Tax System As In Effect For 2012. Prepared by the Staff of the Joint Committee On Taxation. February 24, 2012, JCX-18-12. p. 23. Disponível em: https://www.jct.gov/publications.html?func=startdown&id=4400. Acesso: 4.6.2014.

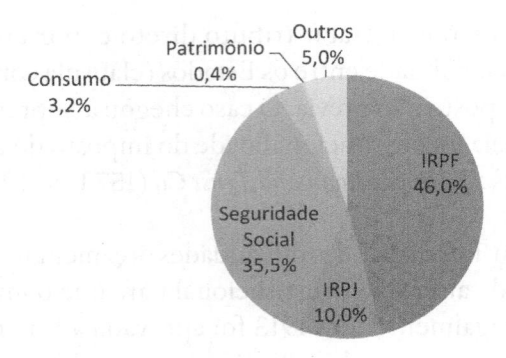

Fonte: gráfico adaptado pelos autores.

A mesma distribuição acima, conforme projetada para 2017[153]:

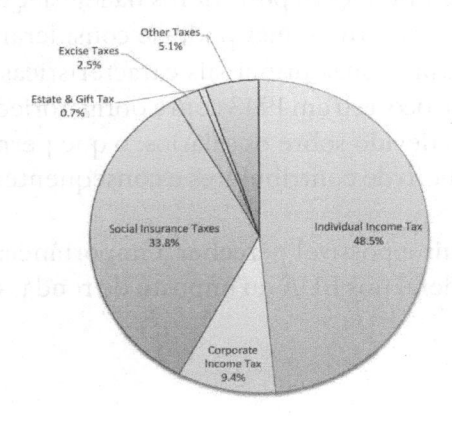

Nota-se que em termos de grandes agregados as proporções não variam muito nos últimos seis anos, mesmo porque não houve mudança grande na sistemática até o advento da Reforma Trump.

A distribuição abaixo é a projetada para 2018. Nota-se um incremento do IRPF e um decréscimo na tributação das empresas (*Corporate Income Tax*), em decorrência das alterações da reforma Trump[154]:

[153] Fonte: CONGRESS OF UNITED STATES. Overview of The Federal Tax System As In Effect For 2017. Prepared by the Staff of the Joint Committee On Taxation. March 15, 2017 JCX-25-14. Disponível em: https://www.jct.gov/publications.html?func=startdown&id=4989. Acesso: 02/04/2017

[154] Fonte: CONGRESS OF UNITED STATES. Overview of The Federal Tax System As In Effect For 2018. Prepared by the Staff of the Joint Committee on Taxation. February 7, 2018 JCX-3-18,

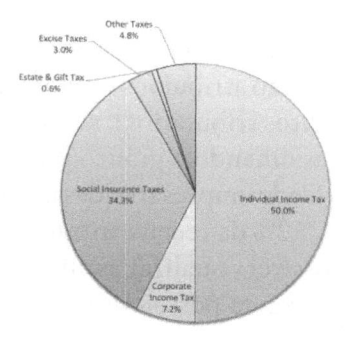

Um importante aspecto a ser destacado é o crescimento histórico que teve a arrecadação das contribuições sociais previdenciárias (*Employment Taxes*) e a queda da arrecadação proporcional da tributação das corporações (*Corporation Taxes*), conforme mostra o gráfico abaixo (tracejado)[155]:

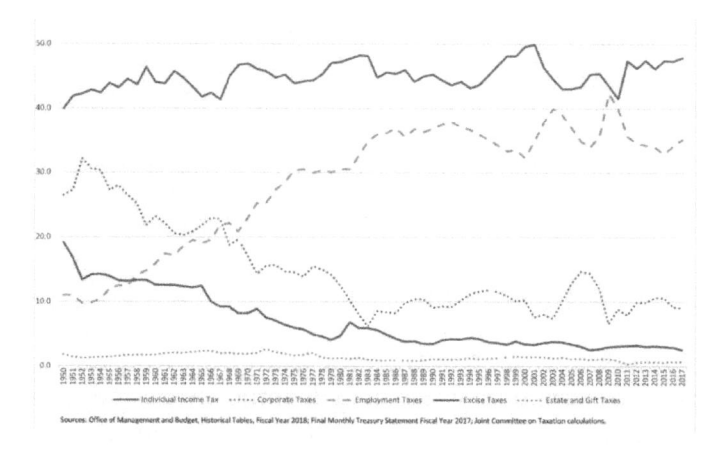

Gráfico: Receitas Federais, por fonte, como percentual das receitas totais, 1950-2017

p. 30. Disponível em https://www.jct.gov/publications.html?func=startdown&id=5060, Acesso em 14/12/2018.

[155] Fonte: CONGRESS OF UNITED STATES. Overview of The Federal Tax System As In Effect For 2018. Prepared by the Staff of the Joint Committee on Taxation. February 7, 2018 JCX-3-18, p. 28. Disponível em https://www.jct.gov/publications.html?func=startdown&id=5060, Acesso em 14/12/2018.

É importante destacar, também, que é computado na pessoa física os lucros das pessoas jurídicas que não são corporações, pois sendo tratadas como *partnerships*, os lucros são atribuídos diretamente aos sócios (empresas transparentes para efeitos tributários), sendo os sócios, em geral pessoas físicas. Assim, apenas olhando o gráfico pode ser ter uma falsa ideia que lucro gerado por atividade empresarial das pessoas jurídicas, nos EUA, é responsável por apenas 7,2% da receita tributária federal.

No gráfico abaixo é possível visualizar as alíquotas mínimas e máximas praticadas no imposto de renda pessoa física federal desde a sua implementação em 1913[156]:

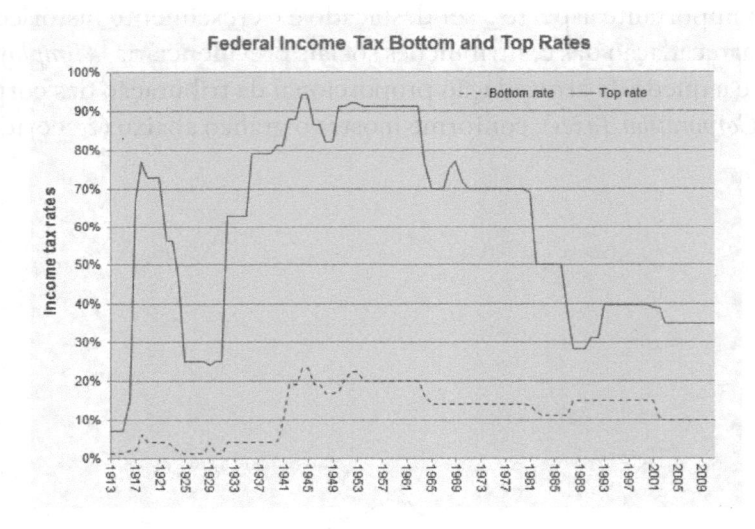

A relação entre as alíquotas máximas do imposto de renda pessoa física federal e o percentual representativo no produto interno bruto (PIB) pode ser visualizado no gráfico abaixo[157]:

---

[156] AGRESTI, James D. Tax Facts. Just Facts, October 15, 2012. Revised 4/5/13. http://www.justfacts.com/taxes.asp. Acesso: 30.5.2014.

[157] AGRESTI, James D. Tax Facts. Just Facts, October 15, 2012. Revised 4/5/13. http://www.justfacts.com/taxes.asp. Acesso: 30.5.2014

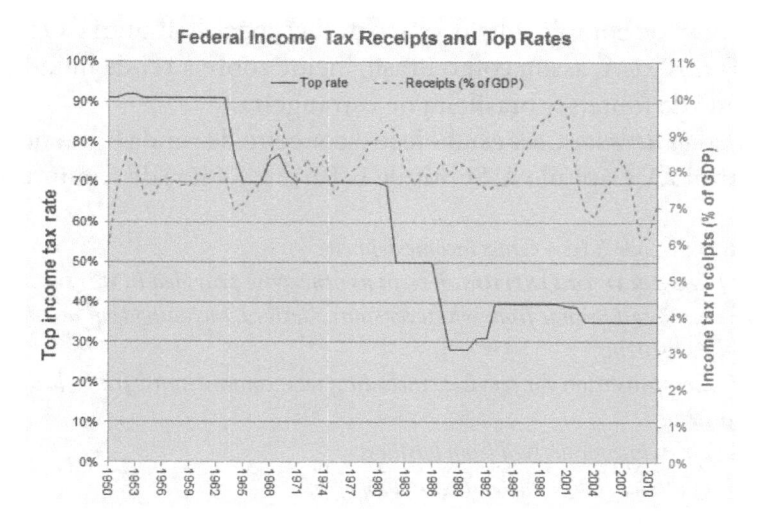

Portanto, a escolha da renda como uma das bases de incidência da tributação nos EUA passou por um considerável processo de discussão e implementação, que se inicia de forma incipiente em 1812, ganhando maior relevância na década de 1860, em virtude do esforço da guerra de secessão, tendo sido revogado em 1872. Reinstituído em 1904 também de forma relativamente incipiente e com problemas de constitucionalidade, passando a se ter a cobrança do imposto de renda de forma estável e definitiva somente a partir de em 1913 (vigência da Emenda 16).

Percebe-se a importância dessa escolha, da renda como base de incidência, nos gráficos acima, e em especial, aquele que indica que nas receitas federais agregadas por fonte, o imposto sobre a renda representa quase 60% do total da arrecadação fiscal da União.

Com essa percepção, da importância do imposto sobre a renda na composição das receitas federais estadunidense, cabe a análise em pormenor do imposto de renda de pessoa física e, em seguida, de pessoa jurídica.

2.3.2. Imposto de Renda Pessoa Física nos EUA

O imposto de renda por ser um tributo direto é um tributo "visível" ou em outras palavras "irritante", e, sem dúvida, que é o tributo mais discutido nos EUA. Ele tem por base a renda advinda de inúmeras fontes. Praticamente compreende todos os tipos de renda a sua instituição e cobrança tem elevado grau de complexidade, típico desta espécie tributária. O imposto de renda nos EUA, assim como Brasil, incide sobre a renda mundial, i.e., independe da fonte ser brasileira ou estrangeira.

O *Internal Revenue Code* estabelece o conceito de renda bruta no Título 26, Subtítulo A, Capítulo A, Subtítulo B, Parte I, § 61(a) da seguinte forma:

26 U.S. Code § 61 – Gross income defined

(a) GENERAL DEFINITION. Except as otherwise provided in this subtitle, gross income means all income from whatever source derived, including (but not limited to) the following items:

(1) Compensation for services, including fees, commissions, fringe benefits, and similar items;

(2) Gross income derived from business;

(3) Gains derived from dealings in property;

(4) Interest;

(5) Rents;

(6) Royalties;

(7) Dividends;

(8) Alimony and separate maintenance payments;

(9) Annuities;

(10) Income from life insurance and endowment contracts;

(11) Pensions;

(12) Income from discharge of indebtedness;

(13) Distributive share of partnership gross income;

(14) Income in respect of a decedent; and

(15) Income from an interest in an estate or trust.

(b) CROSS REFERENCES

For items specifically included in gross income, see part II (sec. 71 and following).

For items specifically excluded from gross income, see part III (sec. 101 and following).[158]

---

[158] Disponível em https://www.law.cornell.edu/uscode/text/26 . "*U.S Code*. Título 26. Subtítulo A. Capítulo 1. Subcapítulo B. Parte I. § 61 (a) Definição Geral. Com exceção de disposição em outro sentido neste subtítulo, renda bruta significa toda renda derivada de qualquer fonte, incluindo (mas não limitado aos) os seguintes itens: [segue lista]. Veja-se que o conceito legal é aberto, pois além de fazer a ressalva que pode haver outras disposições, a enumeração que se segue de itens de renda (compensação por serviços, incluindo comissões, etc) é meramente exemplificativa. Isto também abre espaço para as Regulamentações do imposto editadas pelo Departamento do Tesouro sejam bastante abrangentes, sem ferir o Código editado pelo Congresso." (Tradução nossa).

Alguns conceitos são necessários para compreender o imposto de renda federal como: a) renda bruta, b) renda bruta ajustada, e, c) renda tributada. **Renda bruta** é a soma de todas as rendas de todas as fontes de uma pessoa ou do casal. **Renda bruta ajustada** (*Adjusted Gross Income – AGI*) é a renda já com as deduções previstas em lei, como por exemplo, as contribuições feitas nos fundos de aposentadoria, despesas com os juros dos empréstimos para educação etc. A **renda tributada** é a renda bruta ajustada com a subtração da dedução padrão e isenções. O sistema tributário dos EUA no imposto de renda adota a progressividade das alíquotas marginais, isto é, diferentes alíquotas do imposto aplicadas em diferentes faixas da renda de um contribuinte.

No exercício fiscal de 2017, imposto de renda pessoa física foi cobrado de acordo com sete alíquotas dependendo da renda tributável. Essas são aplicadas à maioria dos tipos de rendas, pois algumas rendas, como por exemplo, os ganhos de capital de longo prazo e dividendos qualificados seguem tabelas específicas, observando que a tributação de ganho de capital de longo prazo (mais de um ano) é diferente (em geral menor) que a tributação do ganho de capital de curto prazo. Este tipo de tratamento diferenciado não existe no Brasil como regra geral, embora algumas aplicações financeiras possam surtir este efeito, considerando que alguns rendimentos de fundos decorrem de ganhos de capital.

As declarações do imposto de renda pessoa física são divididas em quatro categorias: declaração individual, declaração conjunta do casal, declaração em separado do casal e chefe de família.

No caso de contribuinte individual/solteiro temos a aplicação das seguintes alíquotas sobre as bases de cálculo[159]:

---

[159] Fonte e tabela adaptada pelos autores de: CONGRESS OF UNITED STATES. Overview Of The Federal Tax System as in Effect For 2017. Prepared by the Staff of the Joint Committee On Taxation. March 15, 2017 JCX-25-14. p. 5. Disponível em: https://www.jct.gov/publications. html?func=startdown&id=4989. Acesso: 02/04/2017.

Renda Tributável	Alíquota do Imposto de renda
Solteiros	
Até $9,325	10% da renda tributável
Acima de $9,325 mas abaixo de $37,950	$932.50 mais 15% sobre o que ultrapassar $9,325
Acima de $37,950 mas abaixo de $91,900	$5,226.25 mais 25% sobre o que ultrapassar $37,950
Acima de $91,900 mas abaixo de $191,650	$18,713.75 mais 28% sobre o que ultrapassar $91,900
Acima de $191,650 mas abaixo de $416,700	$46,643.75 mais 33% sobre o que ultrapassar $191,650
Acima de $416,700 mas abaixo de $418,400	$120,910.25 mais 35% sobre o que ultrapassar $416,700
Acima de $418,400	$121,505.25 mais 39.6% sobre o que ultrapassar $418,400

Fonte: tabela adaptada pelos autores.

Conforme o IRS considera-se o contribuinte individual/solteiro: "seu status de classificação é individual se você é considerado solteiro e você não se qualificar para outro status de classificação"[160].

Os contribuintes casados ou o cônjuge sobrevivente podem fazer a declaração em conjunto e com isso poderão ter alguns benefícios, mas é necessário verificar os prós e contras para fazer tal opção. Neste sentido a tabela de alíquotas e faixas de rendimentos para declaração em conjunto para o imposto de renda exercício fiscal 2017 é a seguinte[161]:

Renda Tributável	Alíquota do Imposto de renda
Casais com Declaração Conjunta ou de Cônjuge Sobrevivente	
Até $18,650	10% da renda tributável
Acima de $18,650 mas abaixo de $75,900	$1,865 mais 15% sobre o que ultrapassar $18,650
Acima de $75,900 mas abaixo de $153,100	$10,452.50 mais 25% sobre o que ultrapassar $75,900

[160] "Your filing status is single if you are considered unmarried and you do not qualify for another filing status," the IRS says in Publication 501. (Tradução nossa).
[161] Fonte: CONGRESS OF UNITED STATES. Overview Of The Federal Tax System as in Effect For 2017. Prepared by the Staff of the Joint Committee On Taxation. March 15, 2017 JCX-25-14. p. 5. Disponível em: https://www.jct.gov/publications.html?func=startdown&id=4989. Acesso: 02/04/2017.

Renda Tributável	Alíquota do Imposto de renda
Casais com Declaração Conjunta ou de Cônjuge Sobrevivente	
Acima de $153,100 mas abaixo de $233,350	$29,752.50 mais 28% sobre o que ultrapassar $153,100
Acima de $233,350 mas abaixo de $416,700	$52,222.50 mais 33% sobre o que ultrapassar $233,350
Acima de $416,700 mas abaixo de $470,700	$112,728 mais 35% sobre o que ultrapassar $416,700
Acima de $470,700	$131,628 mais 39.6% sobre o que ultrapassar $470,700

Fonte: tabela adaptada pelos autores.

No que diz respeito aos contribuintes casados "para fins fiscais Federal, os termos 'cônjuge', 'marido e mulher', 'esposo' e 'esposa', não inclui os indivíduos (se do sexo oposto ou do mesmo sexo) que entraram em uma parceria doméstica oficializada, união civil, ou outra relação formal semelhante reconhecida pela lei estadual que não é denominada como um casamento sob as leis do estado, e o termo 'casamento' não inclui tais relações formais"[162].

Já em relação a definição de cônjuge sobrevivente a legislação trata, de maneira geral, da seguinte forma:

US Code. Title 26. Subtitle A. Chapter 1. Subchapter A. Part I. § 2(a).
(a) DEFINITION OF SURVIVING SPOUSE
(1) IN GENERAL. For purposes of section 1, the term "surviving spouse" means a taxpayer—
(A) whose spouse died during either of his two taxable years immediately preceding the taxable year, and
(B) who maintains as his home a household which constitutes for the taxable year the principal place of abode (as a member of such household) of a dependent (i) who (within the meaning of section 152, determined without regard to subsections (b)(1), (b) (2), and (d)(1)(B) thereof) is a son, stepson, daughter, or stepdaughter of the taxpayer,

---

[162] In Revenue Ruling 2013-17, the IRS states their position, "For Federal tax purposes, the terms 'spouse,' 'husband and wife,' 'husband,' and 'wife' do not include individuals (whether of the opposite sex or the same sex) who have entered into a registered domestic partnership, civil union, or other similar formal relationship recognized under state law that is not denominated as a marriage under the laws of that state, and the term 'marriage' does not include such formal relationships". (Tradução nossa).

and (ii) with respect to whom the taxpayer is entitled to a deduction for the taxable year under section 151.

For purposes of this paragraph, an individual shall be considered as maintaining a household only if over half of the cost of maintaining the household during the taxable year is furnished by such individual.

(2) LIMITATIONS (...)[163].

Os contribuintes casados podem optar pela declaração conjunta conforme a tabela própria ou declarar de forma separada. Os contribuintes tem a oportunidade de verificar quais são os benefícios e ônus em cada situação e optar por uma ou outra tabela.

Assim tem-se a seguinte tabela do imposto de renda, para 2017, de contribuintes casados que optam por declarar separadamente[164]:

Renda Tributável	Alíquota do Imposto de renda
Casados com Declaração em Separado	
Até $9,325	10% da renda tributável
Acima de $9,325 mas abaixo de $37,950	$932.50 mais 15% sobre o que ultrapassar $9,325
Acima de $37,950 mas abaixo de $76,550	$5,226.25 mais 25% sobre o que ultrapassar $37,950
Acima de $76,550 mas abaixo de $116,675	$14,876.25 mais 28% sobre o que ultrapassar $76,550
Acima de $116,675 mas abaixo de $208,350	$26,111.25 mais 33% sobre o que ultrapassar $116,675
Acima de $208,350 mas abaixo de $235,350	$56,364 mais 35% sobre o que ultrapassar $208,350
Acima de $235,350	$65,814 mais 39.6% sobre o que ultrapassar $235,350

Fonte: tabela adaptada pelos autores.

---

[163] US Code. Title 26. Subtitle A. Chapter 1. Subchapter A. Part I. § 2(a), disponível em https://www.law.cornell.edu/uscode/text/26/2, Acesso em 02/04/2017.

[164] Fonte: CONGRESS OF UNITED STATES. Overview Of The Federal Tax System as in Effect For 2017. Prepared by the Staff of the Joint Committee On Taxation. March 15, 2017 JCX-25-14. p. 6. Disponível em: https://www.jct.gov/publications.html?func=startdown&id=4989. Acesso: 02/04/2017.

Por fim tem-se a tabela do imposto de renda pessoa física que contempla a situação de declaração feita por chefe de família ou cabeça de casal conforme dados da tabela a seguir[165]:

Renda Tributável	Alíquota do Imposto de renda
Chefe de Família	
Até $13,350	10% da renda tributável
Acima de $13,350 mas abaixo de $50,800	$1,335 mais 15% sobre o que ultrapassar $13,350
Acima de $50,800 mas abaixo de $131,200	$6,952.50 mais 25% sobre o que ultrapassar $50,800
Acima de $131,200 mas abaixo de $212,500	$27,052.50 mais 28% sobre o que ultrapassar $131,200
Acima de $212,500 mas abaixo de $416,700	$49,816.50 mais 33% sobre o que ultrapassar $212,500
Acima de $416,700 mas abaixo de $444,550	$117,202.50 mais 35% sobre o que ultrapassar $416,700
Acima de $444,550	$126,950 mais 39.6% sobre o que ultrapassar $444,550

Fonte: tabela adaptada pelos autores.

O IRC define a expressão chefe de família ou cabeça de casal, de maneira geral, da seguinte forma:

US Code. Title 26. Subtitle A. Chapter 1. Subchapter A. Part I. § 2(a).
(b)DEFINITION OF HEAD OF HOUSEHOLD
(1) IN GENERAL. For purposes of this subtitle, an individual shall be considered a head of a household if, and only if, such individual is not married at the close of his taxable year, is not a surviving spouse (as defined in subsection (a)), and either— (...)
(segue uma série de considerações e ressalvas).[166]

---

[165] Fonte: CONGRESS OF UNITED STATES. Overview Of The Federal Tax System as in Effect For 2017. Prepared by the Staff of the Joint Committee On Taxation. March 15, 2017 JCX-25-14. p. 5. Disponível em: https://www.jct.gov/publications.html?func=startdown&id=4989. Acesso: 02/04/2017.

[166] "(b) Definição de chefe de família. (1) De um modo geral. Para os efeitos do presente subtítulo, um indivíduo deve ser considerado um chefe de família, se, e somente se, essa pessoa não é casada no encerramento de seu ano fiscal, não é cônjuge sobrevivo (conforme definido na subseção (a) e também (...)" (Tradução nossa). US Code. Title 26. Subtitle A. Chapter 1.

Em relação as tabelas acima, há que se considerar a dedução padrão e valores de isenção pessoal conforme quadro a seguir (2017)[167]:

Dedução padrão e valores de isenção individual (2017)	
Dedução Padrão	
Declaração conjunta do casal	$12,700
Chefe de família	$9,350
Declaração separada de solteiros e casados	$6,350
Isenção individual	$4,050

Fonte: tabela adaptada pelos autores.

O contribuinte pode optar pela dedução padrão, conforme a tabela acima, ou pode itemizar as deduções, que compreende um aspecto amplo de despesas, inclusive perdas e juros para pagamento de casa própria (em comparação com o Brasil, onde o rol de itens dedutíveis é restrito, basicamente, a um valor fixo por dependente, saúde, educação e despesa com seguridade). Outro aspecto é que nos EUA, a legislação permite o carregamento de prejuízos em algumas operações (*e.g.*, perda de capital ao invés de ganho de capital, prejuízos de negócios) para os exercícios seguintes, de forma a diminuir a tributação pela dedução da perda (prejuízo) da base tributável (embora haja limitações específicas a depender da perda)[168], o que no Brasil só é permitido, para as pessoas físicas, no caso de prejuízos com a atividade rural.

Outro aspecto importante é que as tabelas do imposto de renda dos EUA são ajustadas anualmente pela inflação, o que ordinariamente não é feito no Brasil, onde os ajustes da tabela seguem um padrão sazonal (implicando uma ampliação da carga tributária para as faixas de menor renda).

Como já foi comentado, a competência para a instituição do imposto de renda nos EUA é concorrente, ou seja, é da União e também dos Estados,

Subchapter A. Part I. § 2(a), disponível em https://www.law.cornell.edu/uscode/text/26/2, Acesso em 02/04/2017.

[167] Fonte: CONGRESS OF UNITED STATES. Overview Of The Federal Tax System as in Effect For 2017. Prepared by the Staff of the Joint Committee On Taxation. March 15, 2017 JCX-25-14. p. 4. Disponível em: https://www.jct.gov/publications.html?func=startdown&id=4989. Acesso: 02/04/2017.

[168] GRAETZ, Michael J.; SCHENK, Deborah H. Federal Income Taxation: Principles and Policies. 4 ed. Rev. New York: Foundation Press, 2002, p. 374-421, 543-545.

ou seja, os contribuintes do imposto de renda terão que pagar o imposto de renda federal e o estadual, e dependendo do Estado, também para os governos locais. A alíquota e a base de cálculo do imposto de renda estadual variam de Estado para Estado e em regra a alíquota é de 0% a 12%. Os contribuintes podem deduzir o imposto pago da base de cálculo do imposto de renda federal do imposto de renda estadual.

A tributação dos ganhos de capital é feita de forma diferenciada, resultando numa alíquota máxima de 20%, mas que varia dependendo do valor da operação. No Brasil a alíquota progressiva foi introduzida recentemente. Os dividendos recebidos também são tributados (no Brasil não são tributados).

Em seguida para exemplificar a tabela do imposto de renda pessoa física individual (solteiro ou casado declarado individualmente) no Estado da Califórnia para o exercício fiscal de 2016 com bases de cálculo e alíquotas correspondentes[169]:

Base de cálculo	Valor a pagar:
Para rendimentos entre $0.00 e $7,850.00	1%
Para rendimentos entre $7,850,00 e $18,610.00	2% mais $78.50
Para rendimentos entre $18,610 e $29,372.0	4% mais $293.70
Para rendimentos entre $29,372.0 e $40,773.00,	6% mais $724.18
Para rendimentos entre $40,773.00 e $51,530.00	8% mais $1,408.24
Para rendimentos entre $51,530.00 e $263,222.00	9.3% mais $2,268.80
Para rendimentos entre $263,222.00 e $315,866.00	10.3% mais $21,956.16
Para rendimentos entre $315,866.00e $526,443.00	11.3% mais $27,378.49
Para rendimentos entre $526,443.00 e $1,000,000.00	12.3% mais $51,173.69
Para rendimentos acima de $1,000,000.00	13.3% mais $109,421.20

Fonte: tabela adaptada pelos autores.

---

[169] Cf. 2016 California Income Tax Brackets. Disponível em: http://www.tax-brackets.org/californiataxtable Acesso: 03/04/2017.

Dos cinquenta Estados que compõem a federação dos EUA apenas os Estados do Alasca, Florida, Nevada, Dakota do sul, Texas, Washington e Wyoming não instituíram o imposto de renda pessoa física. Todos os demais quarenta e três Estados instituíram este imposto sobre a renda[170]. Neste sentido com o gráfico abaixo é possível visualizar a arrecadação tributária dos Estados por categorias[171]:

Total da arrecadação tributária dos Estados por categoria (2013)

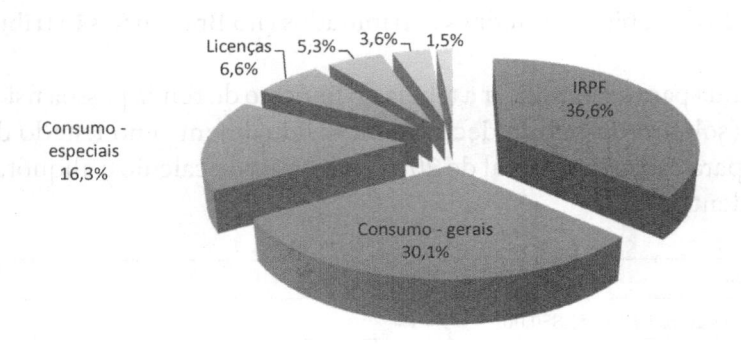

Fonte: gráfico adaptado pelos autores.

Assim se percebe a considerável importância do imposto de renda pessoa física no âmbito dos Estados, pois do total das receitas tributárias arrecadadas por todos os Estados da federação (lembrando que sete não o tem instituído) o imposto de renda pessoa física e jurídica responde com 41,9% do total. Considerando todas as fontes de receitas ela é a segunda mais importante seguindo os impostos gerais e especiais sobre o consumo com um total de 46,4%.

[170] UNITED STATES. State Government Tax Collections Summary Report: 2013. Governments Division Briefs. By Sheila O'Sullivan, Russell Pustejovsky, Edwin Pome, Angela Wongus, and Jesse Willhide. Released April 8, 2014. U.S. Department of Commerce. Economics and Statistics Administration. U.S. CENSUS BUREAU. p 4. Disponível em: http://www.census.gov/govs/statetax/. Acesso: 3.6.2014.

[171] Fonte: UNITED STATES. State Government Tax Collections Summary Report: 2013. Governments Division Briefs. By Sheila O'Sullivan, Russell Pustejovsky, Edwin Pome, Angela Wongus, and Jesse Willhide. Released April 8, 2014. U.S. Department of Commerce. Economics and Statistics Administration. U.S. CENSUS BUREAU. p 4. Disponível em: http://www.census.gov/govs/statetax/. Acesso: 3/06/ 2014.

Considerando o ano de 2016, somente os Estados do Alaska, Flórida, Nevada, Dakota do Sul, Texas, Washington e Wyoming não cobram imposto e renda das pessoas físicas, sendo que em New Hampshire e no Tennessee as pessoas físicas são tributadas somente em relação aos juros e dividendos recebidos.[172]

Um aspecto importante no que diz respeito à tributação das pessoas físicas nos EUA é a que a tributação das *partneships* (sociedade de maneira geral) não se dá diretamente na pessoa jurídica, mas na parcela tributável (ou perda) atribuída a cada sócio a ele distribuída. Trata-se de uma entidade *pass-through*, ou seja, embora o imposto de renda seja calculado com base nas operações levadas a efeito por via da *partnership*, há a distribuição automática aos sócios no encerramento do período, o que será tratado no próximo subitem.

Este último aspecto talvez seja um fator que contribua para o cômputo de uma carga tributária do imposto de renda bem maior nas pessoas físicas em relação às jurídicas, ou seja, muito do que seria lucro tributável da pessoa jurídica, nos EUA, é tratado como rendimento da pessoa física e tributado desta forma.

2.3.3. Imposto de Renda Pessoa Jurídica nos EUA

A tributação das pessoas jurídicas nos EUA, como entidades autônomas (*separate entity*), i.e., separada da pessoa dos sócios só se aplica às *corporations*, conforme definidas no IRC:

> *US Code. Title 26. Subtitle F. Chapter 79. § 7701 – defintions*
> *(a) When used in this title, where not otherwise distinctly expressed or manifestly incompatible with the intent thereof—*
> *(1) PERSON*
> *The term "person" shall be construed to mean and include an individual, a trust, estate, partnership, association, company or corporation.*
> *(2) PARTNERSHIP AND PARTNER*
> *The term "partnership" includes a syndicate, group, pool, joint venture, or other unincorporated organization, through or by means of which any business, financial operation, or venture is carried on, and which is not, within the meaning of this title,*

---

[172] BJUR, Timothy et al. (Eds.). 2016 State Tax Handbook. Chicago: Wolters Kluwer, 2015, p. 263.

a trust or estate or a corporation; and the term "partner" includes a member in such a syndicate, group, pool, joint venture, or organization.

(3) CORPORATION

The term "corporation" includes associations, joint-stock companies, and insurance companies.

Assim, o que no Brasil se conhece por tributação da pessoa jurídica, nos EUA se aplica apenas às corporações, conforme definido acima, que corresponde às sociedades cujos sócios detém ações da companhia. Sendo que pode haver *C corporation* ('puras") e *S Corporations* (*Subchapter* S), que tem tratamento simplificado e podem ser tributadas como entidade *pass through*, à semelhança das *partnerships*. Por outro lado, alguns tipos de associações podem ou devem ser tributadas como *corporations* se preenchem os requisitos previstos nas Regulamentações do IRC (*Treas. Reg.*). As *S Corporations* são firmas menores que embora incorporadas (companhias por ação, mas com número limitado a cem acionistas, e outras restrições), evitam a dupla tributação da pessoa jurídica e dos dividendos distribuídos.[173]

Assim, embora a entidade seja, por exemplo, uma *Limited Liability Partnership* (*LLP*), que tem responsabilidade limitada dos sócios em relação a determinados aspectos, essa limitação não se aplica à tributação. A tributação da pessoa jurídica como entidade independente (como ocorre no Brasil para todas as pessoas jurídicas) só é efetivada nos EUA, em relação às *corporations* (constituídas como sociedades anônimas).

Algumas categorias de associações (*partnerships*), em função de algumas características, previstas na lei, podem ser tributadas como corporações, mas não é a regra. De lembrar que o direito societário é, nos EUA, um tema de direito estadual, mas o enquadramento como *partnership* ou *corporation* é decorrente da lei federal (IRC), sendo que o IRC traz os critérios para definir quando uma entidade pode ou deve ser tratada como *corporation* para efeitos tributários, independentemente de determinada forma de organização de pessoa jurídica ser considerada uma entidade autônoma, separada dos sócios, pela lei do local da sua constituição.

Essas regras do IRC e das Regulamentações não são simples e em 1997 foi introduzido o sistema do *check-the-box*, em que as novas associações ou

---

[173] Cf. LIND, Stephen. A. et al. Fundamentals of Partnership Taxation. 6 ed. New York: Foundation Press, 2002, p. 396-398.

entidades seriam automaticamente enquadradas como *partnership*, a menos que optassem para serem tributadas como companhia (*C corporation*).[174]

Pela pertinência, convém citar o seguinte trecho do sumário editado pelo Congresso sobre o ano fiscal de 2017:

> *In general, partnerships and S corporations (i.e., corporations subject to the provisions of subchapter S of the Code) are treated as pass-through entities for Federal income tax purposes. Thus, no Federal income tax is imposed at the entity level. Rather, income of such entities is passed through and taxed to the owners at the individual level. A business entity organized as a limited liability company ("LLC") under applicable State law generally is treated as a partnership for Federal income tax purposes if it has two or more members; a single-member LLC generally is disregarded as an entity separate from its owner for Federal income tax purposes.*[175]

O tema da tributação das *partnerships* é tratado no *Subchapter K do 26 IRC Chapter 1*, e é tido como o tema mais complexo do Direito Tributário dos EUA, em virtude de complexas regras de atribuição de rendimentos e despesas, formas e efeitos das contribuições de capital, bem assim a contabilização dos lucros e perdas e sua distribuição.

Assim, deve-se deixar claro que quando se fala de tributação da pessoa jurídica como entidade separada dos sócios, nos EUA, está a se falar de *corporation* e não de toda e qualquer pessoa jurídica (que em geral, é tributada como *partnership*), conforme explicado acima.

Em relação à tributação das *C Corporations* como entidade autônoma (*separate taxable entity*) há também uma extensa legislação e regulamentação, compreendendo diversos aspectos. Há detalhamento na legislação sobre as consequências de reorganizações societárias, liquidações e distribuição de rendimentos. Há também no IRC tratamento das operações transnacionais (*e.g.*, normas de preços de transferência[176] e normas CFC,

---

[174] LIND, Stephen. A. et al. Fundamentals of Partneship Taxation. 6 ed. New York: Foundation Press, 2002, p. 7-9.

[175] CONGRESS OF UNITED STATES. Overview of The Federal Tax System As In Effect For 2017. Prepared by the Staff of the Joint Committee On Taxation. March 15, 2017, p. 2, n.r. 6. JCX-25-14. Disponível em: https://www.jct.gov/publications.html?func=startdown&id=4989. Acesso: 02/04/2017.

[176] *26 USC Subtitle A, Chapter 1, Subchapter E, Part III, § 482 (Allocation of income and deductions among taxpayers)*. Disponível em https://www.law.cornell.edu/uscode/text/26/482, acessado em 03/04/2017. Este dispositivo é fartamente regulamento pelo CFR .

estas contidas na conhecida – *Subpart F, do 26 USC Subtitle A, Chapter 1, Subchapter N, Part III, (§§ 951-965))*. Nestes aspectos, i.e., do que se contém nas normas não difere muito dos temas em relação à legislação brasileira, contudo, a legislação nos EUA é extremamente detalhada, como já foi dito. De outro lado, muitos temas tem tratamento diferente.

Há, porém, três aspectos que se distinguem com mais relevância em relação ao modelo brasileiro de tributação das pessoas jurídicas (como *separate taxable entity*). Nos EUA a contabilidade comercial é separada da contabilidade tributária, trazendo a legislação as normas de como proceder à contabilidade tributária, embora utilize as mesmas metodologias tradicionais da contabilidade comercial, *e.g.*, regime de competência ou regime caixa, sendo que o regime de competência é obrigatório para as *C Corporations* maiores e outros casos específicos previstos em lei. Já no Brasil a contabilidade tributária para a apuração do imposto de renda pessoa jurídica (IRPJ) parte da contabilidade comercial da empresa e a partir daí faz ajustes conforme a legislação (que não permite algumas exclusões e impõe algumas inclusões, que pela contabilidade comercial seriam doutra forma). Assim qualquer mudança nas normas contábeis acaba tendo impacto potencial das normas tributárias (para efeito de ajuste) – são as regras válidas para apuração pelo chamado lucro real (que embora seja o padrão é somente obrigatório para grandes empresas e alguns setores, conforme indicados na legislação).

No Brasil a grande maioria das empresas apura o lucro tributável pelo sistema do lucro presumido (baseado na receita bruta), sem utilizar a contabilidade para a base de cálculo, ou pelo sistema do Simples, também baseado na receita bruta.

Outro aspecto é a dedução dos prejuízos relativos a determinado período de apuração, enquanto no Brasil há uma limitação a 30% do lucro do exercício em relação aos prejuízos dos exercícios anteriores (para empresas no lucro real), nos EUA há limitação temporal, sem limites de valor, podendo atingir exercícios passados (*three-year carryback losses*) por três anos a para exercícios futuros por cinco anos (*five carry-over of capital losses*) para ganhos de capital[177] e dois anos de *carryback* e vinte de *carry-over*

---

[177] 26 USC Subtitle A, Chapter 1, Subchapter P – Capital Gains and Losses, Part. II – Treatment of Capital Losses, § 1212, disponível em https://www.law.cornell.edu/uscode/text/26/1212, acessado em 03/04/2017.

para prejuízos operacionais,[178] havendo regras especificas para algumas situações e diversas normas para os casos de modificações societárias, visando coibir o abuso no aproveitamento de prejuízos.[179]

Por fim, o terceiro aspecto é que nos EUA, se tributa os sócios (acionistas) da *separate taxable entity*, quando recebem as participações ou dividendos, o que não ocorre o Brasil desde 1996, em decorrência de alteração da legislação do IRPJ. Ou seja, nos EUA ocorre a chamada dupla tributação econômica, independentemente do acionista ser residente dos EUA ou ser investidor estrangeiro (que pode ter a tributação aliviada por tratado de dupla tributação).[180]

Isto pode provocar reações no sentido de haver planejamento tributário para fugir da dupla tributação (distribuição disfarçada de lucro de maneira não tributada), da mesma forma a legislação é alterada para prevenir a elisão ou mesmo a evasão. A este respeito, sustentam Stephen Lind *et al.* no penúltimo capítulo de sua obra sobre *Corporate Taxation*:

> *The preceding chapters have demonstrated repeatedly that C corporations and their shareholders historically have sought to lessen the impact of the double tax on corporate profits, avoid the higher marginal individual tax rates on ordinary income, and convert ordinary income to capital gain. Congress has responded with a host of anti-avoidance rules, many targeting discrete problems and others seeking a more global solution to errant taxpayer behavior.*[181]

---

[178] 26 USC Subtitle A, Chapter 1, Subchapter B, Part. V – Itemized Deductions for Individuals and Corporations, § 172 (Net operating loss deduction) disponível em https://www.law.cornell.edu/uscode/text/26/1212, acessado em 03/04/2017.

[179] LIND, Stephen. A. et al. Fundamentals of Corporate Taxation. 5 ed. New York: Foundation Press, 2002, p. 594-614.

[180] A respeito da dupla tributação econômica e a questão dos tratados nos EUA ver, *e.g.,* VALADÃO, Marcos Aurélio Pereira. Income Tax Treaties and the Treatment of Dividends Received by Foreign Shareholders from Domestic Corporations Under an Integrated System (Without the Double Level of Taxation). North Carolina Journal of International Law and Commercial Regulation, North Carolina, U.S.A., v. 29, n. 3, p. 457-486, 2004.

[181] LIND, Stephen. A. et al. Fundamentals of Corporate Taxation. 5 ed. New York: Foundation Press, 2002, p. 645.

A tributação incidente sobre a renda das pessoas jurídicas, para 2013, foi feita conforme a tabela abaixo com as alíquotas referentes e as bases de cálculo[182]:

Se o lucro tributável for:	Alíquota e valor a ser pago:
Até $50,000	15% do lucro tributável
Mais de $50,000 até $75,000	$7,500 + 25% do que ultrapassar $50,000
Mais de $75,000 até $10,000,000	$13,750 + 34% do que ultrapassar $75,000
Mais de $10,000,000 ...	$3,388,250 + 35% do que ultrapassar $10,000,000

Fonte: tabela adaptada pelos autores.

Nos EUA o imposto de renda pessoa física é sem dúvida a principal fonte de receitas da União. A arrecadação proveniente das pessoas físicas é cerca de cinco vezes maior do que arrecadado com o imposto de renda pessoa jurídica. Na soma do imposto de renda pessoa física e jurídica chega-se a perto de 60% do total da arrecadação tributária federal.

Como a competência para instituir o imposto de renda nos EUA além da União também é dos Estados, podendo ser também de governos locais, sendo que a grande maioria dos Estados instituiu também o imposto de renda pessoa jurídica. Observe-se que, tomando por base o ano de 2016, dos 50 Estados, somente os Estados de Nevada, Dakota do Sul (somente *franchise tax* de instituições financeiras), Washington e Wyoming não tributavam o imposto de rendas pessoas jurídicas (*corporations*).[183]

O imposto de renda das pessoas jurídicas é a quarta maior receita com um percentual no total das receitas dos Estados, para 2013, correspondente a 5,3%, mas significou a arrecadação de US$ 45,021,252,000[184].

---

[182] Fonte: UNITED STATES. Overview of The Federal Tax System as in Effect for 2014. Prepared by the Staff of the JOINT COMMITTEE ON TAXATION. March 28, 2014 JCX-25-14. P. 13. Disponível em: https://www.jct.gov/publications.html?func=startdown&id=4568. Acesso: 4.6.2014.

[183] BJUR, Timothy et al. (Eds.). 2016 State Tax Handbook. Chicago: Wolters Kluwer, 2015, p. 263.

[184] Fonte: UNITED STATES. State Government Tax Collections Summary Report: 2013. Governments Division Briefs. By Sheila O'Sullivan, Russell Pustejovsky, Edwin Pome, Angela Wongus, and Jesse Willhide. Released April 8, 2014. U.S. Department of Commerce. Economics and Statistics Administration. U.S. CENSUS BUREAU. p 4. Disponível em: http://www.census.gov/govs/statetax/. Acesso: 3.6.2014.

Do imposto de renda cobrado pelos Estados resulta uma importante questão que corresponde ao tratamento a ser dado na alocação da renda tributável de determinada empresa que atua em diversos Estados com presença e atuação diferenciada em cada um deles e tem sua sede em um determinado Estado, ou mesmo fora dos EUA.

A fórmula encontrada foi o que se denomina *formulary apportinoment*, ou proporcionalização por fórmula. Assim, levando em conta os ativos, número de empregados e as receitas, em cada Estado, de forma ponderada se chega a uma distribuição proporcional entre os Estados onde atua determinada empresa, de forma a distribuir o lucro tributável nos EUA entre os Estados envolvidos. Embora a fórmula considere ativos, empregados e receita em cada estado, para efeito de atribuição do lucro tributável, há, na verdade, diversidade de pesos de fatores nas metodologias dos diversos Estados.[185]

Os Estados dos EUA formaram a *Multistate Tax Comission*, e desenvolveram um acordo (*Multistate Tax Compact*),[186] de forma a tentar harmonizar o tratamento, já que cada Estado poderia, pelo menos teoricamente, tributar a renda da forma que sua legislação dispusesse. De fato, mesmo com essa iniciativa, não se pode dizer que há uniformidade de tratamento.[187]

Remetendo ao Brasil, cabe mencionar que foi por falta de Lei Complementar que desse tratamento equivalente, que evitaria o conflito entre os Estados, que as leis estaduais que regulavam o Adicional do Imposto de Renda (AIR) de competência dos Estados, que constava da versão original da Constituição de 1988, fossem declaras inconstitucionais, e acabou resultando na revogação do dispositivo pela Emenda n. 3/1993.

---

[185] Ver State Apportionment of Corporate Income (Formulas for tax year 2017 – as of January 1, 2017), disponível em https://www.taxadmin.org/assets/docs/Research/Rates/apport.pdf, acesso em 12/04/2017.

[186] http://www.mtc.gov/The-Commission

[187] Para maiores detalhes ver parte referente a "Subnational formulary apportionment in the US" em SYU, Erika ; NALUKWAGO, Milly Isingoma; VALADÃO, Marcos Aurélio Pereira;. Lessons from Existing Subnational Unitary and Formulary Apportionment Approaches for a Regional Transition to Unitary Taxation. In: PICCIOTTO, Sol. (Org.). Taxing Multinational Enterprises as Unitary Firms. 1nd ed. v. 1, p. 150-172. Brighton – Reino Unido: IDS, 2017, p. 150-153.

2.3.4. Contribuições de Seguridade Social nos EUA

Na Constituição dos EUA não há norma específica sobre seguridade social, remetendo-se o tema à denominada cláusula do bem estar social (*the welfare clause*), contida no Art. I, Sec. 8, Cláusula 1, que tem a seguinte redação:

> O Congresso tem o poder de baixar e cobrar tributos, direitos, impostos e acisas, e de pagar débitos e prover a defesa comum e o bem-estar geral dos Estados Unidos, porém todos os tributos, direitos, impostos e acisas devem ser uniformes em todo território dos Estados Unidos.[188]

Assim, o sistema de seguridade e direitos sociais foi erigido ao longo do tempo, sendo que muitas dessas leis foram contestadas perante a Suprema Corte daquele país (especialmente antes da crise de 1929, após a qual o sistema se fortaleceu), sendo de fundamental importância as cláusulas do *welfare state* e do *taxing power* (Art. I, Sec. 8, Cláusula 1), e também a cláusula do comércio (Art. I, Seç. 8, Cláusula 3).

A Suprema Corte dos EUA já chegou a decidir pela inconstitucionalidade de lei federal que regulava trabalho infantil, sob o argumento dessas cláusulas (seria um exercício irregular da regulação do comércio interestadual)[189], e mesmo uma lei que trata de aposentadorias de ferroviários[190]. Ver item 2.4.5 para uma análise comparativa.

---

[188] Ver item 1.6.1 acima.

[189] *E.g., Hammer v. Dagenhart*, 247 U.S. 251 (1918); *Bailey v. Drexel Furniture Co.*, 259 U.S. 20 (1922) (neste último caso a SC entendeu que o tributo teria natureza de penalidade em relação às empresas que utilizassem trabalho infantil). Essa jurisprudência foi superada, passando a prevalecer, partir da década de trinta a prioridade do bem estar social. Mais recentemente ao julgar o *Affordable Care Act*, a SC, no caso *National Federation of Independent Business v. Sebelius* (576 U.S.) – 132 S.Ct. 2566 (2012), e utilizou o argumento do *taxing power* para manter a constucionalidade daquela lei. Ver a respeito. BOGENSCHNEIDER, Bret N. The Taxing Power After Sebelius. Wake Forest Law Review. v. 51, 941-983, Winter 2016, onde o autor, criticando a expansão do poder de tributar dada pela decisão, conclui da seguinte forma: "If an apportioned capitation tax is levied on the states by the federal government, it must be apportioned according to the Census pursuant to Article I, Section 9. However, as it now stands in the wake of Sebelius, the limits of the congressional taxing power are effectively unknown (p. 983).

[190] *Railroad Retirement Board v. Alton Railroad Co.*, 295 U.S. 330 (1935), também por considerar um exercício irregular do poder de regular o comércio interestadual.

Tendo como precedente histórico o *Social Security Act* de 1935 (na esteira da crise de 1929), atualmente, no que diz respeito às receitas tributárias vinculadas ao sistema de seguridade social nos EUA vigora a Lei Federal de Contribuições para a Seguridade Social (*Federal Insurance Contributions Act – FICA*), que está codificada no Título 26, Subtítulo C (Tributos sobre o Emprego), Capítulo 21 (Contribuições para a Seguridade Federal) do Código dos Estados Unidos (USC) e institui este imposto com o objetivo de financiar os programas federais de auxílio social para os aposentados, incapacitados para o trabalho e filhos de trabalhadores falecidos. Também como suporte financeiro para os programas de saúde (*Medicare*) para os trabalhadores que não tem plano privado (seguro saúde) ou condições econômicas para o pagamento de um tratamento de saúde.

No caso *Flemming v. Nestor*, de 1960,[191] a Suprema Corte dos EUA chegou a discutir se este tipo de contribuição ou imposto pode ser ou não considerado um tributo, tendo em vista que ele é pago, por exemplo, pelo empregado com o intuito de receber futuramente um benefício. Decidiu a Suprema Corte pela constitucionalidade da cobrança deste imposto e admitiu que não há um contrato entre o ente tributante e o contribuinte, mas mesmo considerando a cláusula do devido processo legal, não é assegurado a ninguém o direito de propriedade de receber os pagamentos da Previdência Social (direito que havia sido negado ao pleiteante por conta de deportação anterior).

O USC prevê no Título 26, Subtítulo C, Capítulo 21, Subcapítulo A, a contribuição devida pelos empregados, no Subtítulo B, a contribuição dos empregadores e no Subtítulo C, as disposições gerais.[192] *A alíquota praticadas para os empregados são de 6,2% sobre sua remuneração bruta para o benefício de aposentadoria, invalidez e sobreviventes do empregado e mais a alíquota de 1,45% para o seguro hospitalar (Medicare)*[193]. A alíquota de 6,2% é aplicada até o limite de 117.000 dólares anuais importando com isso uma contribuição máxima de U$ 7.254 que é denominada de Base Salarial da Segurança Social (*Social Security Wage Base*) e que varia de ano para ano em um ritmo

---

[191] *Flemming v. Nestor*, 363 U.S. 603 (1960).
[192] U.S. Code, Title 26, Subtitle C , Chapter 21 – Federal Insurance Contributions Act.
[193] U.S. Code, Title 26, Subtitle C, Chapter 21, Subchapter A , § 3101 – Rate of tax, Disponível em www.law.cornell.edu/uscode/text/26/subtitle-C/chapter-21. Acessado em 03/04/2017.

normalmente maior do que a inflação. A alíquota correspondente ao seguro hospital é aplicada sem limite de valor da remuneração bruta.

A contribuição dos empregadores tem as mesmas alíquotas e incide sobre os salários pagos aos seus empregados[194], ou seja, com as alíquotas de 6,2% para a previdência social e 1,45% para o seguro hospitalar. Assim, com a soma das contribuições dos empregados e empregadores para a previdência social de 12,4% e seguro hospitalar de 2,90% totaliza-se 15,3%. Os contribuintes individuais (autônomos) são responsáveis pelo pagamento do total de 15,3%, pois entende-se que em certo sentido são empregado e empregador ao mesmo tempo.

A cobrança de contribuições especiais, no caso dos EUA as contribuições de seguridade social (*Social Security & Social Insurance*) foi responsável por 35,5% do total das receitas fiscais arrecadas no exercício de 2012 e 34% no exercício de 2013. É a segunda maior fonte de renda da União e conforme os dados do Centro de Orçamento e Prioridades Políticas (*Center on Budget and Policy Priorities*) 75% dos contribuintes pagam mais no imposto de seguridade social do que no imposto de renda.

Cabe lembrar que há Estados que tem sistemas de seguridade social complementares ao federal com uma certa envergadura, com cobrança de contribuições sociais sobre folha de pagamento, como é o caso da Califórnia. Aspecto que é vedado na Constituição brasileira, que só permite aos Estados, DF e Municípios a instituição de contribuição previdenciária em relação aos seus próprios servidores públicos.

Não se pode deixar de notar que o imposto de renda é progressivo e o imposto de seguridade social tem um efeito regressivo, isto é, onera mais aqueles assalariados que tem menor salário. Acrescenta-se ainda que em 2014 incidiu sobre os salários até o limite de 117.000 dólares e não incide sobre rendimentos decorrentes de juros ou de investimentos, o que lhe aumenta a regressividade.

Outra questão é que a contribuição de seguridade social do empregado e do empregador são, pela sua natureza, mais um imposto de renda pessoa física e jurídica.[195] No caso do pagamento da contribuição pelo empregado é mais um imposto de renda (inclusive retido na fonte), pois incide sobre

---

[194] U.S. Code, Title 26, Subtitle C, Chapter 21, Subchapter A , § 3111 – Rate of tax.
[195] PIKETTY, Thomas. O capital no século XXI. 1ª ed. Tradução de Monica Baumgarten de Bolle. Rio de Janeiro: Intrínseca, 2014, p. 624, n. r. 11.

a base renda, e, no caso da contribuição pelo empregador, é um imposto de renda pessoa jurídica que tem seu ônus econômico transferido para o empregado na forma de salários mais baixos.

A partir deste raciocínio, um gráfico do total da arrecadação das receitas fiscais do governo federal, somando o imposto de renda e as contribuições de seguridade social, no exercício fiscal de 2012, encontra-se assim[196]:

Receitas Federais agregadas por fontes

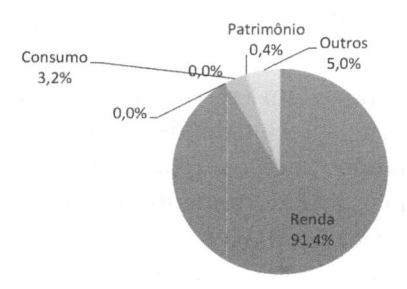

Fonte: gráfico elaborado pelos autores.

Em suma, o empregado paga o imposto de renda pessoa física, mais o imposto de renda pessoa jurídica e mais, ainda, os impostos de renda pessoa física e jurídica travestidas de contribuições previdenciárias, se admitir-se que nestes casos a base de incidência destas contribuições for a renda.

2.3.5. A Reforma Tributária Trump (2017)

Em 2017 o Governo Trump conseguiu aprovar alterações substanciais na tributação da renda (*TAX CUTS AND JOBS ACT*)[197], especialmente da

---

[196] Elaboração própria. Fonte dos dados: UNITED STATES. Overview Of The Federal Tax System As In Effect For 2012. Prepared by the Staff of the Joint Committee On Taxation. February 24, 2012, JCX-18-12. p. 23. Disponível em: https://www.jct.gov/publications. html?func=startdown&id=4400. Acesso: 4.6.2014.

[197] Ver o documento "GENERAL EXPLANATION OF PUBLIC LAW 115–9" preparado pelo *Joint Committee on Taxation* do Congresso dos EUA, explicando as alterações introduzidas no IRC está disponível em https://www.govinfo.gov/content/pkg/CPRT-115JPRT33137/pdf/ CPRT-115JPRT33137.pdf

tributação das corporações[198], sendo considerada a maior mudança no sistema nos últimos trinta anos. Houve também mudanças na tributação da renda das pessoas físicas, com redução das alíquotas, dentre outros aspectos, assim como a tributação de *partnerships* (que atinge diretamente os sócios). Houve também alteração na tributação sobre herança, sendo que praticamente dobrou os limites de isenção. Dentre as principais medidas da reforma tributária de Trump para as pessoas jurídicas (corporações) foram:

a) Redução de 35% para 21% da alíquota da tributação das corporações.

b) Diversas normas que impactam a repatriação dos lucros das empresas norte-americanas no exterior, dando vantagens para a repatriação dos lucros e criando dificuldade para a expatriação de ativos intangíveis (manobra usual das companhias e tecnologia para transferir lucros para paraísos fiscais).

c) Limites na dedução de prejuízos acumulados, limitando a possibilidade de *tax loss carryback*.

d) Limitação nas deduções de juros, com variações de tratamento para situações específicas.

e) Limitação da dedução de dividendos recebidos.

f) Alterações na dedutibilidade de pagamentos ao exterior e diferimento da renda estrangeira (norma s CFC), impactando os preços de transferência e a neutralização dos efeitos de arranjos híbridos, e regimes diferenciados como o denominado Imposto sobre erosão tributária e anti-abuso (*Base-erosion and anti-abuse tax – BEAT*).

g) Maior tributação de rendas com intangíveis no exterior, mas facilidade de repatriação dos lucros acumulados, com menor tributação.

h) Limitação de pagamento a partes vinculadas internamente.

A intenção geral da reforma no que diz respeito às corporações é tributar menos o investimento produtivo interno e dificultar a expatriação de operações com intangíveis. A ideia é que as corporações que operem

---

[198] Sempre é bom lembrar que nos EUA, as empesas que não são corporações (SA) são tributadas pelo imposto de renda diretamente nos sócios (*partnership taxation*), i.e., em geral na pessoa física.

internamente teriam mais vantagens com a reforma, com o objetivo de reverter o alegado viés de incentivo ao investimento no exterior do sistema anterior. O sistema da reforma Trump, em termos de tributação internacional, tornou-se um híbrido de sistema territorial com bases mundiais, cujos efeitos ainda devem estudados.

As principais mudanças na tributação da renda para as pessoas físicas[199] foram:

a) Eliminação ou limitação de dedutibilidade de diversos itens como despesa com saúde, juros de casa própria, educação (as deduções possíveis ficaram mais voltadas para a educação profissional), etc.
b) Alteração (redução) das alíquotas das pessoas físicas, conforme abaixo[200].

Old Vs. New Tax Brackets For Single Filers

Old brackets		New brackets	
Taxable income	Tax rate	Taxable income	Tax rate
$0-$9,525	10%	$0-$9,525	10%
$9,526-$38,700	15%	$9,526-$38,700	12%
$38,701-$93,700	25%	$38,701-$82,500	22%
$93,701-$195,450	28%	$82,501-$157,500	24%
$195,451-$424,950	33%	$157,501-$200,000	32%
$424,951-$426,700	35%	$200,001-$500,000	35%
$426,701+	39.6%	$500,001+	37%

Sources: docs.house.gov, taxfoundation.org

Old Vs. New Tax Brackets For Marrieds Filing Jointly

Old brackets		New brackets	
Taxable income	Tax rate	Taxable income	Tax rate
$0-$19,050	10%	$0-$19,050	10%
$19,051-$77,400	15%	$19,051-$77,400	12%
$77,401-$156,150	25%	$77,401-$165,000	22%
$156,151-$237,950	28%	$165,001-$315,000	24%
$237,951-$424,950	33%	$315,001-$400,000	32%
$424,951-$480,050	35%	$400,001-$600,000	35%
$480,051+	39.6%	$600,001+	37%

Sources: docs.house.gov, taxfoundation.org

Considerando as tabelas acima, nota-se que hoje uma redução de alíquotas para as pessoas físicas nas camadas superiores, mas as alíquotas menores forma mantidas (algumas situações intermediárias mais perto dos

---

[199] Algumas das mudanças tem uma fase de implementação (*phase out*), de toda sorte, as alterações só terão aplicação até 01/01/2026.
[200] Tabelas adaptadas de KATZEFF, Paul. How Tax Reform Impacts Your Tax Bracket And Rate. Invertor's Business Daily, 3/16/2018. Disponível em https://www.investors.com/etfs-and-funds/personal-finance/how-tax-reform-impacts-your-tax-bracket-and-rate/ Acesso em 14/12/2018.

limites foram beneficiadas). Isto aliado à redução das deduções, implicou numa diminuição da progressividade da matriz tributária dos EUA.

De maneia geral a Reforma Tributária Trump é uma reforma concentradora de renda, pois, na prática, diminuiu a tributação dos mais ricos[201], embora, sob o ponto de vista do país, busque evitar a expatriação de bases tributáveis, no sentido mesmo do programa BEPS. Havia muita esperança no aumento de salários e na criação de empregos quando do lançamento do plano em 2017, mas também muita crítica, até no sentido de que os aumentos de salários (e de empregos) ocorreriam de qualquer forma. No princípio do ano de 2019, um anos após o início da implantação da reforma, o economista Paul Krugman, fez uma crítica severa aos seus resultados, destacando que a redução tributária foi para a mão de poucos (84% das ações são de propriedade de 10% da população dos EUA), e o restante viu pouco benefícios; já restante dos benefícios (cerca de 1/3) foi para os detentores de ações de companhias norte-americanas residentes. Além do mais o dinheiro que foi repatriado foi usado para a recompra de ações e não novos investimentos.[202]

Os principais impactos da Reforma Tributária Trump no que respeita aos seus efeitos na mudança da matriz tributária estão destacados em pontos específicos desta obra.

---

[201] Ver. e,g., UNITED STATES. CONGRESS OF UNITED STATES. Overview of The Federal Tax System As In Effect For 2018. Prepared by the Staff of the *Joint Committee on Taxation*. February 7, 2018 JCX-3-18. Disponível em https://www.jct.gov/publications.html?func=startdown&id=5060, Acesso em 14/12/2018.

[202] Paul Krugman destaca que: "The key point to realize is that in today's globalized corporate system, a lot of any country's corporate sector, our own very much included, is actually owned by foreigners, either directly because corporations here are foreign subsidiaries, or indirectly because foreigners own American stocks. Indeed, roughly a third of U.S. corporate profits basically flow to foreign nationals – which means that a third of the tax cut flowed abroad, rather than staying at home. This probably outweighs any positive effect on GDP growth. So the tax cut probably made America poorer, not richer. And it certainly made most Americans poorer. While 2/3 of the corporate tax cut may have gone to U.S. residents, 84 percent of stocks are held by the wealthiest 10 percent of the population. Everyone else will see hardly any benefit. Meanwhile, since the tax cut isn't paying for itself, it will eventually have to be paid for some other way – either by raising other taxes, or by cutting spending on programs people value. The cost of these hikes or cuts will be much less concentrated on the top 10 percent than the benefit of the original tax cut. So it's a near-certainty that the vast majority of Americans will be worse off thanks to Trump's only major legislative success." KRUGMAN, Paul. The Trump Tax Cut: Even Worse Than You've Heard. NYT, Jan, I, 2019, Disponível em https://www.nytimes.com/2019/01/01/opinion/the-trump-tax-cut-even-worse-than-youve-heard.html

2.4. Imposto de Renda no Brasil

2.4.1. A Instituição do Imposto de Renda no Brasil

O primeiro tributo no Brasil com as características típicas de um imposto incidente sobre renda foi instituído pela Lei n°. 371 de 21 de outubro de 1843 sob o domínio do monarca Dom Pedro II. Não recebeu a designação de imposto de renda, mas sim de contribuição extraordinária. Apesar do nome, estava claro que a base de incidência seria a renda, no caso apenas os vencimentos auferidos do Poder Público, e estabelecia uma tabela progressiva de alíquotas.

Assim a Lei n° 371/1843 estabeleceu:

Art. 23. Fica creada a seguinte contribuição extraordinaria durante o anno desta lei.

§ 1º Todas as pessoas que receberem vencimentos dos Cofres Publicos Geraes, por qualquer titulo que seja, ficão sujeitas a uma imposição, que será regulada pela maneira seguinte:

De 500$000 á 1:000$000	2 por cento
De 1:000$000 á 2:000$000	3 por cento
De 2:000$000 á 3:000$000	4 por cento
De 3:000$000 á 4:000$000	5 por cento
De 4:000$000 á 5:000$000	6 por cento
De 5:000$000 á 6:000$000	7 por cento
De 6:000$000 á 7:000$000	8 por cento
De 7:000$000 á 8:000$000	9 por cento
De 8:000$000 para cima	10 por cento[203]

Esta foi a primeira tentativa de instituir um imposto de renda no Brasil, e como não poderia ser diferente, em uma sociedade permeada por relações escravagistas e elitistas, foi fortemente criticado e imediatamente suprimido. A segunda tentativa se deu com a Lei n°. 1.507 de 26 de setembro de

---

[203] NÓBREGA, Cristóvão Barcelos da. História do imposto de renda no Brasil: um enfoque da pessoa física. Brasília: Receita Federal, 2014, p 24

1867, e que permaneceu com interrupções até a sua revogação no final da década de 1910. Aparece a característica da retenção na fonte do imposto devido, mas a característica da progressividade foi suprimida por uma alíquota fixa que variou no período entre 3% e 5%.[204]

Apenas com a Lei n°. 4.625 de 31 de dezembro de 1922 foi instituído de forma definitiva o imposto de renda no Brasil da seguinte forma:

> Art. 31. Fica instituído o imposto geral sobre a renda, que será devido, annualmente, por toda a pessoa physica ou juridica, residente no territorio do paiz, e incidirá, em cada caso, sobre o conjunto liquido dos rendimentos de qualquer origem.[205]

Claro que a aplicação da legislação sobre o imposto de renda enfrentou diversas críticas e contundentes ataques, como por exemplo, a proibição do fisco de solicitar a exibição de documentos contábeis etc., pois entendia-se, na esteira do antigo Código Comercial, que ofendia o direito a privacidade[206].

Desde o período inicial do imposto de renda foram inúmeras as dificuldades na sua implementação devido às resistências oferecidas por aqueles que detinham maior renda e ou privilégios. Apenas com a Constituição Federal de 1988 o imposto de renda passou a ser informado pelos critérios da generalidade, da universalidade[207].

---

[204] "Os defensores do imposto sobre a renda não se davam por vencidos. Em 1896, os deputados Serzedelo Corrêa e Augusto Montenegro, participantes da Comissão do Orçamento, propuseram sua adoção para o ano seguinte, mas não lograram êxito. Apesar do resultado, Serzedelo Corrêa visualizou melhor acolhida, conforme seu relato: "Pensa a comissão que o imposto sobre a renda é um corretivo para compensar as desigualdades das taxas indiretas. É uma sobrecarga que, com razão, deve recair sobre as classes mais abastadas em virtude do próprio bem-estar em maior escala de que gozam." (nossos grifos). Ibidem, p. 28

[205] Ibidem, p. 31

[206] Ibidem, p. 35. Exemplo:
Lei nº 4.783 de 31 de dezembro de 1923
"Art. 3º – O imposto sobre a renda, creado pelo art. 31 da lei n. 4.625, de 31 de dezembro de 1922, recahirá, sobre os rendimentos produzidos no paiz e derivados das origens seguintes:
(...)
§ 7º As declarações dos contribuintes estarão sujeitas á revisão dos agentes fiscaes, que não poderão solicitar a exhibição de livros de contabilidade, documentos de natureza reservada ou esclarecimentos, devassando a vida privada". (Negritou-se).

[207] De acordo com a Constituição Federal Art. 153, § 2º, I.

Alguns dados merecem destaque entre eles o quadro a seguir que demonstra o número de declarações do imposto de renda pessoa física recebidas no período de 1924 a 2012[208]:

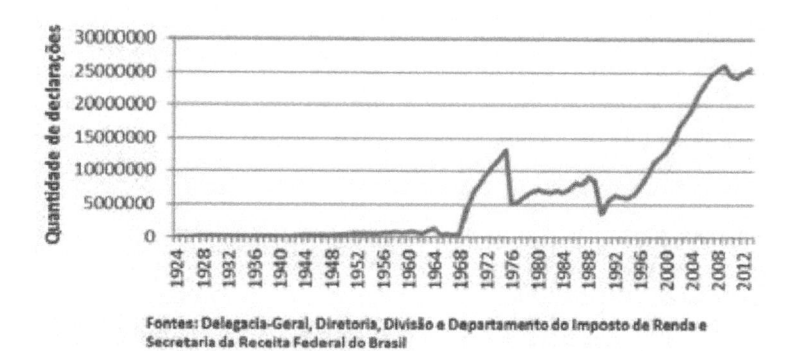

Fontes: Delegacia-Geral, Diretoria, Divisão e Departamento do Imposto de Renda e Secretaria da Receita Federal do Brasil

A progressividade como característica importante do imposto de renda pessoa física no Brasil pode ser observada com as alíquotas praticadas entre os anos de 1925 a 2015[209]:

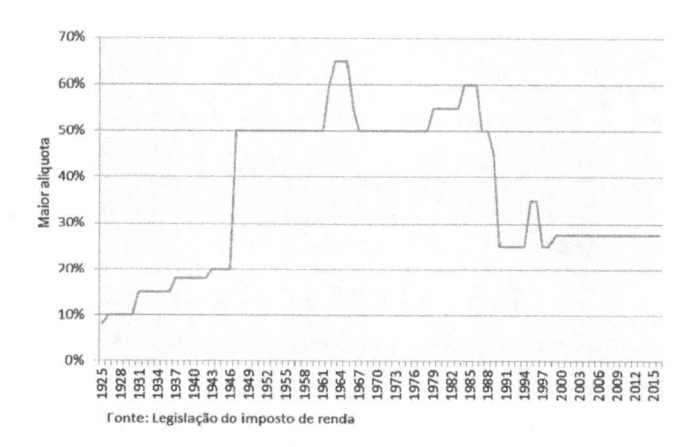

Fonte: Legislação do imposto de renda

[208] Disponível em: http://receita.economia.gov.br/sobre/institucional/memoria/imposto-de--renda/graficos. Acesso em: 22.1.2020.
[209] Disponível em: http://receita.economia.gov.br/sobre/institucional/memoria/imposto-de--renda/graficos. Acesso em: 22.1.2020.

Além das alíquotas é importante também verificar a série histórica da quantidade de alíquotas da tabela do imposto de renda pessoa física entre os anos de 1925 e 2015[210]:

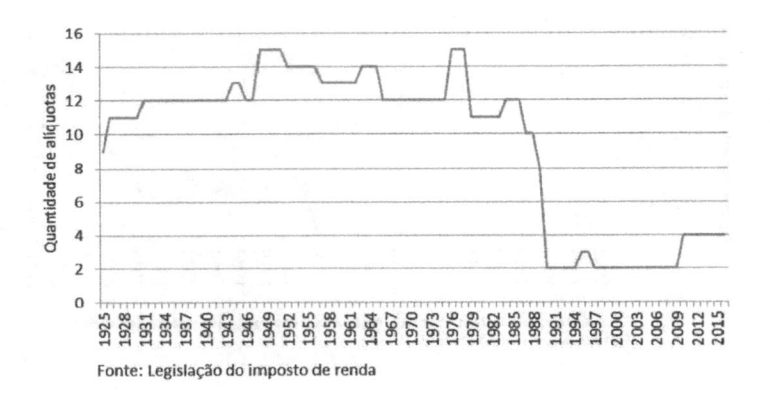

Fonte: Legislação do imposto de renda

A renda obtida por pessoa física e jurídica como base de incidência teve a seguinte participação no total da arrecadação da União no período de 1932 a 2013[211]:

Fontes: Balanços Gerais da União e Secretaria da Receita Federal do Brasil

O imposto de renda no Brasil seguiu a forma da declaração por parte do contribuinte das rendas auferidas no exercício fiscal. Desde o início da instituição do imposto de renda em 1923 a declaração anual era feita por

[210] Disponível em: http://receita.economia.gov.br/sobre/institucional/memoria/imposto-de--renda/graficos. Acesso em: 22.1.2020.
[211] Disponível em: http://www.receita.fazenda.gov.br/Memoria/irpf/graficos/graficos.asp . Acesso em: 13.5.2014

intermédio de um formulário a ser entregue na Receita Federal . No início da década de 1990 passou a receber estas declarações também por meio eletrônico (meio magnético ou digital). Atualmente todas as declarações são entregues em meio digital, por meio da internet. No gráfico abaixo é possível perceber a mudança na forma de prestar contas ao fisco[212]:

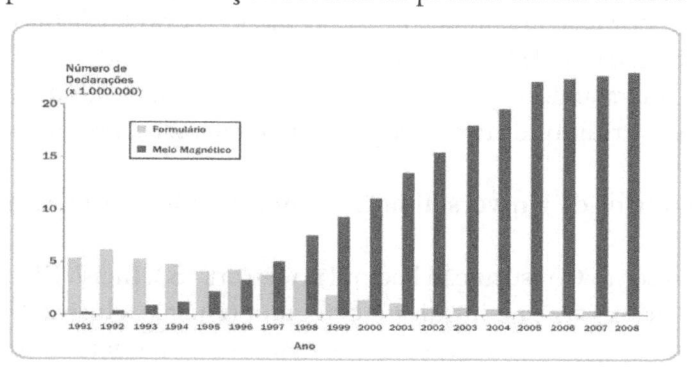

No gráfico a seguir é possível visualizar a arrecadação da União por categorias de fontes tributárias e perceber que o imposto de renda é a terceira principal fonte de arrecadação[213]:

Receita tributária por base de incidência-2017- União

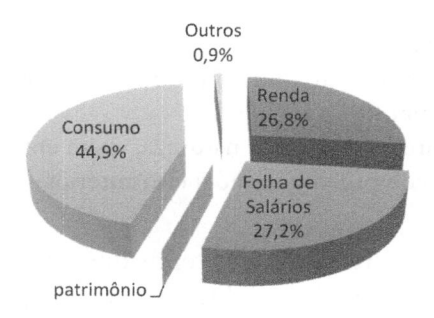

Fonte: gráfico elaborado pelos autores.

[212] Disponível em: http://www.receita.fazenda.gov.br/Memoria/irpf/graficos/graficos.asp . Acesso em: 13.5.2014

[213] Fonte dos dados: Ministério da Fazenda. Receita Federal. Carga tributária no Brasil – 2017: análise por tributos e bases de incidência. p. 5. Disponível em: http://receita.economia. gov.br/dados/receitadata/estudos-e-tributarios-e-aduaneiros/estudos-e-estatisticas/carga-tributaria-no-brasil/carga-tributaria-2017.pdf/view . Acesso: 24.3.2019.

Percebe-se, houve uma tentativa inicial no Brasil em 1843 (Lei n°. 371) de escolher a renda como uma das bases de incidência, porém somente em 1922 (Lei n°. 4.625) de fato se implementa tal tributo. Nota-se que desde a sua instituição em definitivo até os dias atuais houve variações de alíquotas, bem como, as demais alterações vistas acima, porém a renda, como fonte tributária, produz receita significativamente menor, por volta de um quarto do total da arrecadação da União, comparada com a estadunidense. Passar-se-á em seguida a tratar do imposto sobre a renda pessoa física e jurídica no Brasil, mas antes os critérios da universalidade, generalidade e progressividade.

2.4.2. Critérios da Universalidade, Generalidade e Progressividade

De acordo com a Constituição Federal no seu art. 153, Inciso III, o imposto de renda pessoa física e jurídica é de competência exclusiva da União e será norteado pelos critérios da universalidade, da generalidade e da progressividade.

A universalidade faz referência a renda como base de incidência e neste sentido o imposto incidirá sobre qualquer tipo de renda e proventos, tanto que o Código Tributário Nacional assim prescreve:

> Art. 43. O imposto, de competência da União, sobre a renda e proventos de qualquer natureza tem como fato gerador a aquisição da disponibilidade econômica ou jurídica:
> I – de renda, assim entendido o produto do capital, do trabalho ou da combinação de ambos;
> II – de proventos de qualquer natureza, assim entendidos os acréscimos patrimoniais não compreendidos no inciso anterior.

Pelo critério da generalidade se entende que serão contribuintes todas as pessoas, físicas e jurídicas, que obtiverem renda, pois de acordo com o que estabelece o artigo 45 do CTN.

Além destes dois critérios é necessário que o imposto de renda respeite a progressividade, ou seja, deverá onerar proporcionalmente de forma mais gravosa o contribuinte que obtiver maior renda e de forma menos gravosa o contribuinte com menor renda.

Se o critério da generalidade pode ser visto como um critério de laicização do Estado, de não privilégios de classe, estamentos ou castas, o critério da progressividade pode ser didaticamente vinculado a questão da equidade. No Brasil a história não é diferente, tanto que desde a primeira tentativa de instituição pela Lei n°. 371 de 21 de outubro de 1843 já se contemplava a progressividade por intermédio de nove faixas de alíquotas.

O curioso é que a partir da Constituição Federal de 1988, denominada de Constituição Cidadã, diminuiu-se o número de alíquotas do imposto de renda pessoa física que em épocas anteriores fora de quinze a apenas duas alíquotas. Desta forma não se atende o critério da progressividade de forma satisfatória, pois atingiria apenas três faixas de renda (considerando a faixa de isenção), atualmente há cinco faixas de renda (também considerando a faixa de isenção). É inevitável que o imposto de renda se comporte com efeito regressivo a partir de determinada renda, posto que passa a ser simplesmente proporcional ou regressivo, mas a opção legislativa considerando o disposto na Constituição Federal escolheu dar ao imposto esta característica, que cumpre o comando constitucional apenas de maneira parcial.

Como já foi dito, diferentemente dos EUA no Brasil existe a figura da Lei Complementar, papel que cabe ao CTN, que em relação ao imposto de renda traz os seguintes dispositivos:

SEÇÃO IV

Imposto sobre a Renda e Proventos de Qualquer Natureza

Art. 43. O imposto, de competência da União, sobre a renda e proventos de qualquer natureza tem como fato gerador a aquisição da disponibilidade econômica ou jurídica:

I – de renda, assim entendido o produto do capital, do trabalho ou da combinação de ambos;

II – de proventos de qualquer natureza, assim entendidos os acréscimos patrimoniais não compreendidos no inciso anterior.

§ 1o A incidência do imposto independe da denominação da receita ou do rendimento, da localização, condição jurídica ou nacionalidade da fonte, da origem e da forma de percepção. (Incluído pela Lcp nº 104, de 2001)

§ 2o Na hipótese de receita ou de rendimento oriundos do exterior, a lei estabelecerá as condições e o momento em que se dará sua disponibilidade, para fins de incidência do imposto referido neste artigo. (Incluído pela Lcp nº 104, de 2001)

Art. 44. A base de cálculo do imposto é o montante, real, arbitrado ou presumido, da renda ou dos proventos tributáveis.

Art. 45. Contribuinte do imposto é o titular da disponibilidade a que se refere o artigo 43, sem prejuízo de atribuir a lei essa condição ao possuidor, a qualquer título, dos bens produtores de renda ou dos proventos tributáveis.

Parágrafo único. A lei pode atribuir à fonte pagadora da renda ou dos proventos tributáveis a condição de responsável pelo imposto cuja retenção e recolhimento lhe caibam.

Conforme a Constituição Federal, os dispositivos estabelecem quem são os contribuintes, o fato gerador, e as bases de cálculo do imposto de renda, cabendo a legislação ordinária detalhar os comandos normogenéticos do CTN.

A legislação do imposto de renda é calcada em diversas leis esparsas sendo que algumas remonta à década de 1930 e 1940, podendo-se mencionar como relevantes a Lei nº 4.506, de 30 de novembro de 1964; o Decreto-lei nº 1.598, de 26 de dezembro de 1977; Leis nºs 8.383, de 30 de dezembro de 1991; nº 8.981, de 20 de janeiro de 1995; nº 9.249, de 26 de dezembro de 1995; nº 9.532, de 10 de dezembro de 1997, e mais recentemente a Lei nº 12.973, de 13 maio de 2014. Para as pessoas jurídicas e para as pessoas físicas, deve ser mencionada com destaque a Lei nº 7.713, de 22 de dezembro de 1988, sendo que todas foram alteradas por diversas leis e medidas provisórias.

Observe-se que diferentemente dos EUA essas leis não são consolidadas como leis em um código único (USC), mas consolidados por tipo de tributo em regulamentos. Assim, tem-se o Regulamento do Imposto de Renda – RIR-, editado sob a forma de decreto, e o CRF dos EUA (editado pelo *Dept. of Treas.*) trazendo normas interpretativas e também de cunho regulatório.[214]

As normas da Constituição Federal, do Código Tributário Nacional, e da legislação do imposto de renda pessoa física e jurídica eram reguladas pelo Decreto n° 3.000, de 26 de março de 1999, que foi revogado pelo Decreto n. Decreto n° 9.590, de 22 de novembro de 2018, atual Regulamento do Imposto de Renda (RIR).

Cabe aqui um comentário relacionado ao volume de normas sobre o imposto de renda que, comparando-se com os EUA, no Brasil são extremamente reduzidas. Sem considerar os atos do IRS e RFB, enquanto o RIR (que consolida e regula as leis sobre o IR pessoa física e jurídica) ocupa

---

[214] A Lei Complementar nº 95, de 26 de fevereiro de 1998, dispõe que as leis federais devem ser "reunidas em codificações e em coletâneas integradas por volumes contendo matérias conexas ou afins.", trazendo outros dispositivos sobre a ordenação normativa e técnica legislativa.

um volume, nos EUA, o Título 26 do USC (IRC) e o CFR ocupariam cerca de vinte volumes (considerando volumes de 500 páginas).

2.4.3. Imposto de Renda Pessoa Física

O imposto de renda da pessoa física, bem assim da pessoa jurídica, no Brasil considera a renda universal, conforme se viu no art. 43 do CTN acima, ou seja, independe da nacionalidade da fonte da renda. Embora tenha havido problemas de implementação em relação ao IRPF, desde o seu início deveria ser com base na renda mundial, mas em função de diversos fatores, isto só se consolidou com Lei nº 7.713/1988, admitindo-se, como nos EUA, o crédito do imposto pago no exterior.

Assim como nos EUA a tributação do ganho de capital é feita de forma separada, havendo também tributação definitiva em alguns casos, para alguns tipos de rendimento; sendo os outros rendimentos levados para a declaração de ajuste anual, onde são permitidas algumas deduções, que são bem mais restritivas que as autorizadas no caso dos EUA, conforme já comentado. Não há permissão de utilização, i.e., carregamento, de perdas ou prejuízos de um exercício para o outro, exceto para atividade rural.

No caso de ganhos e perdas de capital há regras específicas de compensação, mas referem-se a seu próprio período de apuração, que é mensal, sendo a tributação definitiva. O ganho de capital deve ser apurado e tributado em separado em relação a cada alienação, não sendo permitida a compensação de prejuízo de operação com outras, à exceção nas operações recuperação de prejuízos em renda variável (bolsa de valores, de mercadorias, de futuros e assemelhados e fundos de investimento imobiliário).

Até 2016 a alíquota para o ganho de capital era única de 15%, no sentido do comando constitucional da progressividade a legislação foi alterada, sendo que a partir de 2016, forma estabelecidas quatro faixas de alíquotas, conforme a Lei nº 13.259/2016, que dispõe em seus arts. 1º e 2º, que alterou a Lei n. 8.981/1995:

> Art. 1º O art. 21 da Lei n. 8.981, de 20 de janeiro de 1995, passa a vigorar com as seguintes alterações:
> Art. 21. O ganho de capital percebido por pessoa física em decorrência da alienação de bens e direitos de qualquer natureza sujeita-se à incidência do imposto sobre a renda, com as seguintes alíquotas:

I – 15% (quinze por cento) sobre a parcela dos ganhos que não ultrapassar R$ 5.000.000,00 (cinco milhões de reais);

II – 17,5% (dezessete inteiros e cinco décimos por cento) sobre a parcela dos ganhos que exceder R$ 5.000.000,00 (cinco milhões de reais) e não ultrapassar R$ 10.000.000,00 (dez milhões de reais);

III – 20% (vinte por cento) sobre a parcela dos ganhos que exceder R$ 10.000.000,00 (dez milhões de reais) e não ultrapassar R$ 30.000.000,00 (trinta milhões de reais); e

IV – 22,5% (vinte e dois inteiros e cinco décimos por cento) sobre a parcela dos ganhos que ultrapassar R$ 30.000.000,00 (trinta milhões de reais).

....

§ 3° Na hipótese de alienação em partes do mesmo bem ou direito, a partir da segunda operação, desde que realizada até o final do ano-calendário seguinte ao da primeira operação, o ganho de capital deve ser somado aos ganhos auferidos nas operações anteriores, para fins da apuração do imposto na forma do caput, deduzindo-se o montante do imposto pago nas operações anteriores.

§ 4° Para fins do disposto neste artigo, considera-se integrante do mesmo bem ou direito o conjunto de ações ou quotas de uma mesma pessoa jurídica.

Art. 2° O ganho de capital percebido por pessoa jurídica em decorrência da alienação de bens e direitos do ativo não circulante sujeita-se à incidência do imposto sobre a renda, com a aplicação das alíquotas previstas no caput do art. 21 da Lei n° 8.981, de 20 de janeiro de 1995, e do disposto nos §§ 1°, 3° e 4° do referido artigo, exceto para as pessoas jurídicas tributadas com base no lucro real, presumido ou arbitrado."

Os parágrafos suprimidos acima tem a seguinte redação:

§ 1° O imposto de que trata este artigo deverá ser pago até o último dia útil do mês subseqüente ao da percepção dos ganhos.

§ 2° Os ganhos a que se refere este artigo serão apurados e tributados em separado e não integrarão a base de cálculo do Imposto de Renda na declaração de ajuste anual, e o imposto pago não poderá ser deduzido do devido na declaração.

Os dividendos e distribuição de lucros recebidos não são tributados (art. 10 da Lei n° 9.249, de 1995), se forem tributados na pessoa jurídica.[215]

---

[215] No caso de pessoa jurídica tributada com base no lucro presumido ou arbitrado, poderão ser pagos ou creditados sem incidência do IRRF a parcela de lucros ou dividendos excedentes do valor da base de cálculo do imposto, diminuído do IRPJ, da CSLL, da Contribuição para o

Ou seja, no Brasil não há a dupla tributação da renda da pessoa jurídica, bem assim, no Brasil não existe a figura da *partnership* (*pass through entity* – entidade conduíte ou transparente para fins tributários). Desta a forma as entidades são tributadas como entidades isoladas dos sócios, desde que se constituam como pessoa jurídica, permitida também a chamada empresa individual, que é tributada como pessoa jurídica.

A pessoa física ao fazer a declaração de ajuste anual (obrigatória para algumas categorias de contribuintes) deverá considerar as classes de rendimento. Os rendimentos podem ser do trabalho ou do capital, e são classificados como: a) rendimentos tributáveis sujeitos ao ajuste na declaração; b) rendimentos isentos e não tributáveis; c) rendimentos sujeitos à tributação exclusiva/definitiva. Os rendimentos recebidos de PJ têm retenção na fonte, os recebidos do exterior ou de pessoas físicas são sujeitos ao chamado carnê-leão (o próprio contribuinte recolhe o tributo antecipadamente).

As deduções permitidas da base de cálculos são: a) contribuição previdenciária oficial; b) contribuição previdenciária complementar, inclusive a pública, e Fundo de Aposentadoria Programada Individual – FAPI – própria e dos dependentes (limite 12% RT); c) dependentes (limitado); d) pensão alimentícia; c) livro caixa (prestador de serviço – trabalho não assalariado); d) despesas com instrução, própria, dependente e alimentando (limitado); e) despesas médicas, própria, dependente e alimentando. Os valores dos limites são variáveis, podendo serem corrigidos.

O contribuinte poderá optar pelo modelo simplificado, que permite um desconto padrão de 20% sobre os rendimentos (limitado a R$ 16.754,34, e dispensa a comprovação da despesa e a indicação de sua espécie).

Nota-se com relação ao IRPF dos EUA que a limitações dos itens dedutíveis da base de cálculo limita o princípio da pessoalidade do imposto, já deixa de considerar diversas despesas que impactam a capacidade contributiva e que pode variar substancialmente de pessoa por pessoa (a exemplo despesas com moradia, considerando uma família sem filhos e outra com muitos filhos).

PIS/Pasep e da Cofins a que estiver sujeita a pessoa jurídica, desde que a empresa demonstre, com base em escrituração contábil feita com observância da lei comercial, que o lucro efetivo é maior que o determinado segundo as normas para apuração da base de cálculo do imposto pela qual houver optado (art. 238, § 2º da IN nº 1700/ 2017). Mesma metodologia se aplica aos sócios das empresas do Simples, sendo o valor passível de distribuição calculado nos termos do lucro arbitrado, observado o art. 14 da LC 123/2006.

O imposto de renda pessoa física atualmente possui quatro alíquotas e assim dispões a Lei n°. 12.469, de 26 de agosto de 2011, para o exercício fiscal de 2014 em relação as bases de cálculo, alíquotas e parcelas a deduzir:

Tabela Progressiva Mensal		
Base de Cálculo (R$)	Alíquota (%)	Parcela a Deduzir do IR (R$)
Até 1.787,77	-	-
De 1.787,78 até 2.679,29	7,5	134,08
De 2.679,30 até 3.572,43	15	335,03
De 3.572,44 até 4.463,81	22,5	602,96
Acima de 4.463,81	27,5	826,15

Fonte: elaboração dos autores.

A tabela do imposto de renda não muda para os casos de contribuintes casados que queiram declarar de forma conjunta ou de forma separada. Dependerá do planejamento fiscal do casal optar por declarar separadamente ou em conjunto, mas a tabela a ser utilizada é única já há vários anos.

2.4.4. Imposto de Renda Pessoa Jurídica no Brasil

No imposto de renda pessoa jurídica são considerados contribuintes as pessoas jurídicas e as empresas individuais e elas são tributadas de acordo com uma das formas a seguir: a) Simples, b) Lucro Presumido c) Lucro Real, e d) Lucro Arbitrado[216]. Por pertinente convém lembrar novamente da inexistência no ordenamento tributário brasileiro da figura da *partnership*, ou seja, todas as pessoas jurídicas seja companhia (*corporation*), seja empresa individual, sociedade em conta de participação, ou companhia limitada, são tributadas como pessoa jurídica numa das quatro modalidades acima.

A tributação das pessoas jurídicas pelo Simples é uma forma simplificada que considera como base de apuração a receita bruta e que engloba além do recolhimento do imposto de renda:

---

[216] Há casos, previstos em lei, que o arbitramento do lucro pela autoridade tributária ou pelo contribuinte, com o objetivo de apurar a base de cálculo do imposto, ocorre quando a pessoa jurídica deixa de cumprir as obrigações acessórias necessárias para aferir o lucro real ou o lucro presumido, ou perecimento dos efeitos fiscais.

a) o Imposto de Renda das Pessoas Jurídicas (substituição parcial);
b) a Contribuição Social sobre o Lucro Líquido – CSLL – ;
c) a Contribuição para os Programas de Integração Social e de Formação do Patrimônio do Servidor Público – PIS/PASEP –;
d) a Contribuição para Financiamento da Seguridade Social – COFINS –;
e) o Imposto sobre Produtos Industrializados – IPI;
f) Contribuições para a Seguridade Social, a cargo da pessoa jurídica;
g) As contribuições destinadas ao SESC, SESI, SENAI, SENAC, SEBRAE, Salário-Educação e contribuição sindical patronal;
h) Mediante convênio o Simples poderá incluir o ICMS e o ISS da unidade Federada ou o Município em que esteja estabelecida a empresa.

Apenas as empresas consideradas microempresa e empresa de pequeno porte podem fazer a opção por esta forma simplificada. Por microempresa (ME) se considera a pessoa jurídica que tem receita bruta no exercício fiscal igual ou inferior a R$ 360.000,00 (trezentos e sessenta mil reais) e por empresa de pequeno porte (PPE) se entende a pessoa jurídica que tem receita bruta no exercício fiscal superior a R$ 360.000,00 (trezentos e sessenta mil) e igual ou inferior a R$ 3.600.000,00 (três milhões e seiscentos mil reais)[217].

Na tabela seguinte é possível verificar as alíquotas e partilha do simples nacional no que concerne ao comércio[218]:

Alíquotas e Partilha do Simples Nacional – Comércio							
Receita Bruta em 12 meses (em R$)	Alíquota	IRPJ	CSLL	Cofins	PIS/ Pasep	CPP	ICMS
Até 180.000,00	4,00%	0,00%	0,00%	0,00%	0,00%	2,75%	1,25%
De 180.000,01 a 360.000,00	5,47%	0,00%	0,00%	0,86%	0,00%	2,75%	1,86%
De 360.000,01 a 540.000,00	6,84%	0,27%	0,31%	0,95%	0,23%	2,75%	2,33%

---

[217] Lei Complementar n°. 139/2011.
[218] Anexo I da Lei Complementar n° 139/2011.

De 540.000,01 a 720.000,00	7,54%	0,35%	0,35%	1,04%	0,25%	2,99%	2,56%
De 720.000,01 a 900.000,00	7,60%	0,35%	0,35%	1,05%	0,25%	3,02%	2,58%
De 900.000,01 a 1.080.000,00	8,28%	0,38%	0,38%	1,15%	0,27%	3,28%	2,82%
De 1.080.000,01 a 1.260.000,00	8,36%	0,39%	0,39%	1,16%	0,28%	3,30%	2,84%
De 1.260.000,01 a 1.440.000,00	8,45%	0,39%	0,39%	1,17%	0,28%	3,35%	2,87%
De 1.440.000,01 a 1.620.000,00	9,03%	0,42%	0,42%	1,25%	0,30%	3,57%	3,07%
De 1.620.000,01 a 1.800.000,00	9,12%	0,43%	0,43%	1,26%	0,30%	3,60%	3,10%
De 1.800.000,01 a 1.980.000,00	9,95%	0,46%	0,46%	1,38%	0,33%	3,94%	3,38%
De 1.980.000,01 a 2.160.000,00	10,04%	0,46%	0,46%	1,39%	0,33%	3,99%	3,41%
De 2.160.000,01 a 2.340.000,00	10,13%	0,47%	0,47%	1,40%	0,33%	4,01%	3,45%
De 2.340.000,01 a 2.520.000,00	10,23%	0,47%	0,47%	1,42%	0,34%	4,05%	3,48%
De 2.520.000,01 a 2.700.000,00	10,32%	0,48%	0,48%	1,43%	0,34%	4,08%	3,51%
De 2.700.000,01 a 2.880.000,00	11,23%	0,52%	0,52%	1,56%	0,37%	4,44%	3,82%
De 2.880.000,01 a 3.060.000,00	11,32%	0,52%	0,52%	1,57%	0,37%	4,49%	3,85%
De 3.060.000,01 a 3.240.000,00	11,42%	0,53%	0,53%	1,58%	0,38%	4,52%	3,88%
De 3.240.000,01 a 3.420.000,00	11,51%	0,53%	0,53%	1,60%	0,38%	4,56%	3,91%
De 3.420.000,01 a 3.600.000,00	11,61%	0,54%	0,54%	1,60%	0,38%	4,60%	3,95%

A seguir a tabela do imposto de renda pessoa jurídica, no caso a indústria, que opta pelo Simples[219]:

[219] Anexo II da Lei Complementar n° 139/2011.

Alíquotas e Partilha do Simples Nacional – Indústria								
Receita Bruta em 12 meses (em R$)	Alíquota	IRPJ	CSLL	Cofins	PIS/ Pasep	CPP	ICMS	IPI
Até 180.000,00	4,50%	0,00%	0,00%	0,00%	0,00%	2,75%	1,25%	0,50%
De 180.000,01 a 360.000,00	5,97%	0,00%	0,00%	0,86%	0,00%	2,75%	1,86%	0,50%
De 360.000,01 a 540.000,00	7,34%	0,27%	0,31%	0,95%	0,23%	2,75%	2,33%	0,50%
De 540.000,01 a 720.000,00	8,04%	0,35%	0,35%	1,04%	0,25%	2,99%	2,56%	0,50%
De 720.000,01 a 900.000,00	8,10%	0,35%	0,35%	1,05%	0,25%	3,02%	2,58%	0,50%
De 900.000,01 a 1.080.000,00	8,78%	0,38%	0,38%	1,15%	0,27%	3,28%	2,82%	0,50%
De 1.080.000,01 a 1.260.000,00	8,86%	0,39%	0,39%	1,16%	0,28%	3,30%	2,84%	0,50%
De 1.260.000,01 a 1.440.000,00	8,95%	0,39%	0,39%	1,17%	0,28%	3,35%	2,87%	0,50%
De 1.440.000,01 a 1.620.000,00	9,53%	0,42%	0,42%	1,25%	0,30%	3,57%	3,07%	0,50%
De 1.620.000,01 a 1.800.000,00	9,62%	0,42%	0,42%	1,26%	0,30%	3,62%	3,10%	0,50%
De 1.800.000,01 a 1.980.000,00	10,45%	0,46%	0,46%	1,38%	0,33%	3,94%	3,38%	0,50%
De 1.980.000,01 a 2.160.000,00	10,54%	0,46%	0,46%	1,39%	0,33%	3,99%	3,41%	0,50%
De 2.160.000,01 a 2.340.000,00	10,63%	0,47%	0,47%	1,40%	0,33%	4,01%	3,45%	0,50%
De 2.340.000,01 a 2.520.000,00	10,73%	0,47%	0,47%	1,42%	0,34%	4,05%	3,48%	0,50%
De 2.520.000,01 a 2.700.000,00	10,82%	0,48%	0,48%	1,43%	0,34%	4,08%	3,51%	0,50%
De 2.700.000,01 a 2.880.000,00	11,73%	0,52%	0,52%	1,56%	0,37%	4,44%	3,82%	0,50%
De 2.880.000,01 a 3.060.000,00	11,82%	0,52%	0,52%	1,57%	0,37%	4,49%	3,85%	0,50%
De 3.060.000,01 a 3.240.000,00	11,92%	0,53%	0,53%	1,58%	0,38%	4,52%	3,88%	0,50%

De 3.240.000,01 a 3.420.000,00	12,01%	0,53%	0,53%	1,60%	0,38%	4,56%	3,91%	0,50%
De 3.420.000,01 a 3.600.000,00	12,11%	0,54%	0,54%	1,60%	0,38%	4,60%	3,95%	0,50%

A segunda forma do imposto de renda pessoa jurídica ocorre pelo lucro presumido e que engloba neste caso também o pagamento da **Contribuição Social sobre o Lucro – CSLL**. A partir de 2014 é admitido a empresa optar por esta forma quando a receita bruta total no exercício fiscal anterior tenha sido igual ou inferior R$ 78.000.000,00 (setenta e oito milhões de reais), a R$ 6.500.000,00 (seis milhões e quinhentos mil reais) multiplicado pelo número de meses de atividade do ano-calendário anterior, quando inferior a 12 (doze) meses[220]. Certas empresas não podem optar por esta forma, pois estão obrigadas por lei ao regime de lucro real, como por exemplo, as empresas de *factoring*, tiverem lucros, rendimentos ou ganhos de capital oriundos do exterior, ou que usufruam de benefícios fiscais.

A terceira forma do imposto de renda pessoa jurídica ocorre pelo lucro real e se dá mediante a apuração contábil dos resultados de acordo com a legislação fiscal. A base de cálculo do imposto de renda pelo lucro real integra todos os rendimentos e ganhos de capital, independentemente da denominação que se dê, da natureza, da espécie ou dos contratos e títulos.

Já o lucro arbitrado, em geral para casos excepcionais, é utilizado em casos, previstos em lei, que o há arbitramento do lucro pela autoridade tributária ou pelo contribuinte, com o objetivo de apurar a base de cálculo do imposto, ocorrendo quando a pessoa jurídica deixa de cumprir as obrigações acessórias necessárias para aferir o lucro real ou o lucro presumido, obstáculo à fiscalização etc., ou perecimento dos efeitos fiscais em geral o lucro arbitrado obstaculiza o aproveitamento de incentivos fiscais).

Nessas três formas de tributação (real, presumido arbitrado), o período de apuração é trimestral (podendo haver opção pelo anual, no caso do lucro real, desde que haja antecipações mensais) e a alíquota incidente sobre a base de cálculo tributável é de 15 por cento. A parcela do lucro que exceder ao resultado da multiplicação de R$ 20.000,00 (vinte mil reais) pelo número dos meses do respectivo período de apuração (R$ 240.000,00

---

[220] Lei n° 12.814/2013.

por ano) sujeita-se à incidência do adicional, à alíquota de 10% (dez por cento). O que resulta em uma alíquota máxima do IRPJ de 25%.

Na verdade, a tributação pelo lucro real é o padrão, o lucro presumido e o Simples são opções. Ou seja, independentemente do tamanho e da atividade da pessoa jurídica ela pode não fazer a opção e continuar no lucro real. Contudo, a apuração pelo lucro real demanda controles contábeis complexos, sendo que conforme, já mencionado, a apuração do lucro real (base de cálculo do IRPJ) parte da contabilidade comercial para então fazer os ajustes determinados pela legislação tributária, e a convergência contábil para os padrões internacionais de contabilidade que se iniciou em 2007 tem suscitada sucessivas alterações na legislação tributária para se adaptar aos ajustes necessários, adotando o regime de competência (salvo exceções pontuais). Tal aspecto não existe nos EUA considerando que naquele país a contabilidade tributária das pessoas jurídicas é independente, do ponto de vista formal, da contabilidade financeira, embora, é claro haja fatores comuns.

Além da incidência do IRPJ com as alíquotas acima, há também a incidência da Contribuição Social sobre o Lucro Líquido – CSLL –[221], cuja base de cálculo é o lucro líquido antes do IRPJ, que pela sistemática atual é bastante semelhante à do próprio IRPJ.[222] A alíquota da CSLL é de 9 por cento em geral, de 20 por cento para as instituições financeiras e assemelhadas e de 17 por cento para cooperativas de crédito[223]. Assim na prática a tributação do lucro das empresas, considerando a alíquota máxima geral, é de fato 34 por cento (25 + 9), já que a CSLL é substancialmente semelhante ao IRPJ[224], e no caso das instituições financeiras chega a 45 (24 + 20) por cento.

---

[221] Instituída pela Lei nº 7.689, de 15 de dezembro de 1988.

[222] No RE 582525/SP, julg. 90/05/2013, Rel. Min. Joaquim Barbosa, com repercussão geral, o STF assentou que a CSLL faz parte da base de cálculo do IRPL: Diz o item 2 da Ementa: "2. É constitucional o art. 1º e par. ún. da Lei 9.316/1996, que proíbe a dedução do valor da CSLL para fins de apuração do lucro real, base de cálculo do Imposto sobre a Renda das Pessoas Jurídicas – IRPJ."

[223] Essas alíquotas de 20 e 17 por cento são transitórias, retornando ao tradicional patamar de 15 por cento partir de 1º de janeiro de 2019 (Lei nº 13.169/2015, art. 1º).

[224] A Lei nº 13.202, de 8 de dezembro de 2015, dispõe em seu art. 11 : " Para efeito de interpretação, os acordos e convenções internacionais celebrados pelo Governo da República Federativa do Brasil para evitar dupla tributação da renda abrangem a CSLL." O disposto superou controvérsias interpretativas nos tratados que não mencionavam a CSLL.

Há que se notar, por fim, que o imposto de renda pessoa jurídica é tradicionalmente conceituado pela doutrina como um imposto direto, pois em tese a pessoa jurídica não faria a repercussão econômica deste imposto aos consumidores de seus produtos, contudo a repercussão pode ocorrer pelo lado da despesa com os empregados, por intermédio de redução de salários. De lembrar que o outro caminho para repercutir o custo do imposto de renda pessoa jurídica, os preços dos bens e serviços prestados, é tão mais difícil quanto mais concorrência for o mercado que atua a empresa.

2.4.5. Contribuições de Seguridade Social no Brasil

Cabe observar que enquanto a Constituição brasileira é repleta de normas relativas à seguridade social, a Constituição norte-americana não traz norma específica sobre a seguridade social, mas tão somente a cláusula do bem estar social (Art. I, Sec. 8, Cláusula 1). Na verdade, à míngua de dispositivos específicos, toda discussão em torno do tema, nos EUA, em um sistema que foi erigido a partir de leis editadas pelo Congresso, e pelos Estados (cuja cobertura pode variar bastante), gira em torno da constitucionalidade das normas que tratam do sistema de seguridade social em relação à cláusula do bem estar social, já mencionada, que é a mesma que confere ao Congresso o poder de tributar (*taxing power*) e da cláusula do comércio.[225]

As Constituições brasileiras de 1824 e 1891 não contemplavam expressamente direitos sociais, que foram sendo inseridos ao longo de alterações constitucionais, assim, a Constituição de 1934, a primeira após a aceitação dos direitos sociais como direitos humanos, ocorrida no início do século XXI, trazia a expressão "proteção social do trabalhador", em seu art. 121, dentre outros dispositivos. Como os direitos correspondem deveres, que se materializam em custos tributários, também foram sendo instituídas as contribuições sociais.

Atualmente, a Constituição brasileira traz um Título sobre a Ordem social e um Capítulo com dez artigos sobre a Seguridade Social, que compreende saúde, previdência e assistência. O art. 149, que está parte que trata do sistema tributário da Constituição dispões sobe as contribuições a serem instituídas, entre ela as contribuições sociais, nas quais

---

[225] Para maiores detalhes ver item 2.3.4 acima.

se enquadram também as previdenciárias, embora haja muitas outras. O art. 195 dispõe sobre as contribuições da seguridade social, tendo a seguinte redação:

Art. 195. A seguridade social será financiada por toda a sociedade, de forma direta e indireta, nos termos da lei, mediante recursos provenientes dos orçamentos da União, dos Estados, do Distrito Federal e dos Municípios, e das seguintes contribuições sociais: (Vide Emenda Constitucional nº 20, de 1998)

I – do empregador, da empresa e da entidade a ela equiparada na forma da lei, incidentes sobre: (Redação dada pela Emenda Constitucional nº 20, de 1998)

a) a folha de salários e demais rendimentos do trabalho pagos ou creditados, a qualquer título, à pessoa física que lhe preste serviço, mesmo sem vínculo empregatício; (Incluído pela Emenda Constitucional nº 20, de 1998)

b) a receita ou o faturamento; (Incluído pela Emenda Constitucional nº 20, de 1998)

c) o lucro; (Incluído pela Emenda Constitucional nº 20, de 1998)

II – do trabalhador e dos demais segurados da previdência social, não incidindo contribuição sobre aposentadoria e pensão concedidas pelo regime geral de previdência social de que trata o art. 201; (Redação dada pela Emenda Constitucional nº 20, de 1998)

III – sobre a receita de concursos de prognósticos.

IV – do importador de bens ou serviços do exterior, ou de quem a lei a ele equiparar. (Incluído pela Emenda Constitucional nº 42, de 19.12.2003)

§ 1º As receitas dos Estados, do Distrito Federal e dos Municípios destinadas à seguridade social constarão dos respectivos orçamentos, não integrando o orçamento da União.

§ 2º A proposta de orçamento da seguridade social será elaborada de forma integrada pelos órgãos responsáveis pela saúde, previdência social e assistência social, tendo em vista as metas e prioridades estabelecidas na lei de diretrizes orçamentárias, assegurada a cada área a gestão de seus recursos.

§ 3º A pessoa jurídica em débito com o sistema da seguridade social, como estabelecido em lei, não poderá contratar com o Poder Público nem dele receber benefícios ou incentivos fiscais ou creditícios. (Vide Medida Provisória nº 526, de 2011)

§ 4º A lei poderá instituir outras fontes destinadas a garantir a manutenção ou expansão da seguridade social, obedecido o disposto no art. 154, I.

§ 5º Nenhum benefício ou serviço da seguridade social poderá ser criado, majorado ou estendido sem a correspondente fonte de custeio total.

§ 6º As contribuições sociais de que trata este artigo só poderão ser exigidas após decorridos noventa dias da data da publicação da lei que as houver instituído ou modificado, não se lhes aplicando o disposto no art. 150, III, «b».

§ 7º São isentas de contribuição para a seguridade social as entidades beneficentes de assistência social que atendam às exigências estabelecidas em lei.

§ 8º O produtor, o parceiro, o meeiro e o arrendatário rurais e o pescador artesanal, bem como os respectivos cônjuges, que exerçam suas atividades em regime de economia familiar, sem empregados permanentes, contribuirão para a seguridade social mediante a aplicação de uma alíquota sobre o resultado da comercialização da produção e farão jus aos benefícios nos termos da lei. (Redação dada pela Emenda Constitucional nº 20, de 1998).

§ 9º As contribuições sociais previstas no inciso I do caput deste artigo poderão ter alíquotas ou bases de cálculo diferenciadas, em razão da atividade econômica, da utilização intensiva de mão-de-obra, do porte da empresa ou da condição estrutural do mercado de trabalho. (Redação dada pela Emenda Constitucional nº 47, de 2005)

§ 10. A lei definirá os critérios de transferência de recursos para o sistema único de saúde e ações de assistência social da União para os Estados, o Distrito Federal e os Municípios, e dos Estados para os Municípios, observada a respectiva contrapartida de recursos. (Incluído pela Emenda Constitucional nº 20, de 1998)

§ 11. É vedada a concessão de remissão ou anistia das contribuições sociais de que tratam os incisos I, a, e II deste artigo, para débitos em montante superior ao fixado em lei complementar. (Incluído pela Emenda Constitucional nº 20, de 1998)

§ 12. A lei definirá os setores de atividade econômica para os quais as contribuições incidentes na forma dos incisos I, b; e IV do *caput*, serão não-cumulativas. (Incluído pela Emenda Constitucional nº 42, de 19.12.2003)

§ 13. Aplica-se o disposto no § 12 inclusive na hipótese de substituição gradual, total ou parcial, da contribuição incidente na forma do inciso I, a, pela incidente sobre a receita ou o faturamento. (Incluído pela Emenda Constitucional nº 42, de 19.12.2003)

A seguridade social no Brasil, na parte que corresponde à previdência social, no âmbito do denominado Regime Geral de Previdência Social é administrada pelo Instituto Nacional do Seguro Social – INSS, atualmente ligado à Secretaria de Previdência do Ministério da Fazenda. A arrecadação de todas as contribuições foi unificada, no final da década de 2000 (união da Secretaria da Receita Previdenciária com a Secretaria da Receita

Federal)[226], estando atualmente sob a responsabilidade da Secretaria da Receita Federal do Brasil, que é competente em relação à todas receitas tributárias da União.

Conforme se pode ver no rol do art. 195 acima, os incisos I, "a", e II, correspondem às denominadas receitas previdenciárias, relativas às contribuições do empregado ou trabalhador autônomo e do empregador, incidentes sobre a folha de pagamento (*payroll taxes*). As outras incidências correspondem, de forma geral, a contribuições para a seguridade social. Assim, há contribuições sobre o lucro, art. 195, inciso II, "c" – CSLL (tributo direto sobre a renda) e há contribuições sobre a receita e importação, art. 195, I, "b" e IV –PIS/Cofins (tributos indiretos), com expressiva arrecadação, mas que são tratadas em pontos diferentes desta análise[227] em virtude da diferença natureza de incidência. A contribuição sobre receita de prognósticos (equipara-se a um tributo sobre a renda), mas tem arrecadação inexpressiva comparada com os outros tributos.

O foco neste item são as contribuições que incidem sobre a folha de pagamento, *vis a vis* a análise no item 2.3.4 em relação aos EUA, onde as contribuições da seguridade incidem basicamente sobre a folha de pagamento.

São contribuintes das contribuições previdenciárias o empregado, inclusive o doméstico; o trabalhador avulso; o contribuinte individual; o micro empresário individual (MEI); o segurado especial; o produtor rural pessoa física; e os empregadores (inclusive o doméstico). Os servidores públicos contribuem em regime próprio também com base no salário, havendo atualmente diversos regimes em face de transição.

A base de cálculo da contribuição previdenciária em regra é o salário de contribuição mensal e para o produtor rural pessoa física e o segurado especial é a receita bruta advinda da comercialização da produção. O salário de contribuição mensal do empregado ou trabalhador avulso é toda a renda recebida de uma ou mais fontes; do empregado doméstico a remuneração registrada em sua Carteira de Trabalho e Previdência Social – CTPS –; do contribuinte individual a remuneração recebida em uma ou mais empresas ou pelo exercício de suas atividades por conta própria; do contribuinte facultativo e do contribuinte especial o valor por ele declarado.

---

[226] Lei nº 11.457, de 16 de março de 2007.
[227] Para a Contribuição sob o lucro (SLL) ver IRPJ brasileiro(item 2.4.4) e para o PIS/Cofins ver o item 4.3.2.

Está fixado pela legislação um valor mínimo e um valor máximo do salário de contribuição que varia conforme a situação do contribuinte, mas normalmente o mínimo é um salário mínimo e o máximo é definido periodicamente pelo Ministério da Previdência e está fixado para o ano de 2017 em R$ 5.531,31[228].

As alíquotas e a base de cálculo para o contribuinte empregado, empregado doméstico e trabalhador avulso é a seguinte neste exercício fiscal de 2017:

Salário-de-contribuição (R$)	Alíquota para fins de recolhimento ao INSS (%)
até 1.659,38	8,00
de 1.659, 39 até 2.765,66	9,00
de 2.765,67 até 5.531,31	11,00

Fonte: elaboração dos autores.

A alíquota e as correspondentes bases de cálculo do salário de contribuição dos contribuintes individuais e facultativos é a seguinte:

Salário-de-contribuição (R$)	Alíquota para fins de recolhimento ao INSS (%)	Valor
937,00	5,00[229]	R$ 46,85
937,00	11,00[230]	R$ 103,07
937,00 até 5.531,31	20,00	Entre R$ 187,40 (salário mínimo e R$ 1.106,26 (teto)

Fonte: Elaboração dos autores.

Além da contribuição para a seguridade social feita pelo empregado tem-se também a contribuição por parte do empregador. A Lei nº 8.212, de 24 de julho de 1991 (que dispõe sobre a organização da Seguridade Social, institui Plano de Custeio, e dá outras providências) fixa as alíquotas aplicáveis às contribuições previdenciárias do segurado (Empregado,

---

[228] Atualmente sob o MF, vide Portaria MF n 8, de 13 de janeiro de 2017. Informações referentes a 2017 disponíveis em http://www.previdencia.gov.br/servicos-ao-cidadao/todos-os--servicos/gps/tabela-contribuicao-mensal/, acesso em 05/04/2017.

[229] Alíquota exclusiva do microempreendedor individual e do facultativo de baixa renda.

[230] Plano Simplificado de Previdência estabelecido pela Lei Complementar 123 de 14/12/2006.

Empregado Doméstico e Trabalhador Avulso) e do empregador, dentre outras disposições.

A alíquota é de 20% sobre o total das remunerações pagas, devidas ou creditas a qualquer título durante o mês aos empregados ou trabalhadores avulsos (folha de pagamento). Se o contribuinte for empregador doméstico a contribuição será de 8% (acrescido de 0,8% (oito décimos por cento) para o financiamento do seguro contra acidentes de trabalho).

Contudo, alguns contribuintes estão sujeitos à incidência da contribuição previdenciária sobre a receita, como é o caso da agroindústria, do produtor rural pessoa jurídica, da associação desportiva (que mantém equipe de futebol profissional), e as empresas mencionadas e conforme disciplinado nos arts. 7º a 10 da Lei nº 12.546, de 2011, aspectos que tem sido questionados, e que tem por base § 13 do art. 195, transcrito acima.[231]

A Lei nº 8.212/1991 fixa também diversos adicionais por ramo de atividade, como é o caso, *e.g.*, de bancos, caixas econômicas, sociedades de crédito, de financiamento ou de investimento, sociedades de crédito imobiliário, empresas de arrendamento mercantil entre outras nominadas pela legislação terá uma alíquota adicional de 2,5% incidente sobre a remuneração paga. Há adicionais relacionados ao risco ambiental do trabalho (terá uma alíquota adicional de 1% no caso de risco leve, de 2% de risco médio e de 3% de risco grave), que correspondem, de outro lado, ao financiamento de aposentadorias especiais relacionadas a essas atividades.

As contribuições sociais dos empregados e dos empregadores para o sistema de previdência social significa, com a devida *vênia* a entendimentos diverso, para os primeiros mais um imposto sobre a renda auferida, e para os segundos, mais um imposto de renda a ser repercutido para os salários dos empregados.[232]

---

[231] Veja-se que no caso das contribuições devidas por produtor, o parceiro, o meeiro e o arrendatário rurais e o pescador artesanal, conforme previsto no § 8º do art. 195 da Constituição, não haveria como tributar a remuneração, já que são atividades autônomas, e remuneração se confunde com a receita do negócio. O tema da substituição das contribuições incidente na folha por contribuições incidente na receita, que é central na discussão da desoneração da folha de pagamentos (tida como muito alta no Brasil) é controverso, ver *e.g.*, RIBEIRO, José Aparecido Carlos; LUCHIEZI JR., Álvaro; MENDONÇA, Sérgio Eduardo Arbulu. (Orgs.). Progressividade da Tributação e Desoneração da Folha de Pagamentos. Brasília: Ipea/Sindifisco/Dieese, 2011.

[232] PIKETTY, Thomas. O capital no século XXI. 1ª ed. Tradução de Monica Baumgarten de Bolle. Rio de Janeiro: Intrínseca, 2014, p. 624, n. r. 11.

Desta forma os assalariados pagariam três "impostos sobre a renda", o imposto de renda devido por eles, as suas contribuições para a seguridade social que diretamente subtrai-se na fonte da sua remuneração e, por fim, a repercussão econômica das contribuições para a seguridade social devida pelos empregadores em seus salários.

Neste sentido, na soma destes três tributos suportados basicamente pelo contribuinte empregado tem-se a tabela seguinte do total da arrecadação da União se for considerado a contribuição de seguridade social como um imposto incidente sobre a base renda, e as outras incidências do imposto de renda[233]:

Receita tributária por base de incidência - 2017 - União

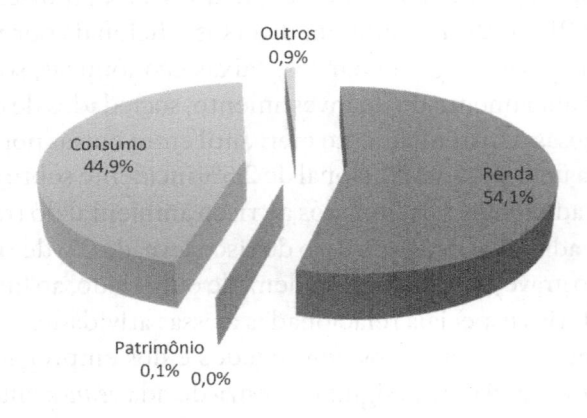

Fonte: gráfico elaborado pelos autores.

Note-se que a administração tributária denomina as contribuições de seguridade social pagas pelos empregados, inclusive as repercutidas pelos empregadores, de "Tributos sobre a folha de salários" sob a classificação pelo nível de agregação referente à incidência do tributo com o Código 2000.

Essa questão, de certa forma, já foi analisada pelo STF, quando a alíquota da contribuição dos servidores públicos federais foi majorada para

---

[233] Fonte dos dados: Ministério da Fazenda. Receita Federal. Carga tributária no Brasil – 2017: análise por tributos e bases de incidência. p. 5. Disponível em: http://receita.economia. gov.br/dados/receitadata/estudos-e-tributarios-e-aduaneiros/estudos-e-estatisticas/carga--tributaria-no-brasil/carga-tributaria-2017.pdf/view . Acesso: 24.3.2019.

25% e aquela Corte entendeu que havia violação da vedação ao confisco (art. 150, IV da Constituição Federal), isto porque para dar sentido à análise deve-se considerar toda a incidência direta sobre o salário (IR mais as contribuições), no caso, suportadas diretamente pelo empregado. Transcreve-se a seguir, por pertinente, trecho da ementa:

ADI-MC 2010 / DF –
Relator(a): Min. Celso de Mello
Julgamento: 30/09/1999 Órgão Julgador: Tribunal Pleno
EMENTA:SERVIDORES PÚBLICOS FEDERAIS – CONTRIBUIÇÃO DE SEGURIDADE SOCIAL – LEI Nº 9.783/99 – ARGÜIÇÃO DE INCONSTITUCIONALIDADE FORMAL E MATERIAL DESSE DIPLOMA LEGISLATIVO – RELEVÂNCIA JURÍDICA DA TESE PERTINENTE À NÃO-INCIDÊNCIA DA CONTRIBUIÇÃO DE SEGURIDADE SOCIAL SOBRE SERVIDORES INATIVOS E PENSIONISTAS DA UNIÃO FEDERAL (CF, ART. 40, CAPUT, E RESPECTIVO § 12, C/C O ART. 195, II, NA REDAÇÃO DADA PELA EC Nº 20/98) – ALÍQUOTAS PROGRESSIVAS – ESCALA DE PROGRESSIVIDADE DOS ADICIONAIS TEMPORÁRIOS (ART. 2º DA LEI Nº 9.783/99) – ALEGAÇÃO DE OFENSA AO PRINCÍPIO QUE VEDA A TRIBUTAÇÃO CONFISCATÓRIA (CF, ART. 150, IV) E DE DESCARACTERIZAÇÃO DA FUNÇÃO CONSTITUCIONAL INERENTE À CONTRIBUIÇÃO DE SEGURIDADE SOCIAL – PLAUSIBILIDADE JURÍDICA – MEDIDA CAUTELAR DEFERIDA EM PARTE.
[...]
TRIBUTAÇÃO CONFISCATÓRIA É VEDADA PELA CONSTITUIÇÃO DA REPÚBLICA. – A jurisprudência do Supremo Tribunal Federal entende cabível, em sede de controle normativo abstrato, a possibilidade de a Corte examinar se determinado tributo ofende, ou não, o princípio constitucional da não-confiscatoriedade consagrado no art. 150, IV, da Constituição. Precedente: ADI 1.075-DF, Rel. Min. CELSO DE MELLO (o Relator ficou vencido, no precedente mencionado, por entender que o exame do efeito confiscatório do tributo depende da apreciação individual de cada caso concreto). – A proibição constitucional do confisco em matéria tributária nada mais representa senão a interdição, pela Carta Política, de qualquer pretensão governamental que possa conduzir, no campo da fiscalidade, à injusta apropriação estatal, no todo ou em parte, do patrimônio ou dos rendimentos dos contribuintes, comprometendo-lhes, pela insuportabilidade da carga tributária, o exercício do direito a uma existência digna, ou a prática de atividade profissional lícita ou, ainda, a regular satisfação de suas necessidades vitais (educação, saúde

e habitação, por exemplo). *A identificação do efeito confiscatório deve ser feita em função da totalidade da carga tributária, mediante verificação da capacidade de que dispõe o contribuinte – considerado o montante de sua riqueza (renda e capital) – para suportar e sofrer a incidência de todos os tributos que ele deverá pagar, dentro de determinado período, à mesma pessoa política que os houver instituído (a União Federal, no caso),* condicionando-se, ainda, a aferição do grau de insuportabilidade econômico-financeira, à observância, pelo legislador, de padrões de razoabilidade destinados a neutralizar excessos de ordem fiscal eventualmente praticados pelo Poder Público. Resulta configurado o caráter confiscatório de determinado tributo, sempre que o efeito cumulativo – resultante das múltiplas incidências tributárias estabelecidas pela mesma entidade estatal – afetar, substancialmente, de maneira irrazoável, o patrimônio e/ou os rendimentos do contribuinte. – O Poder Público, especialmente em sede de tributação (as contribuições de seguridade social revestem-se de caráter tributário), não pode agir imoderadamente, pois a atividade estatal acha-se essencialmente condicionada pelo princípio da razoabilidade. [...][234] (Grifos nossos).

Outro aspecto é que a metodologia prevista no § 13 do art. 195 da Constituição e efetivamente colocada em prática mais recentemente, de transformar contribuições sobre folha (tributo direto) em contribuições sobre a receita (tributo direto), que são tributos ocultos, embora se desonere a folha, o que em princípio estimula a contratação de trabalhadores pode ser uma falácia, uma vez que o custo tributário permanece inalterado, tendo apenas o efeito negativo de tornar invisível a real carga tributária, que ó que o operador do negócio efetivamente verifica nas planilhas financeiras (partindo da premissa que a migração de base não altera a carga tributária do negócio). Na verdade a carga tributária tem que ser assumida e vista como instrumento de participação cidadã, e essas metodologias acabam tenho o efeito contrário.

2.4.6. Partilha do Produto da Arrecadação do Imposto de Renda no Brasil

Conforme já foi discutido acima, Nos EUA não existe previsão constitucional de partilha compulsórias de tributos federais com os Estados e Municípios,

---

[234] Inteiro teor do Acórdão disponível em http://redir.stf.jus.br/paginadorpub/paginador. jsp?docTP=AC&docID=347383, acessado em 08/04/2017.

mas são feitos repasses a esses entes, de verbas federais, para os mais diversos fins, inclusive, por óbvio, ações de seguridade social, que também consta do orçamento federal (planos de previdência, sistemas assistenciais e de saúde para menos assistidos, etc). Já a Constituição Federal brasileira prevê em seu arts. 157 a 159 a partição da arrecadação do imposto de renda, conforme segue transcrito (no que afeta o imposto de renda), na redação atual:

Art. 157. Pertencem aos Estados e ao Distrito Federal:

I – o produto da arrecadação do imposto da União sobre renda e proventos de qualquer natureza, incidente na fonte, sobre rendimentos pagos, a qualquer título, por eles, suas autarquias e pelas fundações que instituírem e mantiverem;

...

Art. 158. Pertencem aos Municípios:

I – o produto da arrecadação do imposto da União sobre renda e proventos de qualquer natureza, incidente na fonte, sobre rendimentos pagos, a qualquer título, por eles, suas autarquias e pelas fundações que instituírem e mantiverem;

...

Art. 159. A União entregará:

I – do produto da arrecadação dos impostos sobre renda e proventos de qualquer natureza e sobre produtos industrializados, 49% (quarenta e nove por cento), na seguinte forma. (Redação dada pela Emenda Constitucional nº 84, de 2014)

a) vinte e um inteiros e cinco décimos por cento ao Fundo de Participação dos Estados e do Distrito Federal.

b) vinte e dois inteiros e cinco décimos por cento ao Fundo de Participação dos Municípios.

c) três por cento, para aplicação em programas de financiamento ao setor produtivo das Regiões Norte, Nordeste e Centro-Oeste, através de suas instituições financeiras de caráter regional, de acordo com os planos regionais de desenvolvimento, ficando assegurada ao semi-árido do Nordeste a metade dos recursos destinados à Região, na forma que a lei estabelecer;

d) um por cento ao Fundo de Participação dos Municípios, que será entregue no primeiro decêndio do mês de dezembro de cada ano; (Incluído pela Emenda Constitucional nº 55, de 2007)

e) 1% (um por cento) ao Fundo de Participação dos Municípios, que será entregue no primeiro decêndio do mês de julho de cada ano; (Incluída pela Emenda Constitucional nº 84, de 2014)

[...]

§ 1º Para efeito de cálculo da entrega a ser efetuada de acordo com o previsto no inciso I, excluir-se-á a parcela da arrecadação do imposto de renda e proventos de qualquer natureza pertencente aos Estados, ao Distrito Federal e aos Municípios, nos termos do disposto nos arts. 157, I, e 158, I.

...

§ 3º Os Estados entregarão aos respectivos Municípios vinte e cinco por cento dos recursos que receberem nos termos do inciso II, observados os critérios estabelecidos no art. 158, parágrafo único, I e II [partição do IR e do ICMS]

Como se pode notar, parte considerável da receita do imposto de renda (49%) é transferida aos Estados e Municípios e as receitas do IR em relação à tributação de seus próprios funcionários lhes pertencem (o que evita a figura "tirar de um bolso para pôr no outro bolso da mesma roupa").[235]

Os dispositivos acima, nas partes omitidas tratam também da distribuição de receitas do ITR e do imposto da competência residual da União (caso instituído) aos Municípios; da distribuição da receita do IPI, com algumas especificidades, e da chamada CIDE-combustíveis, também trata da distribuição de receitas de impostos estaduais aos Municípios (ICMS e IPVA). Esses tributos serão considerados adiante.

Destaque-se que os impostos são tributos com destinação geral, cujas despesas correspondentes devem especificadas no orçamento, observados os percentuais mínimos constitucionais para saúde educação, há também transferência da União para Estados e Municípios de receitas das contribuições da seguridade social, conforme previsão § 10 do 195 da Constituição

---

[235] Este percentual inicialmente, na Constituição originária de 1988 era de XXX por cento. Como consequência desta repartição, tanto do IR quanto IPI (que um pouco maior, por conta dos fundos constitucionais), a partir do início da década de 1990, a União ao fazer aumentos de tributação, o fez em grande parte por via das contribuições (que não tem repartição compulsória) e concedeu benefícios fiscais, com finalidades extrafiscais, de política econômica, em sua maior parte, por via d desonerações do IR e do IPI, o que teve como óbvia consequência a concentração da receita nas mãos da União, frustrando o objetivo inicial da Constituição de 1988. Ver a respeito VALADÃO, Marcos Aurélio Pereira. Comentários sobre as alterações tributárias à Constituição de 1988. Ciência e Técnica Fiscal, Lisboa, Portugal, v. 413, p. 07-133, 2004. Recentemente, o STF firmou entendimento no sentido de ser constitucional a concessão regular de benefícios, incentivos e isenções ficais referentes ao IPI e ao IR por parte da União, não devendo ser compensado aos Municípios em relação ao FPM (e aos Estados, portanto) e, por extensão, às cotas respectivas que são devidas às municipalidades. RE 705423 –Rel.: Min. Edson Fachin, J. em 17/11/2016.

(transcrito acima no item 2.4.5), como, como decorrem de tributos vinculados, essas transferências são destinadas especificamente às áreas de seguridade social onde atuam Estados e Municípios.

Em virtude no número grande de funcionários públicos nas administrações municipais e estaduais, a receita do imposto de renda retido na fonte, que por força dos artigos 157, I, e 158, I, da Constituição Federal, acima transcritos, pertencem àquelas entidades tributantes, tem se tornado uma expressiva fonte de receita dessas entidades.[236]

Para finalizar este ponto, verifica-se que na figura abaixo dá uma ideia do impacto que esta receita, decorrente do imposto de renda, embora os Estados e Municípios não tenha competência para instituir o imposto, pode representar (no caso os números são do Distrito Federal):[237]

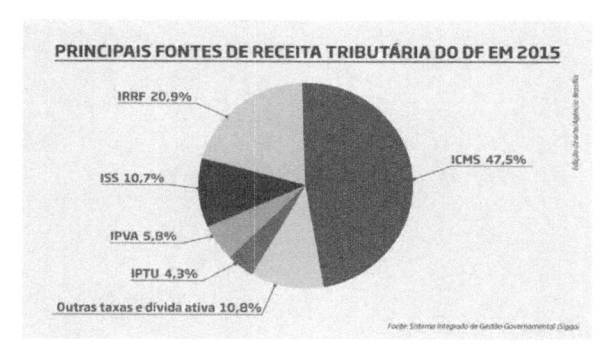

Fonte: gráfico elaborado pelos autores.

---

[236] Ver informações diversas, com dados de receitas de por tributos de Estados e Municípios brasileiros em www.deepask.com

[237] Fonte: Secretaria de Estado e Planejamento, Orçamento e Gestão do Distrito Federal, disponível em http://www.seplag.df.gov.br/noticias/item/2885-arrecada%C3%A7%C3%A3o-tribut%C3%A1ria-em-2015-foi-de-r$-136-bilh%C3%B5es.html, aceso em 09/04/2017.

3. Tributação sobre o Patrimônio

3.1. A Escolha e Notas do Patrimônio como Base de Incidência

Como já comentado, as bases de incidência dos tributos são a renda, o consumo e o patrimônio. O patrimônio do contribuinte expressa, de certa forma, a acumulação de riqueza (herdada, ou decorrente de renda acumulada) e a incidência de tributos sobre este patrimônio é considerada a base de incidência historicamente mais antiga.

Há notícias históricas da cobrança de tributos sobre o patrimônio desde a antiga Mesopotâmia, no antigo Egito e no antigo Império Romano, mas os tributos existentes hoje que incidem sobre o patrimônio tem uma maior proximidade histórica com as obrigações feudais devidas aos reis ou aos senhores feudais. Nos séculos XIV e XV os auditores fiscais na Inglaterra, por exemplo, utilizavam a propriedade dos contribuintes para estimar a capacidade contributiva, mas só depois os tributos passaram a incidir sobre a propriedade em si (*in rem*).[238] Note-se que na época os tributos tinham natureza distinta dos existentes nos tempos atuais, pois além de todas as peculiaridades temporais ainda não tinha ocorrido o processo de cisão entre a propriedade e o Estado.

Para fins de tributação o patrimônio pode ser considerado tanto as coisas corpóreas quanto as incorpóreas. Exemplos de tributação do patrimônio de coisas corpóreas é a tributação incidente sobre um imóvel, edificado ou não, e sobre um bem móvel, como o caso de um imposto sobre automóveis. Já um bom exemplo de tributação do patrimônio de coisas incorpóreas é a incidente sobre a transmissão de diretos.

---

[238] HALL, Kermit L. et al. (Eds.) The Oxford Companion to American Law. New York: Oxford Univ. Press, 2002, p. 789.

A tributação sobre o patrimônio independe muitas vezes do tipo de relação jurídica existente. Assim a tributação pode alcançar bem do contribuinte independentemente se ele é o proprietário, o possuidor ou o titular do domínio útil.

A tributação sobre o patrimônio pode ser vista em um sentido estático e outro dinâmico. No primeiro caso ocorre quando a incidência tributária alcança a riqueza que foi imobilizada, que foi estocada, com o uso dos verbos pela legislação, por exemplo, "ser" proprietário, "ter" a posse, "possuir" determinado bem para definir o fato gerador. No sentido dinâmico a incidência tributária atinge a riqueza que está sendo transmitida, cedida, alienada e os verbos utilizados pela legislação neste sentido são "transmitir", "ceder", " alienar". Em resumo, o legislador escolhe quando da instituição de um determinado tributo incidente sobre o patrimônio se o fato gerador será o estoque do patrimônio ou se será a transferência do patrimônio[239].

Em relação aos aspectos estático e dinâmico da tributação sobre o patrimônio há que se atentar sobre a forma de acumulação do patrimônio: se oriundo do trabalho e poupança do contribuinte, se decorrente de rendimentos do próprio patrimônio do contribuinte (capital), ou se recebido de forma gratuita, por herança ou doação[240]. A transferência gratuita de bens (por herança ou doação) e a consequente tributação é um ponto que tem sido objeto de discussões sobre se deve, ou não, receber uma maior alíquota com o intuito de amenizar ou superar a falta de equidade em um sistema econômico em que ainda predomina em vários aspectos o patrimônio como produto da herança familiar[241].

[239] TILBERY, Heny. Reflexões sobre a tributação do patrimônio. São Paulo: Resenha Tributária, 1987, p. 295.

[240] Há também patrimônio adquirido em decorrência de prêmios de loteria e equivalentes, que em geral sofrem forte tributação da renda quando de sua aquisição.

[241] GASSEN, Valcir; SILVA, Jamyl de J. A tributação do patrimônio como instrumento de justiça social. In. GASSEN, Valcir (Org). Equidade e eficiência da matriz tributária brasileira: diálogos sobre Estado, Constituição e Tributação. 2. ed. rev., atual., aum. Belo Horizonte: Arraes Editores, 2016.Capítulo VIII. pp. 149-173.

3.2. Tributação sobre o Patrimônio nos EUA

3.2.1. A Competência nos Tributos sobre o Patrimônio

A primeira notícia histórica nos EUA de um imposto incidente sobre o patrimônio de transmissão *causa mortis* remonta o ano de 1797. Foi instituído para fazer frente as despesas com a guerra naval não declarada à França e posteriormente em 1802 foi revogado. Foi novamente instituído durante o período da Guerra Civil que ocorreu entre 1862 a 1870. Já a Lei da Receita de 1898 (*Revenue Act of 1868*) diante da demanda de recursos para financiar as despesas de guerra Hispano-Americana novamente institui o imposto sobre a herança, mas com a diferença de não mais incidir sobre os herdeiros e sim sobre os bens do falecido, foi revogada em 1902.

A permanente motivação para a instituição do imposto sobre a herança, a guerra, renova-se com a sua instituição em 1916:

> O imposto sobre a herança de hoje foi instituído pela Lei da Receita de 1916, 3 anos após o início do imposto de renda moderno em 1913. Já não com a necessidade de obter receitas para a guerra, o imposto sobre a herança tem um duplo propósito, de obtenção de receitas e de redistribuição de riquezas[242].

Aspecto interessante do imposto sobre heranças no EUA é que de início só incidia sobre heranças, mas não sobre doações, o que facilitava a elisão tributária pela mera antecipação das doações aos futuros herdeiros ou legatários. Assim, em 1924 foi aprovada a lei tributando doações, mas que foi revogada no ano seguinte, e somente em 1932 a lei tributando também as doações se estabeleceu de maneira definitiva, sendo que em 1976 a tributação sobre heranças e doações, antes em leis separadas foi unificada.[243]

---

[242] "Today's estate tax was instituted by the Revenue Act of 1916, 3 years after the inception of the modern income tax in 1913. No longer necessary strictly for wartime revenue, the estate tax was to serve the dual purposes of providing revenue and redistributing wealth." (Tradução nossa). UNITED STATES. Statistics of Income Bulletin. Department of the Treasury: Internal Revenue Service, Fall 1984. p.3. Disponível em: http://www.irs.gov/pub/irs-soi/84rpfallbul. pdf. Acesso: 3.6.2014.

[243] Técnica que, em geral, é seguida pelas legislações sobre tributação na transmissão não onerosa.

A reforma de 1976 reduziu a tributação sobre heranças (a alíquota máxima passou a ser de setenta por cento, além de ampliar deduções), foi seguida da reforma de 1981 que reduziu a alíquota máxima para cinquenta por cento.[244] A legislação norte-americana foi também aperfeiçoada de forma a evitar o denominado "salto de gerações', por via de legislação editada em 1986, para os casos em que o detentor do patrimônio (em geral grandes somas patrimoniais) doa aos netos, mantendo para os filhos apenas uma parte pequena da herança (suficiente para despesas comuns durante a vida), sendo o efeito a economia de tributo na transmissão por uma geração.[245]

Cabe aqui o registro de que essas alíquotas são bastante altas se comparadas à prática brasileira (atualmente a alíquota máxima no Brasil é oito por cento), mas um patamar de alíquotas altas para a tributação da transmissão não onerosa de patrimônio é comum nos países desenvolvidos.

As discussões em torno da constitucionalidade das normas federais de tribulação sobre heranças e doações sofreram, questionamentos constitucionais, em face da já mencionada cláusula da necessidade de proporcionalização dos tributos direitos (*direct tax clause*, que provocou a Emenda XVI, do imposto de renda), tendo a Suprema Corte assentado jurisprudência de que no caso da tributação sobre herança e doações, embora seja uma tributação sobre o patrimônio, não é uma tributação direta no sentido constitucional, pois não se dá de forma uniforme pela detença da coisa tributada, em decorrência do evento da transferência, dentre outros argumentos, de forma que a legislação sobre a tributação de heranças e doações se manteve estável ao logo do tempo no que diz respeito a esse aspecto.[246]

A competência tributária para a tributação incidente sobre o patrimônio nos EUA é concorrente, assim tanto a União como dos Estados e governos locais, podem, em tese, instituí-los. Em virtude da dificuldade de superação da *direct tax clause,* a União não instituiu impostos sobre o patrimônio em seu sentido estático, mas somente em relação à transmissão não onerosa (*causa mortis* ou doação), já os Estados e os governos locais são livres nos termos das constituições estaduais, pois não há limitação

[244] BITTKER, Boris. I; LOKKEN, Lawrence. Federal Taxation on Income Estates and Gifts. Vol. 5. 2 ed. Boston: Warren, Gorham & Lamont, 1993, p. 120-1/120-2.

[245] Ibid., p. 120-3.

[246] Ibid., p. 120-3/120/9.

na Constituição Federal, para instituir tributos sobre o patrimônio, tanto no sentido estático, quanto dinâmico (transmissão, seja onerosa ou não onerosa).

No quadro a seguir é possível visualizar como se dá o exercício dessa competência (tributos incidentes sobre o patrimônio) em relação aos entes tributantes nos EUA[247]:

Nível de Governo	Imposto sobre a transmissão *causa mortis* ou doação	Imposto sobre a transmissão onerosa da propriedade	Imposto sobre a propriedade[248]
Federal	Sim	Não	Não
Estados	Sim	Sim	Sim
Distrito Colúmbia	Sim	Sim	Sim
Grandes cidades e Condados	Não	Sim	Sim
Outros locais (Municípios)	Não	Sim	Sim
Distritos especiais	Não	Não	Sim

Cumpre lembrar que o fato de indicar "Sim" para determinado tributo não indica que todos os Estados ou Municípios façam uso da respectiva competência.

3.2.2. Tributos sobre o Patrimônio Instituídos pela União

Lembrando que se trata de competência concorrente, o imposto incidente sobre a transmissão por herança e doação (*estates and gifts tax*) instituído e cobrado pela União incide sobre qualquer transferência de propriedade feita a título gratuito. O contribuinte no imposto de doação é o doador

---

[247] Quadro adaptado de UNITED STATES. Federal, State, and Local Governments. Government Finance and Employment. Classification Manual. Description of Tax Categories. United States Census Bureau. Disponível em: www.census.gov/govs/www/class_ch7_tax. htm. Acesso: 23/03/2017.
Pesquisas adicionais indicam variação entre os entes tributantes no que diz respeito à tributação sobre a transmissão de bens imóveis, e mesmo bens móveis (*e.g.*, automóveis). Ver *e.g.*, www.ncsl.org/research/fiscal-policy/real-estate-transfer-taxes.aspx, acessado em 09/04/2017.
[248] Inclui imposto sobre imóveis (real estate tax), cobrado pela maioria das entidades tributantes e imposto sobre a propriedade de bens móveis (property tax, ou personal property tax).

e a base de incidência é o valor de mercado da propriedade transmitida, portanto, aqui considerado o patrimônio na sua perspectiva dinâmica.

O imposto sobre heranças e doações é tratado Subtítulo B do Título 26 do U.S. Code. O imposto sobre as doações é unificado com o imposto sobre heranças, é porém tratado com normas próprias em um capítulo diferente do imposto sobre herança, ambos sob o Subtítulo B do Capítulo 12 da Título 26 (Capítulo 11 – Imposto sobre herança, Capítulo 12 – Imposto sobre doações; havendo mais três capítulos sobre transferências por "salto" (*generation-skipping transfer tax*), que corresponde a norma anti-elisivas, normas especiais de valoração, e doações e legados de expatriados).

O imposto sobre a transmissão *causa mortis* ou imposto sobre heranças (*estate tax or death tax*) tem por base de incidência o espólio e a base de cálculo será estabelecida pelo valor de mercado dos bens no momento da morte do *de cujus* diminuída das deduções permitidas como, por exemplo, o legado ao cônjuge sobrevivo e também legados para instituições de caridade reconhecidas pelo governo federal. É a partir do "patrimônio bruto" (*gross estate*) menos as deduções legais que se chega a "patrimônio tributável" (*taxable estate*[249]).

O conceito de propriedade bruta na legislação é a seguinte[250]:

> *U.S. Code – Title 26 – Subtitle B – Chapter 11 – Subchapter A – Part III,*
> *§ 2031 Definition of gross estate*
>
> *(a)* GENERAL.
> *The value of the gross estate of the decedent shall be determined by including to the extent provided for in this part, the value at the time of his death of all property, real or personal, tangible or intangible, wherever situated.*

---

[249] Para verificar as deduções cabíveis e outros aspectos do, no imposto sobre herança e doação consultar o *Internal Revenue Code*, (USC Título 26), IRC, Subtítulo B, Capítulo 11, sendo que os subcapítulos A e B tratam separadamente a herança de cidadão ou residentes, dos não residentes e não cidadãos. O subtítulo B do Capítulo 26 do U.S. Code é dedicado ao imposto sobre heranças e doações, com os correspondentes *Regulations* editados pelo Dept do Tesouro. 26 (C.F.R.), correspondendo a 800 *sections* (que fazem a vezes de artigo) (de lembrar que o Código do Imposto de Renda corresponde ao Subtítulo A, com 1.564 *sections*.

[250] *U.S Code. Title 26. Subtitle B. Chapter 11. Subchapter A. Part III,* § 2031, disponível em https://www.law.cornell.edu/uscode/text/26/2031, acesso em 09/04/2017.

(b) VALUATION OF UNLISTED STOCK AND SECURITIES.
In the case of stock and securities of a corporation the value of which, by reason of their not being listed on an exchange and by reason of the absence of sales thereof, cannot be determined with reference to bid and asked prices or with reference to sales prices, the value thereof shall be determined by taking into consideration, in addition to all other factors, the value of stock or securities of corporations engaged in the same or a similar line of business which are listed on an exchange.

Note-se que é possível deduzir do patrimônio bruto no imposto sobre herança federal o que já foi pago a título de imposto sobre a herança no âmbito da competência dos Estados ou do Distrito de Colúmbia[251]. Na imposição do imposto de herança federal às vezes a propriedade bruta pode ser diferente do que a considerada pelas leis dos Estados para fins de seu próprio imposto sobre herança.

Importante observar que para residentes e nacionais a incidência é sobre todo o patrimônio transmitido ou doado (base mundial), enquanto se o transmissor for residente fora dos EUA, mas os bens e direito estiverem nos EUA só incidirão sobre esses bens – em relação a esse aspecto assemelha-se ao Brasil. Doações feitas são computadas na transferência *causa mortis*, mas há diversas regras sobre condições e pagamentos, dependendo do recebedor da doação.

Os impostos incidentes sobre doações e sobre heranças federal são unificados[252], e possuem uma única tabela de alíquotas e bases de cálculo correspondentes com o objetivo de evitar a sonegação pela transmissão por doação ainda em vida para os seus herdeiros, desta forma deve ser considerado como um só tributo (*estate and gift tax*),dependendo da situação, uma doação para herdeiro fica pendente para o pagamento quando do recebimento efetivo da herança, havendo um conjunto de normas relativamente complexas para compatibilizar as duas incidências (diferente do sistema brasileiro, no qual incidência ocorre em virtude da transmissão não

---

[251] *U.S. Code – Title 26 – Subtitle B – Chapter 11 – Subchapter A – Part IV,* § 2058.
"(a) Allowance of deduction. For purposes of the tax imposed by section 2001, the value of the taxable estate shall be determined by deducting from the value of the gross estate the amount of any estate, inheritance, legacy, or succession taxes actually paid to any State or the District of Columbia, in respect of any property included in the gross estate (not including any such taxes paid with respect to the estate of a person other than the decedent)."
[252] *"Unified Gift and Estate Tax" system in the United States.*

onerosa, sendo herança ou doação apenas a forma como ocorre, embora possa haver alíquota diferenciada, os sistemas não se comunicam legalmente). A soma da arrecadação deste imposto sobre o patrimônio representou apenas 0,4% das receitas da União no exercício fiscal de 2012, com uma arrecadação projetada para 2017, correspondente a 0,7% (considerando também a arrecadação referente aos tributos da seguridade social).[253]

A maior parte dos contribuintes não são atingidos por este tipo de imposto, pois estima-se que atinge menos de 1% da população que tem patrimônio individual que é atingido pelas alíquotas. As alíquotas têm variado nestes últimos anos entre 35% a 55% conforme tabela a seguir que mostra as faixas de isenção e as alíquotas que são aplicadas obre os valores que excederem a isenção:

Isenções e alíquotas do imposto sobre heranças federal[254]

ISENÇÕES E ALÍQUOTAS DO IMPOSTO SOBRE HERANÇAS FEDERAL[255]		
ANO	ISENÇÃO (US $)	ALÍQUOTA MÁXIMA – ACIMA DO VALOR DE ISENÇÃO
2001	$675,000	55% (+ adicional de 5% para heranças acima de $10 milhões)
2002	$1 milhão	50%
2003	$1 milhão	49%
2004	$1, 5 milhão	48%
2005	$1,5 milhão	47%
2006	$2 milhões	46%
2007	$2 milhões	45%
2008	$2 milhões	45%

[253] Fonte: UNITED STATES. Overview of The Federal Tax System as in Effect For 2012. Prepared by the Staff of the Joint Committee on Taxation, p.. 23. March 28, 2014 JCX-25-14. p. 5. Disponível em: https://www.jct.gov/publications.html?func=startdown&id=4568. Acesso: 4.6.2014; CONGRESS OF UNITED STATES. Overview of The Federal Tax System as in Effect For 2017. Prepared by the Staff of the Joint Committee on Taxation, p. 27. March 15, 2017 JCX-25-14. Disponível em: https://www.jct.gov/publications.html?func=startdown&id=4989. Acesso: 02/04/2017.

[254] US. IRS. Instructions for Form 706 (Rev. November 2016). Disponível em https://www.irs.gov/pub/irs-pdf/i706.pdf; também https://www.irs.gov/businesses/small-businesses-self-employed/frequently-asked-questions-on-estate-taxes#4, , acessado em 10/04/2017.

[255] US. IRS. Instructions for Form 706 (Rev. November 2016). Disponível em https://www.irs.gov/pub/irs-pdf/i706.pdf; também https://www.irs.gov/businesses/small-businesses-self-employed/frequently-asked-questions-on-estate-taxes#4, , acessado em 10/04/2017.

ISENÇÕES E ALÍQUOTAS DO IMPOSTO SOBRE HERANÇAS FEDERAL[255]		
2009	$3,5 milhões	45%
2010	$5 milhões	35% (período com regras especiais alternativas)
2011	$5 milhões	35%
2012	$5,12 milhões	35%
2013	$5,25 milhões	40%
2014	$5,34 milhões	40%
2015	$5,43 milhões	40%
2016	$5,45 milhões	40%
2017	$5,49 milhões	40%

A arrecadação do imposto sobre heranças e doações federal já chegou a representar cerca de 10% do total da arrecadação federal em 1937, decrescendo consideravelmente nos anos subsequentes, girando em torno de 2% da década de 1940 até os anos 1980, e após até os tempos atuais representando pouco mais que 1% do total da arrecadação. Embora tenha relativamente pouco impacto fiscal, é tido por muitos estudiosos como tributo importante, até mesmo pelos estímulos "colaterais" a doações dedutíveis.[256]

3.2.3. Impostos sobre o Patrimônio de Competência da Estados, do Distrito Federal e Governos Locais

Além da União ter a competência para a instituição do imposto de transmissão *causa mortis* e doação, os Estados também podem instituí-los. Se no âmbito da tributação pela União o imposto sobre a herança é denominado de *"Estate Tax"* ou pelos seus opositores de imposto sobre a morte (*Death Tax*), nos Estados ele é denominado, as vezes de *"Inheritance Tax"*, nos casos em que a base é o quinhão recebido pelo herdeiro ou legatário.

O imposto estadual sobre herança e doações representa apenas uma pequena parcela no total da arrecadação dos Estados e do Distrito de Colúmbia, tanto que nos censos estatísticos costumam figurar como "outros impostos" ao lado de impostos sobre documentos e transferências

[256] JACOBSON, Dafrien B.; RAUB, G. Brian; JOHNSON, Barry W. The Estate Tax: Ninety Years and Counting. IRS Publications. Disponível: https://www.irs.gov/pub/irs-soi/ninetyestate.pdf Acessado em 15/12/2018.

de ações, impostos sobre hipotecas, taxas de indenização e outros.[257] O total da receita tributária arrecadada no exercício fiscal de 2015 (último exercício com dados consolidados) foi de $4,76 bilhões de dólares, representando no total da arrecadação de $916,4 bilhões, o que corresponde somente a 0,52% do total da arrecadação dos Estados[258].

O imposto sobre a propriedade é instituído, em geral, pelos governos locais, mas também pelos Estados, do Distrito de Colúmbia.[259] Ele incide sobre a propriedade em um sentido geral e a alíquota pode ser única ou de acordo com o tipo de propriedade. Incide, portanto, tanto sobre a propriedade de coisas corpóreas, como no caso de imóveis edificados ou não e de móveis, como por exemplo, automóveis, barcos, aeronaves, quanto sobre coisas incorpóreas como títulos, ações e contas bancárias. A União, embora tenha competência (mas limitada pela *direct tax clause*) nunca instituiu tributos sobre a propriedade.

Há também impostos especiais sobre a propriedade, neste caso, incidindo sobre propriedade de casas reboques (trailers), de petróleo, de

---

[257] Fonte: UNITED STATES. State Government Tax Collections Summary Report: 2013. Governments Division Briefs. By Sheila O'Sullivan, Russell Pustejovsky, Edwin Pome, Angela Wongus, and Jesse Willhide. Released April 8, 2014. U.S. Department of Commerce. Economics and Statistics Administration. U.S. CENSUS BUREAU, p 1-4. Disponível em: http://www.census.gov/govs/statetax/. Acesso: 10/04/2017.

[258] U.S. CENSUS BUREAU. 2015 State Government Tax Collections https://factfinder.census.gov/faces/tableservices/jsf/pages/productview.xhtml?src=bkm, Acesso: 10/04/2017.

[259] Although property taxes are primarily a local government tax, 36 state governments impose property taxes [Alabama, Alaska, Arizona, Arkansas, California, Florida, Georgia, Illinois, Indiana, Kansas, Kentucky, Louisiana, Maine, Maryland, Massachusetts, Michigan, Minnesota, Mississippi, Missouri, Montana, Nebraska, Nevada, New Hampshire, New Jersey, New Mexico, North Dakota, Oregon, Pennsylvania, Rhode Island, South Carolina, Vermont, Virginia, Washington, West Virginia, Wisconsin, and Wyoming impose property taxes]. Property taxes include any tax imposed on the ownership of property measured by its value, whether it is real property or personal property, whether automobiles, stock, land, etc. States also impose property tax on large multijurisdictional enterprises; one such tax is Pennsylvania's tax on utility property. Other states, such as Arkansas, Michigan, and Vermont, impose a property tax to finance elementary and secondary education statewide. Property taxes at the state government level accounted for 1.6 percent of total state government tax revenues in 2013, increasing by 0.1 percent in 2013 to $13.1 billion. UNITED STATES. State Government Tax Collections Summary Report: 2013. Governments Division Briefs. By Sheila O'Sullivan, Russell Pustejovsky, Edwin Pome, Angela Wongus, and Jesse Willhide. Released April 8, 2014. U.S. Department of Commerce. Economics and Statistics Administration. U.S. CENSUS BUREAU, p. 4. Disponível em: www.census.gov/govs/statetax/. Acesso10/04/2017.

gás, veículos motorizados etc. Os impostos geral ou especial sobre a propriedade, considera como base de cálculo o valor de mercado ou a renda produzida pela propriedade para aplicação da alíquota correspondente.

Em regra, os governos do Estado, do Distrito de Colúmbia e locais não cobram o imposto sobre o patrimônio de escolas, universidades, hospitais e outras organizações sem fins lucrativos, ou quando pagam, são valores menores.

É comum o imposto de propriedade urbana ter parcela direcionada às escolas municipais, conforme lei municipal específica (nos EUA, não há vinculação constitucional de despesas, mas não há regra que vede vinculação de receita de impostos a despesas determinadas, desde que seja via lei, muitas vezes submetidas à consulta popular).

O total percentual de arrecadação no exercício fiscal de 2013 com os impostos sobre a propriedade foi de 1,6% do total das receitas tributárias estaduais, do Distrito de Colúmbia e governos locais. No exercício fiscal de 2013, 36 Estados instituíram o imposto sobre a propriedade, e mesmo com está característica de ser um imposto típico dos Estados e governos locais, 14 optaram por não instituir. Já os Estados de Arkansas, Michigan e Vermont instituíram o imposto sobre a propriedade com o objetivo de financiar a educação fundamental e média[260].

Em 2015 o percentual de arrecadação dos Estados com tributos sobre a propriedade foi de 1,97 da arrecadação total dos Estados (de $916,5 bilhões de dólares). Conclui-se que a tributação da propriedade nos EUA não representa grande fonte de receita para os Estados, porém para os governos locais a receita é expressiva, estando em torno de $200 bilhões de dólares,[261] representando em torno de 73% da receita total dos governos locais (considerando os últimos 15 anos).[262]

---

[260] Fonte: UNITED STATES. State Government Tax Collections Summary Report: 2013. Governments Division Briefs. By Sheila O'Sullivan, Russell Pustejovsky, Edwin Pome, Angela Wongus, and Jesse Willhide. Released April 8, 2014. U.S. Department of Commerce. Economics and Statistics Administration. U.S. CENSUS BUREAU, p 4. Disponível em: www.census. gov/govs/statetax/. Acesso: 3.6.2014.

[261] Quarterly Summary of State and Local Government Tax Revenue for 2016: Q4, disponível em www.census.gov/content/dam/Census/library/publications/2016/econ/g16-qtax4.pdf, acessado 11/04/2017.

[262] Local Property Taxes as a Percentage of Total Local Tax Revenue, disponível em www. taxpolicycenter.org/statistics/local-property-taxes-percentage-local-tax-revenue, acessado em 11/04/2017.

3.3. Tributação sobre o Patrimônio no Brasil

3.3.1. A Competência Tributária nos Tributos sobre o Patrimônio

A competência no Brasil para a instituição dos tributos sobre o patrimônio são divididos pelas três esferas de governo: federal, estadual e municipal. Note-se que o Distrito Federal tem competência tributária para instituir os tributos estaduais e municipais sobre o patrimônio.

O quadro a seguir mostra esta divisão das competências dos tributos incidentes sobre o patrimônio, bem como, a base legal correspondente:

Competência	Imposto	Base legal
União	sobre a propriedade territorial rural – ITR	Art. 153, VI, CF.
União	sobre grandes fortunas – IGF	Art. 153, VII, CF
Estados e Distrito Federal	sobre a transmissão *causa mortis* e doação, de quaisquer bens ou direitos – ITCMD.	Art. 151, I, CF
Estados e Distrito Federal	sobre a propriedade de veículos automotores – IPVA	Art. 155, III, CF
Municípios e Distrito Federal	sobre a propriedade predial e territorial urbana – IPTU.	Art. 156, I, CF
Municípios e Distrito Federal	sobre a transmissão *inter vivos*, a qualquer título, por ato oneroso, de bens imóveis, por natureza ou acessão física, e de direitos reais sobre imóveis, exceto os de garantia, bem como cessão de direitos a sua aquisição – ITBI.	Art. 156, II, CF

São seis impostos sobre o patrimônio e na divisão das competências tributárias atribui-se a cada ente tributante a possibilidade de instituir dois. Todos os impostos previstos na Constituição Federal foram instituídos exceto o imposto sobre grandes fortunas de competência da União.

No Brasil a participação da arrecadação dos tributos sobre o patrimônio no total de receitas de todos os entes federados é pequena. Considerando a agregação em três categorias (renda, consumo e patrimônio), o exercício de 2017, foi de apenas 4,6%, frente a tributação da renda com 19,2% (ou 45,3%, contemplando a "Folha de Salários"), a tributação sobre o consumo com 50,1%.[263]

---

[263] Cálculo realizado tendo por base: Ministério da Fazenda. Receita Federal. Carga tributária no Brasil – 2017: análise por tributos e bases de incidência. p. 5. Disponível em: http://

3.3.2. Impostos sobre o Patrimônio de Competência da União

O **imposto sobre a propriedade territorial rural – ITR –** é um dos impostos de competência da União e contempla a incidência do patrimônio em sua perspectiva estática. O ITR incide sobre imóveis fora da zona urbana dos Municípios, portanto, incide sobre os imóveis rurais e é cobrado anualmente. O fato gerador do ITR pode ser tanto a propriedade quanto o domínio útil ou a posse.

A Constituição Federal estabelece três destaques: a) o ITR deverá ser progressivo e ter as suas alíquotas fixadas com o objetivo a desestimular a manutenção de propriedades improdutivas, b) o ITR não pode incidir sobre pequenas áreas rurais quando o proprietário não possuir outro imóvel e ele próprio ou com sua família explore o imóvel, e c) o ITR poderá ser fiscalizado e cobrado pelos Municípios dos imóveis rurais localizados em seus territórios[264].

A obrigatoriedade da progressividade foi estabelecida com o objetivo de desestimular a manutenção de propriedade com baixa produção ou improdutivas. Na tabela a seguir é possível verificar as alíquotas, bem como, a gradação por utilização e tamanho dos imóveis[265]:

Área total do imóvel (em hectares)	GRAU DE UTILIZAÇÃO – GU (EM %)				
	Maior que 80	Maior que 65 até 80	Maior que 50 até 65	Maior que 30 até 50	Até 30
Até 50	0,03	0,20	0,40	0,70	1,00
Maior que 50 até 200	0,07	0,40	0,80	1,40	2,00
Maior que 200 até 500	0,10	0,60	1,30	2,30	3,30
Maior que 500 até 1.000	0,15	0,85	1,90	3,30	4,70
Maior que 1.000 até 5.000	0,30	1,60	3,40	6,00	8,60
Acima de 5.000	0,45	3,00	6,40	12,00	20,00

receita.economia.gov.br/dados/receitadata/estudos-e-tributarios-e-aduaneiros/estudos-e-estatisticas/carga-tributaria-no-brasil/carga-tributaria-2017.pdf/view . Acesso: 24.3.2019.
[264] Art. 153, § 4º, I, II, III da Constituição Federal.
[265] Anexo I da Lei n°. 9.393/1996.

Calcula-se assim o valor do imposto sobre a propriedade territorial rural aplicando sobre o Valor da Terra Nua – VTN – a alíquota correspondente a área total do imóvel e o Grau de Utilização – GU.

Em relação a não incidência, ou seja, a imunidade sobre pequenas glebas rurais, respeitando o fato do proprietário não ter outro imóvel e explorar o imóvel, a legislação leva em conta a localização, estabelecendo três faixas relativas à área do imóvel rural: 1) com área igual ou inferior a 100 ha se estiver localizado na Amazônia Ocidental ou no Pantanal dos Estados do Mato Grosso e do Mato Grosso do Sul, 2) com área igual ou inferior a 50 ha se estiver o imóvel localizado nos Municípios da Amazônia Oriental ou no Polígono das Secas, e, 3) os imóveis com área igual ou inferior a 30 ha localizado nos demais Municípios[266].

O produto da arrecadação do ITR é partilhado entre a União e os Municípios na proporção 50% para cada ente, assim pertence a cada Município 50% do total arrecadado relativamente aos imóveis geograficamente nele situado. Os Municípios interessados em administrar o ITR podem celebrar com a União um Convênio e ficarão com o total da receita arrecadada, mas desde que o Município se comprometa em não reduzir o imposto ou qualquer outra forma de renúncia fiscal[267].

Os parâmetros fixados pela Constituição Federal e a legislação pertinente ao ITR demonstra a preocupação do legislador em relação à política agrária conferindo-se assim uma forte função extrafiscal a este imposto sobre o patrimônio.

Embora esta motivação extrafiscal esteja presente desde a instituição do ITR nos moldes atuais, que remonta à década de 1960, tendo sido reforçada com a Constituição Federal de 1988, e apesar da "forte" extrafiscalidade do ITR (com alíquota máxima de 20%), os seus efeitos extrafiscais não foram atingidos, i.e., a estrutura agrária brasileira foi muito pouco impactada por este tributo. De toda sorte, cabe lembrar que nos EUA não tem tributo federal semelhante, a tributação das áreas rurais pode ser dos Estados ou dos Munícios e os Estados não tendem a fazer política fundiária, embora considerem a questão da produção.

O imposto sobre grandes fortunas –IGF – de competência da União foi previsto em 1988 na Constituição Federal, não tendo precedentes nas

---

[266] Art. 2° da Lei n°. 9.393/1996.
[267] Art. 158, II da Constituição Federal.

constituições anteriores. É o único imposto ordinário previsto que ainda não foi instituído. Todos os demais impostos foram instituídos e o IGF está meio que oculto nas discussões acerca do tema tributação, como por exemplo, as discussões em torno da necessidade ou não de uma reforma tributária. O fato é que o IGF não tem ocupado a pauta política e muito menos a pauta da imprensa nacional, muito provavelmente porque os meios de comunicação no Brasil estão concentrados em mãos de poucas famílias e que seriam os potenciais contribuintes deste imposto[268], e também porque, em sua maioria, os representantes populares que aprovariam tais tributos seriam afetados por ele, o que não aconteceria com a maioria da população.

As poucas vezes que a instituição do IGF veio à pauta os argumentos contrários a sua instituição vieram de forma contundente afirmando que o custo administrativo deste tipo de tributo é muito alto, que afugentaria do Brasil as grandes fortunas, pois os contribuintes buscariam paraísos fiscais, que é difícil determinar qual será a base de cálculo, que aumentaria a sonegação fiscal pela ocultação do patrimônio, que não se tem garantia de que as receitas tributárias do IGF seriam corretamente aplicadas, enfim, uma sorte de argumentos com baixo grau de racionalidade e com forte grau ideológico da elite econômica brasileira. Embora haja argumentos de cunho econômico como a estrutura de formação capital, *vis a vis* o investimento público e privado, não se nota muita racionalidade nas discussões em torno do IGF.

Lembrando que embora os EUA não tenha tributo sobre grandes fortunas federal, alguns Estados cobram impostos sobre patrimônio (com um escopo maior que o patrimônio imobiliário). Veja-se que grande parte dos efeitos de redistribuição de renda que o IGF poderia proporcionar poderia ser obtida com o imposto sobre heranças ou doações, que no Brasil é competência privativa dos Estados. Porém, No Brasil são cobradas alíquotas relativamente baixas em relação aos EUA, embora tenha um faixa de isenção (que varia por Estado) bem inferior às do tributo federal sobre heranças dos EUA sendo os Estados também podem cobrar o imposto sobre herança (praticam alíquotas mais baixas). Por outro lado, a atribuição

---

[268] O Art. 220 da Constituição Federal estabelece: "§ 5º – Os meios de comunicação social não podem, direta ou indiretamente, ser objeto de monopólio ou oligopólio.". Atualmente no Brasil uma única empresa de comunicação controla cerca de 70% do mercado de TV.

da competência para a instituição de forma privativa para os Estados, pelo legislador constitucional, não foi eficiente, pois os Estados não tem acesso a todos os bens do *de cujus*, considerando que essas informações, em geral estão sob domínio da União, além de outros aspectos relacionados à própria auditoria e administração do tributo.

3.3.3. Impostos sobre o Patrimônio de Competência dos Estados e do Distrito Federal

O imposto sobre a transmissão *causa mortis* e doação de quaisquer bens ou direitos – ITCMD – é de competência estadual e distrital e a incidência considera o patrimônio no seu sentido dinâmico, isto é, de "transmissão" de bens e direitos. Em se tratando de imóveis e respectivos direitos a competência dos Estados ou do Distrito Federal recai sobre àqueles que se localizam em seus territórios e no caso de bens móveis, títulos e créditos a competência é atribuída ao Estado onde se processar o inventário ou o arrolamento ou onde for o domicílio do doador, conforme o § 1º do art. 155 da Constituição Federal.

Como já foi dito este tipo de tributo tem vocação para ser instituído pelo poder central, isto porque as administrações tributárias estaduais têm dificuldades de fiscalizar essas transmissões, pois ainda a troca de informações entre as administrações dos Estados e a administração fiscal federal é incipiente[269]. A dificuldade é maior ainda no que concerne a transmissão de bens móveis, resultando com isso uma arrecadação reduzida, ou proporcionalmente, uma pequena arrecadação diante das efetivas transmissões *causa mortis* e doação. O produto da arrecadação do ITCMD é a terceira fonte, de três possíveis, dos impostos de competência dos Estados e Distrito Federal. Considerando o total das arrecadações estaduais. Em 2015, o ITCMD correspondeu a 1,3% da arrecadação dos Estados.[270]

---

[269] GASSEN, Valcir; LEITE, Guilherme Cardoso. O imposto sobre transmissão *causa mortis* e doação no Distrito Federal: uma análise do intercâmbio de informações entres os Fiscos e a utilização do imposto como instrumento de justiça social. 2014.

[270] BRASIL. Receita da Receita Federal do Brasil. Subsecretaria de Tributação e Contencioso. Coordenação-Geral de Estudos econômico-Tributários e de Previsão e Análise de Arrecadação. Carga Tributária no Brasil 2015: Análise por tributos e bases de incidência.

Normalmente a legislação dos Estados e do Distrito Federal considera que no caso do ITCMD por *causa mortis* o fato gerador se dá com a morte do *de cujus*, pois o direito de propriedade se transmite neste momento aos sucessores. A base de cálculo do ITCMD é o valor venal dos bens (móveis e imóveis) e direitos, no momento da transmissão por *causa mortis* ou doação.

Como o ITCMD é um tributo de competência dos Estados e do Distrito Federal a alíquota e as metodologias de apuração das bases de cálculo são fixadas por estes entes, portanto, poderia variar de Estado para Estado. A Constituição Federal prevê em seu art. 155, § 1º, inciso IV, que suas alíquotas máximas serão fixadas pelo Senado Federal, que por meio da Resolução nº 9, de 1992, do Senado Federal, fixou o teto em 8%, e traz também a previsão de que ser possível a progressividade do imposto em função do quinhão que cada herdeiro efetivamente receber, o que indica que a incidência é sobre cada quinhão recebido e não sobre o total da herança transmitida.

Em estudo publicado em 2015, nota-se que praticamente as alíquotas não variam e na análise dos 26 Estados da Federação e do Distrito Federal as alíquotas máximas praticamente são as mesmas, em torno de 4%, somente cinco Estados praticavam alíquotas acima de 4% (BA, CE, MG, PE e SC)[271], sendo que havia Estados praticavam alíquotas máximas de 2 e 3%, e em sua maioria não adotavam a progressividade, seja para herança ou doação. Contudo, ultimamente há uma tendência dos Estados aumentaram as alíquotas, com progressividade. A tabela abaixo dá uma visão geral da situação em 2015.

Brasília-DF. Set. 2016. p. 16. Disponível em: <http://www.receita.fazenda.gov.br/Publico/estudoTributarios/estatisticas/CTB2016.pdf> Acesso em: 10/04/2017.
[271] VALADÃO, Marcos Aurélio Pereira; HURTADO, Andre Watanabe ; CHAIB, Flávio, et. al. . Estudo Sobre A Estrutura do ITCMD no Brasil e as Iniciativas para Melhorar sua Arrecadação. Fórum Fiscal dos Estados Brasileiros : programa de estudos 2014. , v. 1, p. 13-94 led. Brasília: ESAF, 2015, p. 82-83.

Tabela. Alíquotas/Progressividade – ITCMD (2015)[272]

ESTADO	Transmissão *causa mortis*			Transmissão por doação		
	Progressividade	Aliquota Minima	Aliquota Maxima	Progressividade	Aliquota Minima	Aliquota Maxima
AC	Não	4%	4%	Não	2%	2%
AL	Não	2% ou 4% (cf. grau de parentesco)	2% ou 4% (cf. grau de parentesco)	Não	2% ou 4% (cf. grau de parentesco)	2% ou 4% (cf. grau de Parentesco)
AM	Não	2%	2%	Não	2%	2%
AP	Não	4%	4%	Não	2%	2%
BA	Sim	4%	8%	Não	3,50%	3,50%
CE	Sim	2%	8%	Sim	2%	4%
DF	Não	4%	4%	Não	4%	4%
ES	Não	4%	4%	Não	4%	4%
GO	Sim	2%	4%	Sim	2%	4%
MA	Não	4%	4%	Não	2%	2%
MG	Não	5%	5%	Não	5%	5%
MS	Não	4%	4%	Não	2%	2%
MT	Sim	2%	4%	Sim	2%	4%
PA	Não	4%	4%	Não	4%	4%
PB	Não	4%	4%	Não	4%	4%
PE	Não	5%	5%	Não	2%	2%
PI	Não	4%	4%	Não	4%	4%
PR	Não	4%	4%	Não	4%	4%
RJ	Não	4%	4%	Não	4%	4%
RN	Não	3%	3%	Não	3%	3%
RO	Sim	2%	4%	Sim	2%	4%
RR	Não	4%	4%	Não	4%	4%
RS	Não	4%	4%	Não	3%	3%

[272] VALADÃO, Marcos Aurélio Pereira; HURTADO, Andre Watanabe ; CHAIB, Flávio, et. al. . Estudo Sobre A Estrutura do ITCMD no Brasil e as Iniciativas para Melhorar sua Arrecadação. Fórum Fiscal dos Estados Brasileiros : programa de estudos 2014. , v. 1, p. 13-94 led. Brasília: ESAF, 2015, p. 82-83.

ESTADO	Transmissão *causa mortis*			Transmissão por doação		
	Progressi-vidade	Aliquota Minima	Aliquota Maxima	Progressi-vidade	Aliquota Minima	Aliquota Maxima
SC	Sim	1%	8%	Sim	1%	8%
SE	Não	4%	4%	Sim	4%	4%
SP	Não	4%	4%	Não	4%	4%
TO	Sim	2%	4%	Sim	2%	4%

Salienta-se algumas diferenças entre a tributação sobre a herança nos EUA e no Brasil, no primeiro o imposto é conhecido por imposto sobre a herança ou imposto de morte, no segundo denominamos de imposto *causa mortis*, no latim. Uma outra diferença diz respeito a progressividade existente na tributação sobre a herança nos EUA, que como acima se percebeu, tem várias faixas de alíquotas em que a superior alcança 40%. Já no Brasil a progressividade, quando há, alcança alíquotas baixas, fixada a máxima em 8% pelo Senado.

O Estado do Rio Grande do Sul institui por intermédio da Lei nº 8.821/89 a progressividade do ITCMD com alíquotas escalonadas de 1% a 8%. Como é costume nessas situações, foi judicializada a questão e o Tribunal de Justiça/RS julgou a lei inconstitucional. O Governo do Estado recorreu da decisão ao STF, que em 2013, no Recurso Extraordinário 562045, por maioria de votos, julgou possível a cobrança progressiva do imposto *causa mortis*, logicamente respeitando o teto da alíquota de 8%.

O imposto sobre a propriedade de veículos automotores – IPVA – é um tributo incidente sobre o patrimônio na perspectiva de patrimônio estático. O fato gerador é a propriedade de veículos automotores, embora as legislações estaduais tragam a previsão de que a aquisição, ou importação, "dispara" a incidência do tributo, transpondo o fato gerador para o momento da aquisição ou importação, conforme o caso. Um importante aspecto relativo ao IPVA é que Supremo Tribunal Federal quando questionado sobre a cobrança do IPVA sobre a propriedade de aeronaves e embarcações, exarou o entendimento de que não devem ser tributados pelo IPVA os veículos automotores que classifiquem como embarcações ou aeronaves[273]. O IPVA, assim como o ITR e o IPTU é cobrado anualmente, isto é, a incidência é anual.

---

[273] REs 255.111/SP e 134509/AM Relator(a) p/ Acórdão: Min. SEPÚLVEDA PERTENCE., julgados em: 29/05/2002.

A competência para sua instituição é dos Estados e do Distrito Federal. Neste caso do IPVA, diferentemente do ITCMD, não foi previsto na Constituição Federal a competência para o Senado fixar a alíquota máxima, portanto, podem os Estados fixar a alíquota que considerarem adequada desde que respeitem a alíquota mínima fixada por Resolução do Senado[274]. Atualmente as alíquotas variam entre 2% e 4% dependendo do Estado da federação e às vezes são diferenciadas em função do tipo e utilização do veículo. No IPVA a base de cálculo é o valor do veículo.

O produto da arrecadação do IPVA é partilhado entre o Estado e o Município em que automóvel está registrado na proporção de 50% para cada ente. Representa para os Estados a segunda maior fonte própria de receitas tributárias. Constata-se que a receita do IPVA, baseada somente em veículos automotores terrestres, tem superado a receita do IPTU, de competência municipal. Na verdade, a Constituição Federal daria ensejo à incidência sobre embarcações e aeronaves, pois o texto constitucional se refere à "propriedade de veículos automotores", porém o STF decidiu que a cobrança do IPVA recai apenas sobre veículos automotores terrestres (REs ns. 134509, 255111 e 379572). Apenas para fazer um contraponto, nos EUA há cobrança de tributos estaduais sobre embarcações e aeronaves, como propriedade *property tax* e também por uso *use tax* da embarcação ou aeronave no território do Estado (varia bastante entre os Estados, a forma como se dão essas incidências).

Outro aspecto relevante é que tanto o ITCMD quanto o IPVA carecem de regulação via Lei Complementar para diversos aspectos.[275] Embora o CTN traga normas de sucessão *causa mortis* para bens imóveis, direitos que não sejam relativos a bens imóveis e sobre bens móveis, tendo os Estados legislado com base na competência supletiva que lhe é conferida pelo § 3º do art. 24 da Constituição Federal, com potencial geração de conflitos.

---

[274] Art. 155, § 6º, I, da Constituição Federal.
[275] Com referência ao ITCMD, e proposta para uma lei complementar para o ITCMD ver VALADÃO, Marcos Aurélio Pereira; HURTADO, André Watanabe ; CHAIB, Flávio, et. al. . Estudo Sobre A Estrutura do ITCMD no Brasil e as Iniciativas para Melhorar sua Arrecadação. Fórum Fiscal dos Estados Brasileiros: programa de estudos 2014. , v. 1, p. 13-94 1ed. Brasília: ESAF, 2015.

3.3.4. Impostos sobre o Patrimônio de Competência dos Municípios e do Distrito Federal

O imposto sobre a propriedade predial e territorial urbana – IPTU – é de competência dos Municípios e do Distrito Federal e considera o patrimônio no seu aspecto estático, ou seja, "ter" a propriedade, a posse ou o domínio útil. Ele é cobrado anualmente no início de cada ano fiscal sobre os terrenos e edificações existentes e a sua base de cálculo é o seu valor venal. Para se estabelecer qual é o valor venal dos imóveis é necessário estimar quais são os valores de mercado dos mesmos e os Municípios por intermédio da denominada "planta de valores" estabelecem legalmente para cada área os valores correspondentes.

Como o IPTU é um tributo Municipal/Distrital cada Município estabelece a sua "planta de valores" bem como as alíquotas que incidirão. Em regra, a alíquota praticada na maioria dos Municípios brasileiros é baixa. Para cidades acima de 50 mil habitantes, as alíquotas variam de 0,8 a 1%, para imóveis edificados e de 1,5 a 3,0 para imóveis não edificados, sendo que pode ser dito que há um razoável uso da progressividade. O IPTU era tratado como imposto real sem possibilidade de progressividade (que seria uma forma de contemplar a capacidade contributiva), situação que foi alteada após a Emenda n. 29, de 2000, que passou a permitir essa forma de tributação, em função do valor do imóvel.[276]

A Constituição Federal[277] estabelece que ele pode ser progressivo em razão do: a) valor do imóvel, b) da sua localização, c) do seu uso, e, d) do tempo. No primeiro caso as alíquotas podem ser progressivas de acordo com o valor venal do imóvel, isto é, valores menores alíquotas menores, valores maiores alíquotas idem. Em relação a localização do imóvel o Plano Diretor é o ato legal que estabelece quais as áreas geodésicas existentes e quais as prioridades no desenvolvimento urbano do Município, assim as alíquotas podem ser menores ou maiores de acordo com estas áreas como instrumento a serviço da política urbana de transporte, ambiental, equipamentos públicos, mobilidade etc.

---

[276] CARVALHO, Pedro Humberto Bruno de. Estrutura de Alíquotas do IPTU nos Municípios. Boletim regional e urbano, Brasília, IPEA, n. 01, p. 45-59, dez/2008.

[277] Art. 156, § 1º, incisos I e II e Art. 182, § 4º, inciso II da Constituição Federal.

O IPTU poderá ser progressivo considerando também o uso do imóvel, se é por exemplo para habitação, comércio, indústria ou outros usos. No que tange ao tempo a progressividade é o instrumento fiscal para desestimular a manutenção de áreas urbanas com fins especulativos, que não estão de acordo com os objetivos de desenvolvimento expostos pelo Plano Diretor, aquelas que não são edificadas, subutilizadas ou não utilizadas.

A técnica fiscal da progressividade no IPTU apesar de ter sido prevista na Constituição Federal de forma exaustiva como visto acima é ainda pouco utilizada pela maioria dos Municípios brasileiros. As explicações para não se atender adequadamente o que foi determinado pela Constituição são inúmeras, mas a principal delas é que de certa forma o financiamento das campanhas do poder legislativo e executivo municipal é feito em sua maior parte exatamente pelos contribuintes que seriam mais onerados pela progressividade do IPTU, e, quando isso não ocorre, falta à comunidade política uma perspectiva de quanto a progressividade é importante para o desenvolvimento social e econômico do Município.

A seguir tem-se uma tabela contemplando alguns Municípios que são capitais de Estados e que fizeram a opção de não adotar alíquotas progressivas no IPTU e qual o impacto sobre a renda familiar mensal dos contribuintes das famílias[278]:

Capitais	Salários mínimos					
	0 a 2	2 a 5	5 a 15	15 a 30	30 a 60	60 ou mais
Aracaju	5,79%	0,56%	0,68%	0,27%	0,17%	0,74%
Brasília	(*)	3,86%	0,94%	0,92%	0,27%	0,47%
Cuiabá	4,60%	3,15%	2,27%	1,92%	1,88%	0,59%
João Pessoa	1,39%	0,86%	0,65%	0,40%	0,26%	1,86%
Porto Alegre	1,47%	1,50%	0,92%	0,72%	2,43%	0,85%
Rio de Janeiro	1,60%	1,92%	1,28%	3,43%	0,66%	0,47%
Vitória	0,36%	1,81%	0,38%	0,27%	0,15%	0,19%

Fonte: Elaboração própria baseada em Carvalho Jr. (2006).
* Dado não informado.

[278] SÁ, José Delfino; CAVALCANTE, Carlos Arthur Mattos; KALID, Ricardo de Araújo; MALVEIRA, Ulisses de Araújo. Um modelo de otimização para alíquotas do IPTU socialmente mais Justas. Dados do biênio 2002-2003, p. 12. Disponível em: http://www.scielo.br/scielo.php?script=sci_arttext&pid=S0034-76122013000100005. Acesso: 3.6.2014.

Na tabela seguinte tem-se a relação percentual entre o pagamento do IPTU e a relação com a renda familiar mensal dos contribuintes em Municípios que são capitais de Estado e que optaram por adotar a progressividade nas alíquotas[279]:

Capitais	Salários mínimos					
	0 a 2	2 a 5	5 a 15	15 a 30	30 a 60	60 ou mais
Belém	0,14%	0,12%	0,14%	0,31%	0,04%	0,07%
Belo Horizonte	1,05%	0,82%	0,81%	0,61%	0,64%	0,68%
Curitiba	0,23%	1,24%	0,74%	0,54%	0,76%	0,48%
Fortaleza	0,37%	0,36%	0,43%	0,74%	0,63%	0,12%
Goiânia	1,06%	0,65%	0,39%	0,68%	1,12%	0,88%
Salvador	0,43%	0,52%	0,55%	0,26%	1,71%	1,51%
São Paulo	3,18%	1,87%	1,08%	0,73%	0,56%	0,53%

Fonte: Elaboração própria baseada em Carvalho Jr. (2006).

Nota-se que este tipo de imposto sobre a propriedade pode ter um efeito regressivo para o sistema se consideramos os contribuintes de diversas faixas de renda. Assim a progressividade (criação de faixas de isenção, alíquotas progressivas em função o valor, etc.), diminuiria seu o efeito regressivo.

O produto da arrecadação do IPTU é significativa para os Municípios se for considerado as suas receitas próprias, e neste caso é a principal fonte de receitas próprias para a maior parte dos Municípios. Contudo os Municípios maiores com densidade urbana suficiente têm no ISS sua principal fonte de receita própria. Ou seja, apesar da pequena participação na carga tributária total brasileira, na proporção de 1,8% em 2017[280], para muitos dos 5.570 Municípios brasileiros a receita do IPTU é a principal fonte própria de recursos tributários.

Observe-se que sob tal aspecto não difere muito do que ocorre nos EUA (onde corresponde, em média, a 73% da receita total dos governos

---

[279] SÁ, José Delfino; CAVALCANTE, Carlos Arthur Mattos; KALID, Ricardo de Araújo; MALVEIRA, Ulisses de Araújo. Um modelo de otimização para alíquotas do IPTU socialmente mais Justas. Dados do biênio 2002-2003, p. 11. Disponível em: http://www.scielo.br/scielo.php?script=sci_arttext&pid=S0034-76122013000100005. Acesso: 3.6.2014.

[280] BRASIL. Receita da Receita Federal do Brasil. Carga Tributária no Brasil 2017: Disponível em: http://receita.economia.gov.br/dados/receitadata/estudos-e-tributarios-e-aduaneiros/estudos-e-estatisticas/carga-tributaria-no-brasil . Acesso em: 4/4/2019.

locais). Entretanto, na média o IPTU representou 26% (2010), 23% (2012) e 25% (2015) das receitas própria dos Municípios, com a arrecadação menor que o ISS[281]. Por exemplo, no Município de São Paulo, no ano de 2014, a arrecadação do ISS representou 55,5% da arrecadação própria total, enquanto o IPTU correspondeu a 30%, e o ITBI a 7,7%[282], no Distrito Federal, no exercício de 2015, a receita do ISS foi quase três vezes superior à do IPTU.[283]

O Imposto sobre a transmissão *inter vivos*, a qualquer título, por ato oneroso, de bens imóveis, por natureza ou acessão física, e de direitos reais sobre imóveis – ITBI – é de competência dos Municípios e do Distrito Federal. Excluem-se da incidência do ITBI os direitos reais de garantia e a cessão de direitos a aquisição de imóveis. Este imposto incide sobre o patrimônio na sua acepção dinâmica, isto é, no sentido da "transmissão" dos direitos relativos ao patrimônio, portanto o fato gerador ocorrerá toda vez que se transmitir a propriedade ou direitos a ela concernentes.

Note-se que o ITBI não incidirá quando a transmissão de bens ou direitos incorporados ao patrimônio de pessoa jurídica em realização de capital. Também não incide sobre a transmissão de bens ou direitos decorrentes de fusão, incorporação, cisão ou extinção de pessoa jurídica, não se aplicando essa não incidência se a atividade preponderante do adquirente for a compra e venda desses bens ou direitos, locação de bens imóveis ou arrendamento mercantil[284].

Como o ITBI é de competência municipal/distrital as alíquotas podem variar de lugar para lugar, mas na prática as alíquotas médias são em torno dos 2% e elas incidem sobre o valor da transmissão ou, no mínimo para fins

---

[281] Cálculos realizados tendo por base: BRASIL. Receita da Receita Federal do Brasil. Subsecretaria de Tributação e Contencioso. Coordenação-Geral de Estudos econômico-Tributários e de Previsão e Análise de Arrecadação. Carga Tributária no Brasil 2010: Análise por tributos e bases de incidência. Brasília-DF. Set. 2011 , p. 9, e 2012, p. 10, 2015, p. 18. Disponíveis em: www.receita.fazenda.gov.br/Publico/estudoTributarios/estatisticas, acesso em: 10/04/2017.

[282] PREFEITURA DE SÃO PAULO. Boletim da Transparência Fiscal – Exercício de 2014. Prefeitura de São Paulo, p. 33. Disponível em ww2.prefeitura.sp.gov.br/arquivos/secretarias/financas/contas-publicas/boletimdatransparencia2014.pdf acesso em 11/04/2017.

[283] Fonte: Secretaria de Estado e Planejamento, Orçamento e Gestão do Distrito Federal, disponível em http://www.seplag.df.gov.br/noticias/item/2885-arrecada%C3%A7%C3%A3o-tribut%C3%A1ria-em-2015-foi-de-r$-136-bilh%C3%B5es.html, aceso em 11/04/2017.

[284] Art. 156, § 2º, Inciso I da Constituição Federal.

fiscais sobre o valor venal do imóvel. O contribuinte em regra é o adquirente do imóvel ou dos direitos relativos. Nestes se incluem, por exemplo, a dação em pagamento, a permuta, a adjudicação, a arrematação, a remição, o excesso de meação ou quinhão, o uso, o usufruto, a enfiteuse etc.

O ITBI é um tributo essencialmente arrecadatório, mas na prática a participação da arrecadação deste imposto no total das receitas tributárias municipais é pequena. No ano de 2015, o ITBI representou na carga tributária total do Brasil apenas 0,58% e, com relação ao total da arrecadação dos Municípios e DF, 9%.[285] Um dos motivos pela baixa arrecadação é o quadro de alta informalidade na propriedade dos imóveis, pois a maior parte da população brasileira reside em imóveis que não estão "regularizados", no caso titulados no registro imobiliário de forma devida.

[285] BRASIL. Receita da Receita Federal do Brasil. Subsecretaria de Tributação e Contencioso. Coordenação-Geral de Estudos econômico-Tributários e de Previsão e Análise de Arrecadação. Carga Tributária no Brasil 2015: Análise por tributos e bases de incidência. Brasília-DF. Set. 2016, p. 16 Disponível em: <http://www.receita.fazenda.gov.br/Publico/estudoTributarios/estatisticas/CTB2016.pdf> Acesso em: 10/04/2017

4. Tributação sobre o Consumo

4.1. Notas sobre as Características dos Impostos sobre o Consumo

Das três bases clássicas de incidência, a tributação sobre o consumo tem algumas peculiaridades que merecem algumas notas explicativas, pois dependendo do sistema tributário em análise ele se comportará de uma forma ou de outra, às vezes de forma bem distinta. A tributação do consumo[286] pode ser conceituada como sendo o conjunto de tributos que incidem no consumo de bens, serviços e direitos (comercializáveis)[287], podendo compreender, no interesse da administração fiscal, todas as etapas do processo produtivo (multifásicos), ou apenas uma delas (monofásicos), que de forma inquestionável vai onerar o consumidor final.[288]

---

[286] O conceito de tributo sobre o consumo é importante, tanto que a OCDE assim conceitua: são "aqueles que se pagam no contexto da utilização de bens e serviços finais no país onde são consumidos". Conceito ofertado pela Organização de Cooperação e Desenvolvimento Econômico – OECD. Apud: BASTO, José Guilherme Xavier de. A tributação do consumo e a sua coordenação internacional. Cadernos de Ciência e Técnica Fiscal, v. 164, Centro de Estudos Fiscais, Lisboa, 1991. p. 1.

[287] Os direitos comercializáveis muitas vezes são negociados como mercadorias ou bens, outras vezes como serviços, a exemplo dos *softwares* de computador. A literatura clássica porém, usualmente refere-se somente a "bens e serviços" (observando-se que muitas legislações equiparam o comércio de direitos ao de serviços).

[288] A tributação do consumo é relevante na maioria dos países do mundo, sendo que a OCDE (organização da qual os EUA faz parte, mas o Brasil não), utiliza em suas estatísticas o seguinte conceito: "Consumption taxes generally consist of *general taxes on goods and services* (taxes on general consumption), consisting of value-added tax (VAT) and its equivalent in several jurisdictions (goods and services tax, or GST), sales taxes, and other general taxes on goods and services; and *taxes on specific goods and services*, consisting primarily of excise taxes, customs and import duties, and taxes on specific services (such as insurance premiums and financial services)." (Itálicos no original). OECD. Consumption Tax Trends 2016: VAT/GST and excise rates, trends and policy issues. Paris: OECD Publishing, 2016, p. 11.

Cabe, primeiramente, uma observação relativa à distinção entre tributos diretos e indiretos, que tem íntima relação com o conceito de tributação sobre o consumo. Das três bases de incidência, a renda e o patrimônio são considerados tributos diretos, e sobre os tributos sobre o consumo, de tributos indiretos. Nesta perspectiva que é considerada é a repercussão econômica do tributo, se percute apenas sobre contribuinte é direto, se repercute em outros contribuintes é indireto. Contudo, esses critérios não são lineares.

No primeiro caso o sujeito passivo da relação jurídica, ou, o contribuinte que fará o pagamento do tributo será onerado "diretamente", fará o pagamento do tributo com seus próprios recursos econômicos. Nos tributos indiretos o sujeito passivo da relação jurídica é dividido em dois, um o contribuinte *de jure* (de direito) e o outro o contribuinte de fato. O contribuinte de direito "repassa" aos cofres públicos e é responsável por isso diante da legislação tributária o que cobrou de tributo do contribuinte de fato no momento da venda do bem ou do serviço.

Claro que vários tributos considerados diretos, como por exemplo o imposto de renda da pessoa jurídica e imposto incidente sobre a propriedade, podem, e muitas vezes são repercutidos para outrem. Não significa com isso que o gênero renda ou patrimônio percam a característica de tributos diretos, mas pode-se afirmar que continuam sendo "preponderantemente" tributos diretos. Já o contrário é mais difícil de ocorrer, ou seja, um tributo indireto não ser repercutido, pois se caso ocorrer é um ônus suportado pelo fornecedor do bem ou serviço e afeta de forma grave a sua atividade econômica. Essas conformações dependem do formato do mercado em que atua a pessoa que é tributada (seja pessoa jurídica, seja pessoa física).

Um segundo apontamento é a questão de que nos tributos sobre o consumo a discussão sobre a equidade tributária aparece na regressividade típica desta base de incidência. Os tributos sobre o consumo oneram os contribuintes sem levar em consideração a sua capacidade contributiva, com isso, acabam onerando de forma mais gravosa quem tem menor capacidade contributiva e de forma menos gravosa quem tem maior capacidade contributiva.

Diferentemente dos impostos sobre a renda ou sobre o patrimônio, não existem alíquotas diferenciadas de acordo com as diferentes bases de cálculo nos tributos sobre o consumo. Para amenizar a regressividade dos tributos sobre o consumo a entidade tributante pode reduzir, ou eliminar, a tributação dos impostos sobre o consumo de alimentos, por exemplo, ou adotar uma política de alíquotas menores para os alimentos e bens e serviços de primeira necessidade. Com estas políticas fiscais se reduz o grau de regressividade, mas ela não é suprimida por completo.

Pode-se, com objetivo didático, conceber uma hipótese na qual um contribuinte com renda individual mensal de R$ 1.000,00, tenha uma despesa com o item alimentação de R$ 300,00. Se a alíquota praticada for de 10% dos impostos de consumo incidentes, ele sofrerá um ônus de R$ 30,00 por mês. Este valor representa 3% da sua renda.

Se outro hipotético contribuinte que tiver renda individual mensal de R$ 10.000,00 e também gastar R$ 300,00 com a sua alimentação, pagará os mesmos R$ 30,00 em impostos sobre o consumo. No caso do segundo contribuinte o percentual proporcional deste valor em relação a sua renda é de apenas 0,3%, daí a regressividade do sistema, *i.e.*, quando maior a renda menor a tributação proporcionalmente à renda, por conta de que não se consome toda a renda, dentre outros fatores. Observe-se que há um limite do consumo em relação à renda, de forma que essa conclusão é sempre verdadeira, embora o nível de regressividade possa variar.

Outro aspecto importante em relação aos tributos sobre o consumo é se eles são monofásicos ou plurifásicos. Os tributos monofásicos são aqueles que incidem sobre uma fase da cadeia produtiva e portanto, podem incidir no momento da produção, no momento do comércio atacadista ou no do comércio varejista. Monofásico pelo fato de ser a incidência "única", ser cobrado o imposto em uma destas fases do processo produtivo. Já os tributos plurifásicos são aqueles que incidem sobre mais de uma fase no processo produtivo, ou seja, incidem em várias ou em todas as fases, por exemplo, quando um produtor vende um determinado bem a outro, este a um atacadista, este a um comerciante final e este ao consumidor final. Sendo plurifásico não importa quantas forem as transações, importa que sobre todas elas incidirão os tributos sobre o consumo a ser repassado na última fase para o contribuinte de fato.

O quarto aspecto diz respeito à classificação dos tributos sobre o consumo em impostos especiais[289] e gerais. Nesta distinção entre especiais e

---

[289] Conforme Sérgio Vasques, ao longo da história, destacam-se três fomas diferentes de tributação dos consumos específicos (ou especiais): as *accises*, os direitos alfandegários e os

gerais admite-se por critérios a seletividade e a generalidade, e, também, a indicação e a ausência de denominação dos bens e serviços objetos do tributo. Tomando por critério a seletividade e a generalidade da incidência tributária se pode inferir que tributo especial sobre o consumo é aquele em que a incidência "escolhe", "seleciona", quais serão os bens e serviços que receberão o gravame; e é tributo geral quando a incidência for "abrangente", "geral", isto é, quando a incidência for abrangente e não específica.

Considerando que nos tributos sobre o consumo por vezes se denomina de forma direta quais serão os bens e serviços gravados e noutras se afirma legalmente quais são os bens e serviços isentos, tem-se o segundo critério. O primeiro caso caracteriza o tributo especial sobre o consumo; o segundo caracteriza o tributo geral, pois em regra nestes não há indicação, não há uma relação de quais serão os bens e serviços tributados, mas apenas uma relação dos que serão beneficiados pela isenção[290].

Tributo especial sobre o consumo é, portanto, aquele que incide sobre algumas despesas individualizadas dos contribuintes e tributo geral é aquele que incide sobre a generalidade das despesas dos contribuintes, no caso, consumidores finais. Pode ocorrer que na tributação especial do consumo contempla-se uma vasta gama de bens e serviços a ponto de esta tributação especial ser quase "geral". Não se pode, neste caso, confundir que uma base de incidência mais ampla leve a considerar esta tributação como geral, pois mesmo assim serão seletivos e serão denominados os objetos contemplados pela incidência. Pode ocorrer também, em hipótese, que em um sistema tributário se contemple tantas isenções que a tributação geral do consumo fique "limitada" a poucos bens e serviços, reduzindo com isto o campo de incidência tributária. Nem por isso, porém, deixará de ser tributação geral do consumo.

Os tributos especiais sobre o consumo, em termos de aquisição e incidentes sobre bens materiais, regra geral, incidem sobre as bebidas

---

monopólis fiscais. VASQUES, Sérgio. Os Impostos Especiais de Consumo. Coimbra: Almedina, 2001, p. 22.-23. Observe-se que o termo em inglês que correposnde a *excise tax*, ou simplesmente *excise*, é usado no sentido de tributação especial, porém mais abrangente, compreendendo no conceito não só a tributação do consumo (indireta), mas também a tributação direta (ver *e.g.*, *26 U.S. Code Subtitle D – Miscellaneous Excise Taxes*).

[290] Cf. BASTO, José Guilherme Xavier de. A tributação do consumo e a sua coordenação internacional. Cadernos de Ciência e Técnica Fiscal, v. 164, Centro de Estudos Fiscais, Lisboa, 1991. p. 15.

alcoólicas, os combustíveis e o tabaco.[291] Estes são os produtos que tradicionalmente recebem o gravame dos tributos especiais sobre o consumo e neste grupo as alíquotas utilizadas são específicas, isto é, quando a alíquota expressa o encargo tributário por uma certa unidade medida (peso, volume, espécie, quantidade). Nos tributos gerais sobre o consumo as alíquotas, em geral, são *ad valorem*, ou seja, se expressa o encargo fiscal por um percentual do valor do bem tributado. O ponto positivo na utilização de alíquota específica, feita em regra nos tributos especiais sobre o consumo, é que, por ser específico, não se faz necessário fixar o valor dos bens, pois neste caso se considera como base de cálculo cada unidade física, dispensando, portanto, a apreciação econômica de cada bem.[292] De resultado contrário tem-se dois efeitos: o primeiro é uma deterioração do valor da alíquota específica no caso da existência de inflação; o segundo é, caso seja usado de maneira geral (o que não é comum), a regressividade destes tributos pelo fato da alíquota específica onerar proporcionalmente mais os bens de preço menor, que de regra, são os de consumo popular.[293]

Como se nota, são muitas as peculiaridades dos tributos incidentes sobre o consumo, mas cabe uma última nota no que tange a cumulatividade e não cumulatividade. Tributo cumulativo ou também denominado em cascata é aquele que incide em várias fases de circulação do bem sem, contudo, deduzir-se o valor que já incidiu nas anteriores, isto é, não é permitida a dedução do tributo suportado no decorrer da atividade produtiva/comercial. Tributo não cumulativo é aquele que incide em várias fases do processo produtivo apenas sobre o valor que naquela se agregou, significa isto que se pode também gravar todo o valor acumulado do bem, desde que se desconte, i.e., se deduza o valor que gravou as fases anteriores. Adverte-se que os tributos sobre o consumo plurifásicos não se são necessariamente tributos sobre o valor agregado. Uma coisa é a técnica da

---

[291] Há também a tributação sobre o jogo. O conjunto de tributos em forma de tributação especial sobre o tabaco e seus derivados, as bebidas alcóolicas e o jogo e denominado na literatura de *sin taxes*, ou impostos do pecado, e em geral, tem forte conotação extrafiscal.. Ver a respeito, *e.g.*, VASQUES, Sergio. Os Impostos do Pecado: O Álcool, o Tabaco, o Jogo e o Fisco. Coimbra: Almedina, 1999.

[292] Esta metodologia, especialmente nos casos em que a alíquota *ad valorem* seria alta, torna sem efeito a prática do denominado "subfaturamento", que nos casos de alíquota alta é um mecanismo masi usual de evasão tributária.

[293] GASSEN. Valcir. A tributação do consumo. 1a ed. , p. 116-117.

não cumulatividade, outra é a "característica" principal de alguns tributos sobre o consumo em vista de torná-los não cumulativos.

Um tributo especial ou geral sobre o consumo de tipo monofásico, é por sua natureza, um tributo não cumulativo, pelo fato de incidir apenas uma única vez no processo produtivo. A não cumulatividade – característica destes tributos monofásicos – será mantida se for respeitada a relação interna do processo produtivo, isto é, se na relação entre produtor-produtor, atacadista-atacadista e varejista-varejista, não incidir o tributo, escapa-se dos efeitos em cascata[294].

Em uma cadeia produtiva vertical em que o produtor de um determinado bem vende este ao atacadista, este ao varejista e o varejista ao consumidor final, a opção sobre o sujeito passivo do tributo monofásico não faz grande diferença, isto é, pode-se optar pela incidência tanto no produtor, no atacadista como ainda no varejista, que não ocorrerá a cumulatividade.

Acontece que nem sempre o processo produtivo ocorre neste sentido vertical. Não raras vezes um produtor transaciona um bem com outro produtor, e assim também entre atacadistas e varejistas, ou seja, em um sentido horizontal. Neste caso a escolha do momento em que ocorrerá a incidência do tributo monofásico ganha destaque para se evitar a cumulatividade, pois se a escolha considerar como sujeito passivo o produtor, e este vier a vender o bem a outro produtor, tem-se uma tributação em cascata.

Enquanto a relação for apenas entre contribuintes em um mesmo plano horizontal do processo produtivo, não pode incidir o tributo especial ou geral sobre o consumo monofásico para se evitar a tributação cumulativa. Quando a relação for entre um contribuinte e um consumidor (de fora do sistema circular) poderá incidir o referido tributo e sem, com isto, acarretar a cumulatividade.

A técnica utilizada para evitar a tributação múltipla (cumulativa) nos tributos monofásicos tem sido o sistema de suspensão dos tributos entre os sujeitos passivos de uma mesma fase do processo produtivo. Somente

---

[294] "Na literatura anglo-saxónica, o sistema é frequentemente designado 'sistema do anel' – ring system. A expressão é sugestiva. De facto, a lei define um 'anel' de contribuintes, que obriga a registo. No interior deste anel, as mercadorias circulam livres de imposto; só quando saem do anel – quer dizer, quando a transacção é entre um sujeito passivo e um não-sujeito passivo – há lugar à imposição". BASTO, José Guilherme Xavier de. A tributação do consumo e a sua coordenação internacional. Cadernos de Ciência e Técnica Fiscal, v. 164, Centro de Estudos Fiscais, Lisboa, 1991, p. 36.

quando ocorrer a relação entre um sujeito passivo de dentro de uma fase produtiva com outra é que há a incidência.

Se a regra nos tributos gerais e especiais sobre o consumo de tipo monofásico é a não cumulatividade, nos tributos de tipo plurifásico eles podem ser cumulativos ou não cumulativos.

Apesar de todas as críticas dirigidas aos tributos cumulativos há que ser exposto que os mesmos apresentam algumas vantagens. Uma das vantagens da cumulatividade nos tributos sobre o consumo é que nestes utiliza-se, em regra, uma alíquota menor que no sistema não cumulativo. Uma alíquota pequena não significa uma receita idêntica, pois por ser cumulativa mesmo uma pequena alíquota traz uma receita considerável pelo efeito "cumulativo", em "cascata".

Desta constatação decorre outra vantagem capciosa que é representada pela pouca percepção que os contribuintes têm do *quantum* de tributos que estão presentes quando da aquisição de uma mercadoria, pela dificuldade de visualização de todas as incidências tributárias no processo produtivo. Por ser cumulativo e as fases do processo produtivo serem muitas, o consumidor final não tem condições de aferir com facilidade o quanto de tributo está incluso no preço final de uma mercadoria.

Cabe notar que este efeito de "anestesia fiscal[295]" é bastante perceptível nos tributos indiretos em que a regra é a repercussão econômica dos tributos, e esta é a que lhes confere a espécie. Nos tributos diretos, pela ausência de repercussão, cada contribuinte tem como aferir de pronto o montante de tributo que está pagando. Desta percepção decorre que os tributos indiretos são denominados muitas vezes de tributos "anestesiantes" e os diretos de "irritantes".[296]

---

[295] Cf. BASTO, José Guilherme Xavier de. A tributação do consumo e a sua coordenação internacional. Cadernos de Ciência e Técnica Fiscal, v. 164, Centro de Estudos Fiscais, Lisboa, 1991, p. 28.

[296] GASSEN, Valcir. Tributação na origem e destino: tributos sobre o consume e processos de integração econômica. 2. ed. São Paulo: Saraiva, 2013, p. 104. A este respeito, Montesquieu, há mais de duzentos e cinquenta anos, argumentou: "Os direitos [tributos] sobre mercadorias são aqueles que os povos sentem menos, porque não são exigidos formalmente. Podem ser tão sabiamente cobrados que o povo quase ignorará que os paga. Para tanto, é de grande consequência que aquele que vende a mercadoria pague o direito. Sabe que não está pagando por ele; e o comprador, que no fundo está pagando, confunde-o com o preço. MONTESQUIEU, Charles de Secondat, Barão de. O Espírito das Leis. Trad. Cristina Murachco. São Paulo: Martins Fontes, 1996, p. 225.

Das desvantagens dos tributos gerais sobre o consumo plurifásicos e cumulativos muito se fala. A primeira delas é a cumulatividade propriamente dita, em sentido estrito. Por exemplo, se um determinado bem passa do produtor ao atacadista, deste ao comerciante e deste ao consumidor final, tem-se a múltipla tributação.

Esta cumulatividade, como se percebe, onera os processos produtivos que estão em unidades isoladas (desintegradas) o que leva à integração vertical como medida para evitar a incidência de tributo sobre tributo. Neste caso, em termos hipotéticos, pode o produtor unir-se ao atacadista compondo, portanto, apenas uma fase do processo produtivo, isto é, uma integração vertical para escapar ao gravame tributário em cascata. Nesta união artificial, o contribuinte abrirá mão da produtividade e da eficiência na produção de uma mercadoria em troca de carga tributária menor. Assim, mercadorias de mesma natureza poderão ter cargas tributárias distintas, dependendo da existência real ou artificial de uma integração vertical ou de diferentes fases no processo produtivo.

Desvantagem também é aquilo que se considera adequadamente como "efeito cascata", ou seja, o tributo incidindo sobre o tributo, pois no valor de cada venda já está incluído o tributo pago na venda anterior. Outra desvantagem dos tributos cumulativos decorre do fato de que, em cada fase do processo produtivo, que são muitas além dos exemplos até aqui utilizados, os produtores, os atacadistas e os comerciantes incluirão no preço do produto o tributo que incidira sobre os mesmos e mais uma margem percentual de lucro, gerando com isso, um "efeito de cascata das margens". Salienta-se que quanto maior for a cadeia produtiva maior será o efeito cascata e o efeito de cascata das margens[297].

O apontamento do funcionamento da tributação cumulativa nos tributos gerais sobre o consumo e suas desvantagens toca em uma questão muito sensível que é a questão da neutralidade dos tributos. Um tributo respeita o princípio da neutralidade tributária quando o mesmo incide sobre a produção ou sobre o consumo e não causa distorções no comportamento dos agentes econômicos envolvidos, isto é, o tributo é neutro quando não

---

[297] BASTO, José Guilherme Xavier de. A tributação do consumo e a sua coordenação internacional. Cadernos de Ciência e Técnica Fiscal, v. 164, Centro de Estudos Fiscais, Lisboa, 1991, p. 31-32.

há modificações no comportamento econômico de quem produz, de quem revende e de quem compra.[298]

Neste sentido, a França foi o primeiro país a adotar como alternativa técnica, para reduzir os efeitos advindos da cumulatividade, um sistema de suspensão dos tributos sobre os bens que fossem consumidos na produção, isto é, um produtor, por exemplo, comprava sem o pagamento dos tributos (pela suspensão) os bens consumidos na sua atividade produtiva. A suspensão, saliente-se, atingia apenas os bens fisicamente consumidos na atividade e não alcançava os bens de capital. Contemplavam-se os bens que se esgotam fisicamente, como, por exemplo, a matéria-prima, e não aqueles que se esgotam apenas no plano econômico.

Frente às fraudes no sistema de suspensão e das dificuldades na sua administração, a França passou a utilizar, em 1948, o sistema de crédito de tributos. Este sistema, também denominado de método indireto subtrativo, método do crédito de tributo ou método das faturas, foi instituído com o mesmo escopo do sistema de suspensão, ou seja, evitar os efeitos decorrentes da cumulatividade dos tributos[299]. É o que predomina, em termos gerais, nos países que adotam nos tributos sobre o consumo a técnica do imposto sobre valor agregado, IVA em português, VAT *(Value Added Tax)* em inglês ou TAV *(Taxe sur la Valeur Ajoutée)* em francês.

4.2. Tributação sobre o Consumo nos EUA

4.2.1. Competência Tributária nos Tributos sobre o Consumo

Nos EUA os tributos sobre o consumo são classificados em duas categorias: tributos sobre o consumo e tributos sobre o uso *(use tax)*, sendo que

---

[298] Cf. tb. PALMA, Clotilde Celorico. Introdução ao Imposto sobre o Valor Acrescentado. 2ª ed. Coimbra: Almedina, 2005, p. 20-21. A imposição tributária deve ser neutra, sendo que a neutralidade deve ser considerada sob os pontos de vista interno e externo. O aspecto interno pode ser legal, econômico ou concorrencial. A nutralidade econômica significa que a imposição não distorce a alocação de capital , ou seja um tributo sobre a venda (consumo) é considerado neutro se não interefere com a alocação ótima dos meios de produção. Cf. TERRA, Ben. Sales Taxation: The Case of Value Added Tax In The European Community. Boston : Kluwer Law and Taxation Publishers, 1988, p. 15-19.

[299] GASSEN, Valcir. Tributação na origem e destino: tributos sobre o consume e processos de integração econômica. 2. ed. São Paulo: Saraiva, 2013.

podem ainda serem divididos em duas subcategorias: impostos gerais sobre o consumo (*sales and gross receipts taxes and use taxes*) e impostos especiais sobre o consumo (*selective sales taxes and selective use taxes*).

A tabela a seguir mostra como a competência é dividida para a instituição de tributos sobre o consumo nos EUA (contudo, as categorias "tributos sobre o consumo" e "tributos sobre o uso" estão agregadas), e tabela constam apenas as categorias mais comuns de tributação especial do consumo[300]:

Espécie de tributo	Governos					
	Federal	Estadual	Distrito Colúmbia	Grandes cidades – condados	Outros locais	Distritos especiais
Tributos gerais sobre o consumo:						
Tributos sobre o comércio exterior	SIM	NÃO	NÃO	NÃO	NÃO	NÃO
Tributos gerais sobre o consumo	NÃO	SIM	SIM	SIM	SIM	SIM

Tributos especiais sobre consumo:						
Bebidas alcoólicas	SIM	SIM	SIM	SIM	SIM	SIM
Diversões	NÃO	SIM	SIM	NÃO	NÃO	NÃO
Prêmios de seguros	NÃO	SIM	SIM	NÃO	NÃO	NÃO
Combustíveis para motores	SIM	SIM	SIM	SIM	SIM	SIM
Aposta (*Pari-mutuels*)	NÃO	SIM	NÃO	NÃO	NÃO	NÃO
Serviços Públicos	SIM	SIM	SIM	SIM	SIM	SIM
Produtos do tabaco	SIM	SIM	SIM	SIM	SIM	SIM
Outros	SIM	SIM	SIM	SIM	SIM	SIM

Mesmo sendo uma importante fonte de receitas, os seguintes Estados não o instituíram em nível estadual, tributos gerais sobre o consumo: Alaska, Delaware, Montana, Oregon e New Hampshire (embora todos tenham algumas formas de tributos especiais sobre o consumo). Contudo,

---

[300] Fonte e adaptado de: UNITED STATES. Federal, State, and Local Governments. Government Finance and Employment. Classification Manual. Description of Tax Categories. United States Census Bureau. Disponível em: http://www.census.gov/govs/www/class_ch7_tax.html. Acesso: 07/04/2017.

o Alaska autoriza os governos locais a cobrarem tributos sobre o consumo, e Delaware cobra um tributo sobre a receita bruta das empresas.[301]

Para finalizar, é importante lembrar, de acordo com o gráfico a seguir, como ocorre a arrecadação nos EUA distribuídas por bases de incidência[302]:

Receita tributária por base de incidência-2016 - EUA (agregado federal, estadual e municipal)

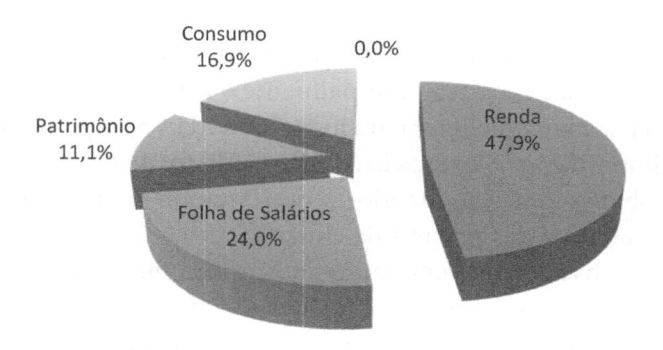

Fonte: gráfico elaborado pelos autores.

Com o gráfico é possível visualizar a importância menor da tributação sobre o consumo nos EUA, ou seja, é a terceira maior fonte de receitas, tenho apenas preponderância sobre a tributação do patrimônio.

4.2.2. Competência Tributária da União para Instituir Tributos sobre o Consumo

É típico dos países atribuir ao governo central a tributação sobre o comércio exterior, os chamados direitos aduaneiros.[303] Neste sentido compete a

---

[301] BJUR, Timothy et al. (Eds.). 2016 State Tax Handbook. Chicago: Wolters Kluwer, 2015.
[302] Elaboração própria dos autores. Fonte dos dados: OCDE. Revenue Statistics 2018. Disponível em: http://www.oecd.org/tax/tax-policy/revenue-statistics-highlights-brochure. pdf Acesso: 23.3.2019.
[303] Na Constituição dos EUA o Art. I, Sec. 10, Cláusula 2 estabelece que os Estados são proibidos (não têm competência) para tributar sobre as importações e exportações sem a autorização do Congresso, e tem o seguinte texto: "2: No State shall, without the Consent of the Congress, lay any Imposts or Duties on Imports or Exports, except what may be absolutely necessary for executing it's inspection Laws: and the net Produce of all Duties and Imposts, laid by any

União a instituição do imposto de importação e de exportação. A obrigação tributária de pagar o imposto ocorre com a entrada da mercadoria no país e é cobrada do importador, que pode ser ou não o consumidor final. Os EUA possuem inúmeros tratados comerciais com outros países com o intuito de conceder isenções na importação e certos bens estão isentos do imposto independentemente da origem.

A tributação sobre o comércio exterior é uma espécie de tributo sobre o consumo, pois no imposto de importação o valor é repercutido para o consumidor final residente no país e no imposto de exportação ele é repercutido para o consumidor final no país da importação. A alíquota nos tributos sobre a exportação normalmente é zero e no caso da importação ela varia bastante de lugar para lugar. Nos EUA a alíquota média do imposto de importação no exercício fiscal de 2010 foi de 1,3% e os tributos incidentes sobre o comércio exterior representaram em termos de arrecadação 1,2% do total das receitas da União[304].

Importante observar que enquanto no Brasil, como em muitas outras administrações tributárias, compete ao mesmo órgão central da receita a fiscalização dos tributos aduaneiros (a RFB), nos EUA os direitos aduaneiros são tratados como tema comercial e de segurança e o controle aduaneiro e cobrança de tributos na importação (*tariffs*) é feito por outra agência, também voltada à questão de segurança nacional (*U.S. Customs and Border Protection*)[305], e não pelo IRS (*Internal Revenue Service*, correspondente à RFB no Brasil, exceto no que diz respeito à matéria aduaneira), também a parte do *US Code* que regula a matéria dos direitos aduaneiros está no Título 19 (*19 USC – Customs Duties*), que tem 28 Capítulos e 4.454 artigos (*sections*).[306]

Além dos direitos aduaneiros a União também tem competência para instituir os impostos especiais sobre o consumo de bens e serviços, que

State on Imports or Exports, shall be for the Use of the Treasury of the United States; and all such Laws shall be subject to the Revision and Control of the Congress."

304 UNITED STATES. Department of Commerce, Bureau of the Census. Historical Statistics of the United States 1789-1945: A Supplement to the Statistical Abstract of the United States. 1949.
Disponível em: http://www.census.gov/compendia/statab/past_years.html. Acesso: 1.6.2014

305 "*U.S. Customs and Border Protection, CBP, is one of the world's largest law enforcement organizations and is charged with keeping terrorists and their weapons out of the U.S. while facilitating lawful international travel and trade.*" Ver U.S. Customs and Border Protection em www.cbp.gov/about, acessado em 14/04/2017.

306 Disponível em www.law.cornell.edu/uscode/text/19, acessado em 14/04/2017.

é competência concorrente com os Estados. Por serem tributos especiais atingem apenas alguns os bens e serviços selecionados pelo legislador. O imposto especial sobre o consumo normalmente utiliza alíquotas específicas (uma base por unidade) e às vezes alíquotas ad valorem (alíquota sobre o valor) sobre a produção, importação, ou venda de um bem ou serviço específico, sem, contudo, perder a característica de tributo incidente sobre o consumo.

Nos EUA os bens e serviços selecionados pelos impostos especiais de consumo estão os combustíveis, as bebidas alcoólicas, produtos do tabaco, armas de fogo, transporte aéreo e naval, carvão, produtos que causam danos ambientais (por exemplo o imposto sobre os produtos químicos que comprometem a camada de ozônio ou o imposto sobre o petróleo bruto), serviços de comunicação, apostas, aparelhos médicos, serviços de bronzeamento artificial, veículos poluidores. Dentre estes os mais importantes em termos de receita são os impostos especiais incidentes sobre a gasolina utilizada como combustível para motores (24,8 bilhões de dólares), os cigarros nacionais (14.100 milhões de dólares), diesel como combustível (8,9 milhões de dólares) e transporte aéreo interno (8,7 bilhões de dólares) (dados do exercício fiscal de 2012)[307].

Os impostos especiais sobre o consumo são de tipo monofásico, incidem normalmente na fase da distribuição aos atacadistas, e são não cumulativos. Uma questão importante é que eles, diferentemente dos impostos gerais sobre o consumo, são considerados impostos "ocultos" ou anestesiantes, pois na compra, por exemplo, de combustíveis para automóveis não é destacado o valor do produto sem os impostos. Ou seja, o preço do combustível aparece ao consumidor final com o valor do imposto embutido no seu preço. O contribuinte não tem como saber exatamente qual o valor do imposto especial sobre o consumo, mas mesmo com as críticas de ele estar oculto é praxe aparecer nos postos de venda de combustíveis o valor por galão do imposto especial.

As receitas obtidas com alguns destes impostos especiais sobre o consumo pagos à União, como é o caso dos incidentes sobre gasolina e diesel são destinadas ao Fundo de Transporte (*Highway Trust Fund*) que investe o

---

[307] UNITED STATES. Overview of the Federal Tax System as in Effect for 2014.. Prepared by the Staff of the JOINT COMMITTEE ON TAXATION. March 28, 2014 JCX-25-14. p. 17. Disponível em: https://www.jct.gov/publications.html?func=startdown&id=4568. Acesso: 4.6.2014.

produto da arrecadação em infraestrutura rodoviária. A seguir uma tabela com o montante de tributo especial sobre o consumo de alguns bens e serviços no exercício fiscal de 2014[308]:

Produto	Alíquota *ad valorem* e ou específica
Gasolina combustível	18.3 centavos de dólar por galão
Diesel combustível	24.3 centavos de dólar por galão
Cigarros nacionais	$50.33 por lote de mil cigarros pequenos $105.69 por lote de mil cigarros grandes
Bilhetes aéreos domésticos	7.5% da tarifa, mais $4.00 (2014) por segmento de voo doméstico em geral

O total arrecadado com os impostos especiais sobre o consumo pela União no exercício fiscal de 2013 foi de 84 bilhões de dólares, representando assim 3% do total das receitas tributárias da União[309].

4.2.3. Competência Tributária dos Estados e Governos Locais para Instituir Tributos sobre o Consumo

Considerando a competência concorrente, e também a vedação constitucional para os Estados de instituir os tributos sobre o comércio exterior, e por construção da Suprema Corte, com base na cláusula de comércio, de tributar as operações interestaduais, os Estados podem instituir os seus próprios impostos gerais e especiais sobre o consumo de acordo com as suas conveniências[310], o mesmo em relação aos governos locais, nos limites das leis estaduais. Observe-se que leis aprovadas pelo Congresso dos EUA podem limitar o poder tributário dos Estados e das entidades locais

---

[308] Elaboração própria. Fonte: UNITED STATES. Overview of the Federal Tax System as in Effect for 2014. Prepared by the Staff of the JOINT COMMITTEE ON TAXATION. March 28, 2014 JCX-25-14. p. 18. Disponível em: https://www.jct.gov/publications.html?func=startdown&id=4568. Acesso: 4.6.2014.

[309] Fonte: http://www.cbo.gov/publication/43904 Acesso: 30.5.2014.

[310] Essas limitações limitam a competência em relação à própria incidência tributária. Conforme já foi visto há outras limitações constitucionais ao poder de tributar que atingem os Estados, mas apenas restringem parcela da competência relativa a cada tributo. Ver parte final do item 1.6.1.1. supra.

(Constituição dos EUA, Art. 6. Seç. 2 – *Supremacy Clause*)[311]. Leis estaduais, especialmente as constituições podem limitar o poder de tributar dos governos locais.

Veja-se que neste aspecto o tecido constitucional de regulação de competências tributárias dos EUA é bem diferente do Brasil, que só permite a interferência no poder de tributário dos Estados e Municípios, via ato legislativo federal, nos casos expressamente previstos na Constituição (em geral via Lei Complementar).

No exercício fiscal de 2013 a receita tributária decorrente dos impostos gerais sobre o consumo nos 45 Estados totalizaram 254.700 milhões de dólares. Este valor representou 30,1% do total das receitas fiscais dos Estados.

Além dos impostos gerais sobre o consumo os Estados também instituem os especiais incidentes sobre bebidas alcoólicas, diversões, prêmios de seguros, combustíveis, apostas, serviços públicos, tabaco e outros. Todos estes especiais se aplicam também ao Distrito de Colúmbia, exceto os incidentes sobre diversões e apostas. No exercício fiscal de 2013 o total arrecadado com os impostos especiais sobre o consumo foi de 138,0 bilhões de dólares representando no total das receitas fiscais dos Estados 16,3%. A soma da arrecadação dos tributos gerais e especiais sobre o consumo de competência dos Estados mostra que esta é a principal fonte de receitas estaduais com participação de 46,4% do total[312].

A título ilustrativo a tabela a seguir mostra os valores incidentes com alíquota específica do tributo especial sobre o consumo de bebidas alcoólicas no Estado da Califórnia[313]:

[311] Ver, *e.g.*, 47 USC 152, e Pub. L. 104–104, title VI, § 602, Feb. 8, 1996, 110 Stat. 144, relativamente à proibição de tributação local sobre serviços de satélite para residências (*Preemption of Local Taxation With Respect to Direct-to-Home Services*), mas não veda aos Estados. Informação disponível em https://www.law.cornell.edu/uscode/pdf/uscode47/lii_usc_TI_47_CH_5_SC_I_SE_152.pdf, acesso em 17/04/2017.

[312] UNITED STATES. State Government Tax Collections Summary Report: 2013. *Governments Division Briefs*. By Sheila O'Sullivan, Russell Pustejovsky, Edwin Pome, Angela Wongus, and Jesse Willhide. Released April 8, 2014. U.S. Department of Commerce. Economics and Statistics Administration. U.S. CENSUS BUREAU. p 1 a 4. Disponível em: http://www.census.gov/govs/statetax/. Acesso: 3.6.2014.

[313] Disponível em:. http://www.boe.ca.gov/sptaxprog/tax_rates_stfd.htm#1. Acesso: 5.6.2014.

Imposto sobre consumo de bebidas alcoólicas no Estado da Califórnia

Categorias	Preço por galão 2008-2014
Bebidas destiladas (menos de 100 proof)	U$3.30
Bebidas destiladas (mais de 100 proof)	U$6.60
Cerveja	U$0.20
Vinho	U$0.20
Cidra espumante	U$0.20
Champagne e vinho espumante	U$0.30

Os impostos gerais e especiais sobre o consumo normalmente são tributos monofásicos e não cumulativos. Nos gerais incidem na venda final ao consumidor e nos especiais escolhe-se em regra a fase da distribuição, o que os difere bastante dos tributos sobre o consumo de tipo valor agregado. As vezes pode ocorrer a cumulatividade, por exemplo, quando os bem são vendidos no varejo mais de uma vez, como automóveis usados.

Os tributos gerais sobre o consumo tem uma característica marcante: o bem ou o serviço objeto do gravame tributário são anunciados para a venda sem o valor do imposto incidente o que contribui bastante para a transparência tributária, pois o contribuinte saberá exatamente quanto está pagando pelo bem ou serviço e o quanto de imposto (e o mais relevante, o tributo não faz parte da sua própria base de cálculo, como é o caso do ICMS no Brasil).

Para finalizar, é importante lembrar que além de alguns Estados não terem instituído impostos sobre o consumo por considerarem entre outros motivos a sua regressividade, eles isentam a maioria dos bens e serviços considerados essenciais, como por exemplo, os alimentos. Mesmo com estas medidas o gráfico abaixo que tomou por base o exercício fiscal de 2007 mostra como os tributos gerais sobre o consumo oneram mais quem tem menor capacidade contributiva[314]:

---

[314] DAVIS, Carl; DAVIS, Kelly; GARDNER, Matthew; MCINTYRE, Robert S.; MCLYNCH, Jeff & SAPOZHNIKOVA, Alla. Who Pays? A Distributional Analysis of the Tax Systems in All 50 States. Institute on Taxation and Economic Policy – ITEP: 3 rd. Edition Washington, D.C., 2009, p 118.

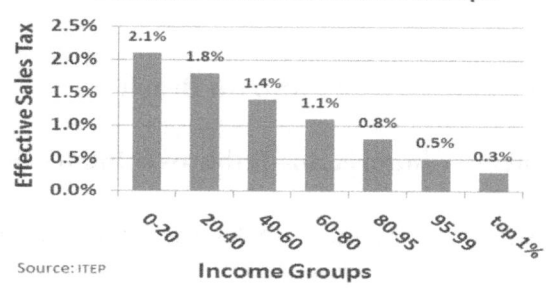

Average Effective Sales Tax for the 50 States for Different Income Groups

Source: ITEP

Os impostos sobre o consumo, sejam eles gerais ou especiais, tem como característica marcante a regressividade. É presente a preocupação com a regressividade do sistema tributário nos EUA. A seguir uma tabela que considera a tributação nos Estados e nomina quais são os Estados em que os tributos são mais regressivos[315]:

The Ten Most Regressive State Tax Systems				
Taxes as shares of income by income for non-elderly residents				
	Taxes as a % of Income on		Ratio of	
	Poorest	Middle	Top	Poor to	Middle to
	20%	60%	1%	Top 1%	Top 1%
Washington	16.90%	10.50%	2.80%	605%	375%
Florida	13.20%	8.30%	2.30%	569%	357%
South Dakota	11.60%	8.20%	2.10%	552%	391%
Illinois	13.80%	11.10%	4.90%	285%	228%
Texas	12.60%	8.80%	3.20%	389%	273%
Tennessee	11.20%	8.60%	2.80%	400%	307%
Arizona	12.90%	9.70%	4.70%	274%	207%
Pennsylvania	12.00%	9.80%	4.40%	274%	225%
Indiana	12.30%	10.70%	5.40%	228%	199%
Alabama	10.20%	9.40%	3.80%	268%	246%

Note: States are ranked by the ITEP Tax Inequality Index. The ten states in the table are those whose tax systems most increase income inequality after taxes compared to before taxes. See page 130 for a full description of the Index. Total taxes as a share of income are post-federal offset.

A preocupação com a regressividade dos tributos sobre o consumo se faz mais presente na tributação estadual do que na tributação federal nos EUA, pois na arrecadação federal a tributação sobre o consumo representa

---

[315] DAVIS, Carl; DAVIS, Kelly; GARDNER, Matthew; MCINTYRE, Robert S.; MCLYNCH, Jeff & SAPOZHNIKOVA, Alla. Who Pays? A Distributional Analysis of the Tax Systems in All 50 States. Institute on Taxation and Economic Policy – ITEP: 3 rd. Edition Washington, D.C., 2009, p 4.

3,2% das receitas[316], enquanto que na arrecadação feita pelos Estados a tributação sobre o consumo representa 46,4% do total (dados de 2013).[317]

4.3. Tributação sobre o Consumo no Brasil

4.3.1. Competência Tributária nos Tributos sobre o Consumo

No Brasil a Constituição Federal estabelece as competências para a instituição dos tributos sobre o consumo da seguinte forma:

Tributo	União	Estados e DF	Municípios e DF
Imposto sobre o comércio exterior – II e IE	SIM		
Imposto sobre produtos industrializados – IPI	SIM		
Imposto sobre operações de crédito, câmbio e seguro, ou relativas a títulos ou valores mobiliários – IOF[318]	SIM		
Contribuição de Intervenção no Domínio Econômico" – CIDE[319]	SIM		

[316] UNITED STATES. Overview Of The Federal Tax System As In Effect For 2012. Prepared by the Staff of the Joint Committee On Taxation. February 24, 2012, JCX-18-12. p. 23. Disponível em: https://www.jct.gov/publications.html?func=startdown&id=4400. Acesso: 4.6.2014.

[317] UNITED STATES. State Government Tax Collections Summary Report: 2013. Governments Division Briefs. By Sheila O'Sullivan, Russell Pustejovsky, Edwin Pome, Angela Wongus, and Jesse Willhide. Released April 8, 2014. U.S. Department of Commerce. Economics and Statistics Administration. U.S. CENSUS BUREAU. p 4. Disponível em: http://www.census.gov/govs/statetax/. Acesso: 3.6.2014.

[318] Em algumas circunstâncias a tributação do IOF pode ser vista como tributação sobre o patrimônio (no sentido dinâmico).

[319] A CIDE, que tem várias subespécies, tende a ser incidência sobre o consumo, mas há casos em que funciona como tributação sobre a renda (caso da chamada CIDE royalties, mas que também pode ser entendia como tributação do consumo em relação à parcela da renda consumida (R = C + P), lembrando que neste caso não é admitido crédito do tributo pago no Brasil pelo vendedor do direito ou serviço no exterior, configurando-se efeito indireto o custo da aquisição, típico de tributo sobre o consumo para o adquirente brasileiro).

Fonte dos dados: Ministério da Fazenda. Receita Federal. Carga tributária no Brasil – 2017: análise por tributos e bases de incidência. p. 5. Disponível em: http://receita.economia.gov.br/dados/receitadata/estudos-e-tributarios-e-aduaneiros/estudos-e-estatisticas/carga-tributaria-no-brasil/carga-tributaria-2017.pdf/view . Acesso: 22.3.2019.

Tributo	União	Estados e DF	Municípios e DF
Contribuição para o Programa de Integração Social e o Programa de Formação do Patrimônio do Servidor Público – PIS/PASEP – + importação	SIM		
Contribuição **para o Financiamento da Seguridade Social** – COFINS – + importação	SIM		
Imposto sobre operações relativas à circulação de mercadorias e sobre prestações de serviços de transporte interestadual e intermunicipal e de comunicação, ainda que as operações e as prestações se iniciem no exterior – ICMS		SIM	
Imposto sobre serviços de qualquer natureza, não compreendidos no ICMS – ISS			SIM
Contribuição para o Custeio do Serviço de Iluminação pública" – COSIP			SIM

Diante deste quadro que estabelece as competências no que tange as espécies tributárias que contemplam a base de incidência consumo, cabe lembrar a arrecadação por bases de incidência no Brasil[320]:

Receita tributária por base de incidência -2017 Brasil (agregado federal, estadual e municipal)

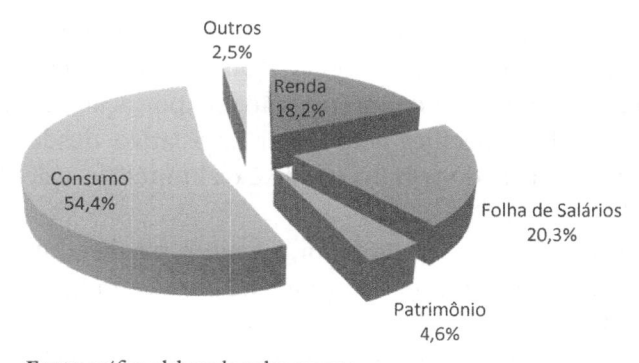

Fonte: gráfico elaborado pelos autores.

---

[320] Fonte dos dados: Ministério da Fazenda. Receita Federal. Carga tributária no Brasil – 2017: análise por tributos e bases de incidência. p. 5. Disponível em: http://receita.economia.gov.br/dados/receitadata/estudos-e-tributarios-e-aduaneiros/estudos-e-estatisticas/carga-tributaria-no-brasil/carga-tributaria-2017.pdf/view . Acesso: 22.3.2019.

Comparativamente ao item acima, da tributação do consumo nos EUA, percebe-se no Brasil que a tributação sobre o consumo é a principal fonte de arrecadação. Se nos EUA ela representa 16,9% (terceira maior fonte de arrecadação), no Brasil representa 54,4% (a principal fonte de arrecadação). Como se sabe a tributação sobre o consumo, em linhas gerais, tem alto grau de regressividade, daí as consequências de uma matriz tributária brasileira altamente regressiva, comparativamente a matriz tributária norte americana.

4.3.2. Impostos sobre o Consumo de Competência da União

Os impostos sobre o comércio exterior, **o imposto de importação – II – e de exportação – IE –**, são tributos incidentes sobre o consumo, pois são repercutidos economicamente para os consumidores. No Brasil eles cumprem uma importante função extrafiscal, ou seja, além do aspecto fiscal de arrecadação de receitas eles são tributos utilizados com fins regulatórios com o intuito de melhor controlar as trocas comerciais com o exterior.

Com esta característica da extrafiscalidade dos impostos sobre o comércio exterior é possível, entre outros objetivos, proteger a indústria nacional, incrementar uma política de geração de empregos, estimular as exportações, substituir as importações com a oferta de produtos similares nacionais, fazer determinada política cambial e alterar a balança comercial. Neste sentido é salutar observar que o Poder Executivo pode alterar as alíquotas do imposto de importação e exportação sem a necessidade de criação de lei específica pelo Poder Legislativo, desde que obedecida a legislação própria do tributo que fixe os limites de ação do Poder Executivo.[321]

Em linhas gerais, o fato gerador, no interesse da administração fiscal, do imposto de importação é a entrada de bens estrangeiros em território nacional. Já o fato gerador do imposto de exportação é a saída de produtos nacionais ou nacionalizados do país. Como o Brasil, assim como os EUA, é signatário do Acordo GATT/OMC, que estabelece como objetivo o livre comércio entre os países, as importações e exportações terão que

---

[321] A competência para a fixação das alíquotas dos impostos e importação e exportação atualmente está delegada para a Câmara de Comércio Exterior – CAMEX (Decreto nº 4.732/2003, art. 2, incisos XII e XIII).

necessariamente atender algumas especificidades acerca de uma neutralidade tributária.

Para que se alcance a neutralidade tributária, com o escopo de contribuir com o livre comércio entre os países signatários, os bens que serão exportados devem sofrer um processo designado de "desalfandegação" e os bens importados um processo de "alfandegação". No primeiro caso o exportador terá direito a restituição, no caso um crédito tributário, de todos os tributos suportados no decorrer das inúmeras fases do processo produtivo, em especial, os tributos sobre o consumo incidentes sobre estes bens. Já no caso da importação o processo é o contrário, se no primeiro se desonera os bens que serão exportados, se onera os bens importados da mesma forma e no mesmo montante dos congêneres nacionais.

Veja-se que nos EUA a fixação de alíquota depende sempre lei, não havendo exceção constitucional para alteração de alíquotas, mesmo de tributos aduaneiros. De ressaltar que há casos de tributos locais em que se demanda consulta popular de forma a corroborar as alterações tributárias, especialmente os aumentos de carga tributária e sua destinação.

Importante também mencionar que enquanto a Constituição dos EUA veda a tributação na exportação[322] a Constituição brasileira expressamente atribui à União competência para instituir imposto sobre a exportação. Efetivamente este tributo, sem fins arrecadatórios, é utilizado com finalidades extrafiscais de maneira efetiva, como é o caso da tributação do cigarro na exportação (pela alíquota máxima de 150%), e também de armas, com a finalidade de evitar o contrabando e a exportação ficta de cigarros para os países limítrofes, e em casos de risco de desabastecimento do mercado interno em virtude de demanda aquecida no mercado internacional de determinado produto (como já aconteceu com o açúcar, magnésio

---

[322] Nos EUA, a vedação é direta para a União (*export clause*, Art. I, Sec. 9, Cláusula 5) e limitativa para os Estados (*import export clause*, Art. I, Sec. 10, Cláusula 2) (que depende de autorização do Congresso federal para fazê-lo, e não pode ser utilizado com fins arrecadatórios), além do que as nos casos em que há possibilidade de se entender que haveria uma forma de tributação indireta da exportação, a Suprema Corte tem interpretado restritivamente, as cláusulas constitucionais impeditivas e afastado a tributação da exportação. Cf. em LUNDER, Erika K. Export Clause: Limitation on Congress's Taxing Power. Congressional Research Service. 2012. Disponível em https://fas.org/sgp/crs/misc/R42780.pdf. Acessado em 23/03/2017; ABRAMSON, Leslie, W. State Taxation of Exports: The Stream of Constitutionality. North Carolina Law Review, Chapel Hill, v. 54, n. 1, p. 59-82, 1957., disponível em http://scholarship.law.unc.edu/nclr/vol54/iss1/6, Acessado em 17/04/2017.

metálico a atualmente com alguns tipos de couro). Observe-se que até a Emenda nº 42/2003, os Estados brasileiros podiam tributar a exportação de mercadorias não industrializadas (neste caso o ICMS funcionava com uma tributação sobre a exportação de produtos primários).

Outro imposto incidente sobre o consumo de competência da União é o imposto sobre produtos industrializados – IPI –. No Brasil alguns autores erroneamente consideram que ele incide sobre a produção, sobre a industrialização, mas de fato incide sobre o consumo de bens industrializados, i.e., produtos industrializados, sejam eles nacionais ou estrangeiros. Assim, como principais características pode se afirmar que é um tributo indireto (repercute para o consumidor o ônus tributário), seletivo em função da essencialidade do bem é não cumulativo, compensando-se o que for devido em cada operação com o montante cobrado nas operações anteriores.

Porém seu âmbito de incidência está vinculado às fases em que ocorrem operações que a norma identifica como operações de industrialização[323] em uma cadeia de produção (e também na importação e subsequente revenda), cessadas essas etapas, o tributo não incide na cadeia apenas comercial (ficando incorporado ao valor do produto como tributo cujo ônus, ao final, será repassado ao consumidor). Assim, o IPI é uma espécie de IVA visto que é previsto constitucionalmente como um imposto não--cumulativo, em que se compensa o que é devido em cada operação com o montante cobrando em fases produtivas anteriores, caracterizando assim uma incidência tributária sobre o valor agregado nas fases de industrialização[324].

O IPI é um tributo ao mesmo tempo geral e especial, no sentido de seletivo (pois tem uma tributação diferenciada para alguns produtos) sobre o consumo e incide sobre os bens e com as alíquotas correspondentes relacionados na Tabela de Incidência do IPI – TIPI (que em termos de classificação corresponde à tabela de classificação do Sistema Harmonizado para efeito de tributação pelo imposto de Importação, com inúmeras alíquotas).

---

[323] Que a legislação define como qualquer das seguintes operações: transformação, beneficiamento, montagem, acondicionamento ou reacondicionamento, renovação ou recondicionamento (art. 4º do Decreto n. 7.212 , 2010 – RIPI).

[324] Art. 153, § 3, II, da Constituição Federal.

Do total da arrecadação do IPI (considerando o ano-calendário de 2015) sobre o consumo geral correspondeu a 66% de sua arrecadação, e 34% como tributo especial/seletivo (ou *excise tax*), considerando as incidências sobre produtos do tabaco, automóveis e bebidas (alcóolicas e não-alcóolicas),[325] embora deva-se considerar que há outros produtos com alíquotas suficientemente altas para serem considerada como tributação especial/seletiva (no sentido de *excise tax*), como é o caso dos perfumes.

Observar-se que não incide o IPI sobre produtos industrializados destinados ao exterior, o que é decorrente de um comando constitucional[326]. De fato, a denominada imunidade à exportação abarca todos os tributos sobre o consumo[327], exceto o próprio imposto de exportação.

Nos EUA não há tributo geral sobre o consumo cobrado pela União, somente tributos especiais (*excise taxes, e.g.*, sobre combustíveis e tabaco), embora haja discussões em torno do estabelecimento de tributo sobre o consumo geral pela União, seja na forma de imposto sobre o consumo no varejo, de forma unifásica (*retail sales tax*), seja sobre o valor agregado (*value adde tax – VAT*).[328]

O outro imposto sobre o consumo de competência privativa da União no Brasil é o imposto sobre operações financeiras. Este imposto conhecido pela singela sigla IOF (para "imposto sobre operações financeiras") incide sobre operações distintas que ocorrem no denominado mercado financeiro, respectivamente: operações de crédito, câmbio e seguro, ou relativas a títulos ou valores mobiliários, e também sobre o ouro ativo financeiro ou instrumento cambial (incidência única).

---

[325] BRASIL. Receita da Receita Federal do Brasil. Subsecretaria de Tributação e Contencioso. Coordenação-Geral de Estudos econômico-Tributários e de Previsão e Análise de Arrecadação. Carga Tributária no Brasil 2015: Análise por tributos e bases de incidência. Brasília-DF. Set. 2016. p. 41. Disponível em: <http://www.receita.fazenda.gov.br/Publico/estudoTributarios/estatisticas/CTB2016.pdf> Acesso em: 10/04/2017.

[326] Art. 153, § 3, III, da Constituição Federal.

[327] No caso do ISS, a Constituição Federal remete à lei complementar a exclusão de sua incidência exportações de serviços para o exterior.

[328] Ver, *e.g.*, MIKESELL, John L. The American Retail Sales Tax: Considerations on Their Structure, Operations, and Potential as a Foundation For a Federal Sales Tax.National. Tax Journal, p. 149-65, Vol 50 no. 1, March, 1997; VALADÃO, Marcos Aurélio Pereira. Value Added Tax (VAT) and Retail Sales Tax (RST): A Comparative Analysis on the Two Tax Methodologies in the U.S. Revista de Direito Internacional Econômico e Tributário. Brasília, v. 1, n. 1, p. 28-47, 2006.

São na verdade cinco incidências distintas, com tratamento legal distinto.[329] É um imposto especial sobre o consumo de tipo monofásico, podendo dependendo da circunstância, ser plurifásico, e neste caso é cumulativo. O IOF é também um imposto regulatório, com fins eminentemente extrafiscal (dependendo da forma como e cobrado e da alíquota tem fortes impactos no mercado de moeda e crédito), embora tenha sido consistentemente utilizado com fins arrecadatórios (a modalidade sobre seguros tem teor arrecadatório). Destaque-se que no modelo tributário dos EUA não se encontra tributo semelhante ao IOF (exceto no que se refere à modalidade sobre o seguro, cobrado pelos Estados) sendo a função regulatória muitas vezes exercidas por tributação e alíquota diferenciadas do imposto de renda para determinadas operações.

Além dos impostos sobre o consumo de competência da União (II, IE, IPI e IOF) tem-se a cobrança da denominada "Contribuição de Intervenção no Domínio Econômico" – CIDE. Existem diversas espécies de CIDEs, sendo que a chamada CIDE combustíveis, que tem por base de incidência, como nome indica as operações realizadas com combustíveis e por objetivo final a regulação dos preços desta importante matriz energética, tem também regulação constitucional específica (a única que tem este tratamento).[330]

Trata-se, apesar do nome, de um tributo especial sobre o consumo que tem por fato gerador a comercialização no mercado interno e a importação de combustíveis como a gasolina, o diesel, querosene de aviação, óleos combustíveis (*fuel-oil*), o gás liquefeito de petróleo (GLP) e o álcool etílico combustível. É um tributo especial sobre o consumo não cumulativo, pois pode ser deduzido o valor do tributo pago em operações anteriores. As alíquotas são específicas, isto é, um determinado valor por determinada quantidade de combustível. Como se trata de um tributo regulatório, a Constituição prevê também suas alíquotas podem ser alteradas também por ato do Poder Executivo.

Outras CIDEs tem certa relevância, como é o caso do Adicional de Frete para a Renovação da Marinha Mercante – AFRMM –, que incide sobre

---

[329] Na verdade, quando há possibilidade de sobreposição de uma espécie (crédito) sobre a outra (títulos e valores mobiliários), o CTN determina que haja somente uma incidência (Parágrafo único do art. 63 do CTN), contemplando, o CTN, alternativas (a serem estabelecidas na Lei Ordinária, art. 64).

[330] Art. 177, § 4º da Constituição Federal.

fretes internacionais, e a chamada CIDE Royalties, destinada ao setor de inovação e tecnologia.[331]

Outras duas contribuições de competência da União denominadas de Contribuição para o Programa de Integração Social – PIS – e a Contribuição para o Financiamento da Seguridade Social – COFINS, considerando sua incidência sobre a receita bruta, típicos tributos sobre o consumo, pois são repercutidas para o consumidor. A legislação dessas contribuições trata, em conjunto, de outra contribuição denominada Programa de Formação do Patrimônio do Servidor Público – PASEP –, mas que tem um âmbito de incidência que não corresponde à tributação sobre o consumo, portanto completamente diferente do PIS/COFINS, e que será tratado adiante.[332] Com o foco na tributação sobre o consumo serão tratados o PIS/COFINS em conjunto. O que difere o PIS da COFINS diz respeito a determinados contribuintes, ambos têm como contribuintes sobre pessoas jurídicas, mas no caso de pessoas jurídicas como instituições de educação e

---

[331] A CIDE Royalties incide sobre os valores pagos, creditados, entregues, empregados ou remetidos, a residentes ou domiciliados no exterior, a título de remuneração por aquisição de conhecimentos tecnológicos, ou que que impliquem transferência de tecnologia e também de serviços técnicos e de assistência administrativa e semelhantes a serem prestados por residentes ou domiciliados no exterior, bem assim pelas pessoas jurídicas que pagarem, creditarem, entregarem, empregarem ou remeterem royalties, a qualquer título, a beneficiários residentes ou domiciliados no exterior – que tem como objetivo destinada a financiar o Programa de Estímulo à Interação Universidade-Empresa para o Apoio à Inovação (Lei nº 10.168/2000, e alterações).

[332] A "Contribuição para o Programa de Integração Social" – PIS foi instituída pela Lei Complementar nº 7/1970, e tinha como base faturamento (e também uma parcela do imposto de renda, sistemática já abandonada), com previsão também folha de pagamentos (via remissão legislativa), para entidades sem fins lucrativos, já a Contribuição para o Programa de Formação do Patrimônio do Servidor Público PASEP foi instituída pela Lei Complementar nº 8/1970, e tem como base de incidência as receitas derivadas dos Estados e Municípios, ou seja, embora os recursos decorrentes das duas contribuições se destinassem a trabalhadores privados e públicos, nesta sequência, as suas bases de incidência, ontologicamente, nada tem a ver uma com a outra, simplesmente porque entidade pública não tem "faturamento" de "receitas tributárias e transferências". Essas duas contribuições foram recepcionadas pela Constituição de 1988, em seu art. 239, com destinações específicas no âmbito da seguridade social e do desenvolvimento econômico. Já a "Contribuição para o Financiamento da Seguridade Social" – COFINS, foi instituída pela Lei Complementa nº 70/1991, com incidência sobre o faturamento (depois receita), sendo a destinação genérica para o orçamento da seguridade social. O regulamento conjunto das três contribuições, embora bastante desatualizado em face das modificações, é o Decreto nº 4.524/2002 (que regulamenta a Contribuição para o PIS/Pasep e a Cofins devidas pelas pessoas jurídicas em geral).

de assistência social sem fins lucrativos, sindicatos e templos, a incidência do PIS fica transferida para a folha de pagamento, pois essas pessoas jurídicas não têm a cobrança dessas contribuições sobre suas receitas (isenção ou imunidade, conforme o caso).

Assim, PIS/COFINS incide sobre: a) o faturamento ou auferimento de receitas de pessoas jurídicas de direito privado (incidência geral), b) o pagamento da folha de salários das entidades consideradas pela lei de relevância social (caso especial do PIS) (essa incidência tem importância menor, já o PIS/COFINS sobre a receita ou faturamento é um tributo com grande capacidade arrecadatória).

Esses tributos forma instituídos originalmente de maneira cumulativa. Porém, no início dos anos 2000, primeiro o PIS e depois a COFINS, passaram a se sujeitar também ao regime não cumulativo, este reservado somente aos contribuintes que apuram o imposto de renda pelo regime do lucro real, que em geral, é obrigatório para grandes empresas, e para empresas do setor financeiro. Assim a grande massa de contribuintes que apura pelo lucro presumido é sujeita ao regime cumulativo, ou ao SIMPLES Nacional, que engloba também a PIS/COFINS, e é também cumulativo.

No regime de incidência cumulativa em que a base de cálculo é o total das receitas da pessoa jurídica sem direito a deduções em relação a custos, despesas e encargos com alíquota do PIS de 0,65% e da COFINS de 3% (alíquota total sobre a receita de 3,65%). No caso do regime de incidência não cumulativa em que se permite o desconto de créditos apurados com base em custos, despesas e encargos da pessoa jurídica, com alíquotas respectivas de 1,65% e 7,6% (alíquota total sobre a receita de 9,25%).

Deve-se ressaltar que a legislação do PIS/COFINS é extremamente complexa no que diz respeito a regimes especiais para diversos setores, com regimes de tributação monofásica, substituição tributária e tratamentos diferenciados por atividade.[333] Além disso, diversas questões constitucionais surgiram, especialmente sobre o conceito do termo faturamento, tendo resultado na Emenda nº 20/1998 alterado o âmbito de incidência de "faturamento" para "receita ou faturamento", restando diversas discus-

---

[333] Por exemplo: tratamento especiais para instituições financeiras e entidades sem fins lucrativos e base de cálculo diferenciada para empresas de fomento comercial (*factoring*), operações de câmbio, receitas relativas às operações de venda de veículos usados e compra e venda de energia elétrica, e, ainda, na substituição tributária no caso dos importadores e os fabricantes de cigarros e veículos.

sões ainda sobre a aplicação e a extensão desses termos, não cabendo aqui aprofundar nessa seara.[334] Outro aspecto, mas este restrito ao regime não cumulativo é a metodologia a ser adotada na atribuição dos custos, despesas e encargos que geram o direito ao crédito, constituindo-se também tema fonte de frequentes e complexas controvérsias.

Convém observar que essas contribuições sociais, assim denominadas pela Constituição, mas que são utilizadas para gastos gerais do governo acabam assumindo as feições de impostos, podendo se inserir na categoria de impostos sobre o consumo, passaram também a incidir sobre a importação de bens, após a alteração constitucional via Emenda nº 42/2003.[335] Como já dito, as receitas de exportação são imunes a essas contribuições (art. 149, § 2º).

---

[334] A última decisão mais relevante corresponde á inclusão ou não do ICMS na base de cálculo do PIS/COFINS, tendo o STF decidido pela não inclusão. RE nº 574.706, julgado em 15/03/2017, com repercussão geral. Tal fato implica perda de receita relevante para a União, que provavelmente forcará o Governo a aumentar as alíquotas dessas contribuições para compensar a diminuição da base de cálculo, embora haja alternativas em relação aos tributos sobre a renda e patrimônio (de forma a diminuir a regressividade do sistema), mas que tem o aspecto da partilha forçada com os Estados e Municípios, resultando em um aumento maior ainda da carga tributária, para manter a mesma receita da União. O efeito cascata deverá vir com a discussão sobre o ISS na base de cálculo do PIS/COFINS, já com casos pendentes no STF. Não é improvável que dessa discussão resulte uma nova emenda constitucional a desdizer o que disse o STF. Salienta-se, também, que o STF, até a presente data (2018), ainda não modulou os efeitos da sua decisão, se será *ex tunc* ou *ex nunc*, pairando na comunidade jurídica e política, a seguinte pergunta: por que não modulou os efeitos quando proferiu a decisão que retirou o ICMS da base de cálculo do PIS/COFINS?

[335] A referida Emenda inseriu o inciso IV ao art. 195 da Constituição. A regulamentação deu-se pela Lei n° 10.865 de 2004, denominada "PIS/PASEP e COFINS Importação", sendo que o contribuinte é o importador de bens estrangeiros ou serviços do exterior, ou quem a lei a ele equiparar. Veja-se que a rigor, esta mudança constitucional é desnecessária, isto porque, por uma questão de lógica econômica (que permeia as normas de Direito Tributário), toda tributação sobre o consumo incidente internamente, deve, também, necessariamente, recair sobre os produtos importados, sobre pena de se dar tratamento diferenciado (e privilegiado) aso bem e serviços importados. A desnecessidade da alteração constitucional decorre da lógica da tributação e dos sistemas tributários em consonância com os outros dispositivos da própria Constituição (especialmente, no caso a livre concorrência, a soberania nacional e busca do pleno emprego, previsto no art. 17º Constituição). Assim, a legislação do PIS/COFINS poderia ter sido alterada instituindo a cobrança desses tributos na importação, sem necessidade de permissão constitucional e sem que nenhum dispositivo constitucional fosse violado. Na verdade, seria o contrário, i.e., dar-se-ia efetividade aos mencionados dispositivos da Constituição econômica.

Veja-se que em confronto com os EUA, naquele país há não nenhum tributo sobre o consumo geral imposto pela União (apenas os especiais), enquanto no Brasil se tem dois tributos gerais sobre o consumo: IPI e PIS/COFINS (ou três se individualizarmos os PIS/COFINS, que tem algumas particularidades em relação ao PIS, a depender do tipo de contribuinte), acrescido das incidências que economicamente correspondem à tributação sobre o consumo (no lucro presumido e no SIMPLES Nacional)[336], em conjunto representam, no ano de 2015, R$ 503 bilhões da arrecadação federal (desses R$ 230 bilhões correspondem ao PIS/COFINS), enquanto o imposto de renda (considerando todas incidências), representa R$ 352 bilhões, correspondendo respectivamente a 37,8% (tributação federal do consumo) e a 26,5% (tributação federal da renda, sem considerar a contribuição previdenciárias sobre a folha de pagamento) relativamente ao total da arrecadação federal, sendo que a arrecadação previdenciária sobre folha correspondeu a 37,4% (ano-calendário de 2015).

Fica evidente que a tributação federal sobre o consumo é a principal fonte de arrecadação da União seguido pela tributação sobre a folha (contribuição previdenciária) e depois o imposto de renda, sendo o PIS/COFINS o principal tributo federal sobre o consumo.

No caso dos EUA a tributação federal sobre o consumo (toda sob a forma de tributação especial – *excise tax*), correspondeu a 3%, se consideradas outras fontes (tributos aduaneiros) pode chegar em torno de 4,5%, enquanto o imposto de renda (considerando todas incidências), representou 58%, e contribuição (seguridade social sobre folha) representou 32,8%.[337]

---

[336] Outro fator a destacar é que nos casos das incidências com base na receita, onde há incidência do IRPJ e da CSLL, como no lucro presumido e no SIMPLES, esses tributos, tem caraterísticas de tributação sobre o consumo, pois incidem sobre a receita e são repercutidos ao consumidor final. Não é por outro motivo que, corretamente, os relatórios da RFB tratam essas incidências desta forma, *e.i.*, como tributos sobre bens e serviços, na categoria "cumulativos". Cálculos dos autores. Fonte: BRASIL. Receita da Receita Federal do Brasil. Subsecretaria de Tributação e Contencioso. Coordenação-Geral de Estudos econômico-Tributários e de Previsão e Análise de Arrecadação. Carga Tributária no Brasil 2015: Análise por tributos e bases de incidência. Brasília-DF. Set. 2016. p. 40-41. Disponível em: <http://www.receita.fazenda.gov.br/Publico/estudoTributarios/estatisticas/CTB2016.pdf> Acesso em: 10/04/2017

[337] Cálculos dos autores. Fonte: CONGRESS OF UNITED STATES Overview of The Federal Tax System As In Effect For 2017. Prepared by the Staff of the Joint Committee On

Fica evidenciado o quanto mais pesada é a tributação no consumo no caso do Brasil em relação aos EUA, e mesmo se considerarmos a tributação estadual e municipal, a tributação estadual brasileira é fortemente baseada no consumo (o ICMS é o principal tributos dos Estados), e embora nos EUA a tributação sobre o consumo também seja a principal fonte de renda tributária dos Estados, a tributação da renda e do patrimônio é relativamente mais relevante que no Brasil, sendo que situação se equivale nos Municípios (com certa relevância da tributação do patrimônio), donde se conclui que o sistema tributário brasileiro é mais regressivo que o dos EUA, e portanto mais concentrador de renda, sendo que a concentração de renda no Brasil é maior que nos EUA, conforme se viu anteriormente.

Por fim, a excrecência do PASEP. Como uma última nota, sobre o Programa de Formação do Patrimônio do Servidor Público – PIS/PASEP, verifica-se que a instituição de um tributo que incidisse sobre as receitas tributárias das entidades federativas, caso se tentada nos EUA, considerando o histórico da intepretação constitucional de suas poucas cláusulas tributárias e de como é tratada a questão federativa em matéria tributária, seria considerada inconstitucional e se tentada a sua constitucionalização via emenda, talvez a Suprema Corte dos EUA considerasse a própria emenda inconstitucional (coisa que nunca fez). A tributação das receitas próprias das entidades federativas é uma excrecência tributária inominável, cuja instituição só foi possível em virtude de ter sido feita no ápice de um regime de exceção, ditatorial (1970). É incrível (no sentido de inacreditável) que a chamada "Constituição cidadã" (em seu art. 239) construída por seus constituintes originários, representantes do povo, mas também dos Estados e Municípios, tenham deixado na matriz tributária brasileira tamanho aleijão ao pacto federativo.

4.3.3. Competência para a Instituição de Imposto sobre o Consumo dos Estados e Distrito Federal

O imposto sobre operações relativas à circulação de mercadorias e sobre prestações de serviços de transporte interestadual e intermunicipal e de comunicação, ainda que as operações e as prestações se iniciem no exterior

Taxation. March 15, 2017 JCX-25-14, p. 22 Disponível em: https://www.jct.gov/publications. html?func=startdown&id=4989. Acesso: 02/04/2017.

– ICMS – é o principal tributo geral e especial sobre o consumo no Brasil em termos arrecadatórios. Ele é de competência dos 26 Estados e também do Distrito Federal e é corriqueiramente denominado de forma mais sucinta de "imposto sobre a circulação de mercadorias e serviços" ou pelo acrônimo ICMS.

Salienta-se que, em termos arrecadatórios, este imposto é o principal tributo da competência dos Estados e do Distrito Federal, por outro, em termos da sua administração fiscal, é um dos tributos mais complexos do sistema tributário brasileiro.

Em relação à complexidade na administração do ICMS é importante notar que além dos inúmeros dispositivos constantes na Constituição Federal, tem-se a Lei Complementar nº. 87 de 1996, que trata das normas gerais do imposto, que deveria ser respeitada por todos os Estados e Distrito Federal, porém encontram-se diversas situações de desvios da norma geral. Assim cada dos 26 Estados e DF edita suas leis ordinárias sobre ICMS e as consolida nos Regulamentos do ICMS.

Por um lado, o ICMS é um tributo geral sobre o consumo de tipo plurifásico de valor agregado e não-cumulativo, diferentemente da União que parte da arrecadação advém de tributo sobre o consumo geral cumulativo. Assim, o ICMS é um tributo tipo IVA, mas é um IVA parcial, não obstante a Constituição Federal estabelecer que é um tributo não-cumulativo[338], pois só incide sobre mercadorias e alguns serviços (transporte e comunicações), não tendo, portanto, base ampla, embora compreenda todos comerciantes (diferente do PIS/COFINS não cumulativo que só aplica aos que apuram o IR pelo lucro real, e do IPI que só incide na cadeia enquanto ocorra operação de industrialização).

Por outro lado, o ICMS funciona como um tributo especial sobre o consumo e incide com alíquotas diferenciadas em produtos como bebidas, combustíveis, energia elétrica, tabaco e serviços de telecomunicações.[339]

---

[338] Art. 155, § 2º, I, da Constituição Federal que estabelece: será não-cumulativo, compensando-se o que for devido em cada operação relativa à circulação de mercadorias ou prestação de serviços com o montante cobrado nas anteriores pelo mesmo ou outro Estado ou pelo Distrito Federal.

[339] A Constituição em seu art. 155, § 2º, inciso III, dispõe que o ICMS poderá ser seletivo: "poderá ser seletivo, em função da essencialidade das mercadorias e dos serviços". Outra norma constitucional tributária completamente despicienda, mesmo porque o critério da

Assim, embora tenha uma natureza preponderantemente fiscal, isto é, arrecadatória, pode ter a uma função extrafiscal. Também, por meio da seletividade, é possível diminuir a regressividade deste tipo de imposto, como por exemplo a utilização de alíquotas menores para produtos alimentícios. Diferentemente dos EUA, no Brasil todos os Estados e o Distrito Federal instituíram o imposto geral sobre o consumo mesmo que seja considerado altamente regressivo.

Também, diferentemente do que ocorria nos EUA, onde era vedada a tributação de operações interestaduais pelos Estados (construção jurisprudencial da Suprema Corte a partir da *commerce clause*)[340], no Brasil o ICMS, o principal tributo geral sobre o consumo é da competência dos Estados, e a própria Constituição Federal em seu caudaloso § 2º, do art. 155, disciplina como se dá a incidência nas transações interestaduais, remetendo ao Senado e à Lei Complementar a resolução de problemas intrínsecos a essa característica (*e.g.*, fixação alíquotas diferenciadas para as operações interestaduais, e algumas mercadorias sujeitas á tributação no destino).

A principal consequência desta tributação e da falta de coordenação no desenvolvimento regional por parte da União foi a iniciativa dos Estados de políticas de desenvolvimento com base em benefícios fiscais por intermédio do ICMS, gerando uma espécie de competição tributária. Embora a Constituição remeta à Lei Complementar que disciplina por via do CONFAZ o estabelecimento de benefícios fiscais[341], esta competição degenerou na denominada guerra fiscal entre os Estados.

---

seletividade em função da essencialidade, a rigor, não é obedecido, já que serviços essenciais como energia elétrica e telecomunicações são, muitas vezes, os mais tributados.

[340] Até bem recentemente a jurispudência da Suprema Corte vedava a tributação nas operações interestaduais (casos *National Bellas Hess, Inc. v. Department of Revenue of the State of Illinois* 386 U.S. 753 (1967) e *Quill Corporation v. North Dakota* 504 U.S. 298 (1992). Esses casos foram revertidos pela decisão de junho de 2018 no caso Wayfair (*South Dakota v. Wayfair, Inc.*, 585 U.S. ___ (2018)), em decorrência da proliferação das operações da internet, em que o requisito da presença física (vendas por *brick and mortar stores*) literalmente desapareceu. De lembrar que tal situação levou também à um Emenda à Constituição brasileira permitindo a repartição das rendas do ICMS em operações não presenciais (Emenda 87/2015).

[341] Lei Complementar nº 24, de 7 de janeiro de1975 (Dispõe sobre os convênios para a concessão de isenções do imposto sobre operações relativas à circulação de mercadorias, e dá outras providências).

Esta guerra fiscal perpetrada justamente em função da possibilidade de operações estaduais tributadas que geram crédito para os Estados destinatários, sem que o imposto no Estado remetente tenha sido efetivamente pago – o que ao fim e ao cabo, levou a praticamente todos Estados a adotarem a prática de benefícios fiscais inconstitucionais, onde todos perdem ("corrida ao fundo do poço"), chegou-se ao absurdo de Estados com legislações inconstitucionais apresentarem ações diretas inconstitucionalidade no STF contra as os benefícios de outros Estados e vice-versa, em casos em que os benefícios de ambos os Estados são inconstitucionais, e o STF tem mantido a posição de que tais benefícios sem o apanágio do CONFAZ devem ser considerados inconstitucionais.

Uma coisa é o benefício fiscal, em que a entidade afeta sua própria receita (o que também ocorre nos EUA), outra coisa é conceder benefício fiscal que afeta a receita dos outros Estados, caso da guerra fiscal do ICMS, que só existe desta forma por conta da tributação interestadual pelo ICMS – esta questão ainda está por ser resolvida.[342]

Outra questão importante e controvertida é a tributação interestadual e as vendas sem presença física (que evoluíram exponencialmente nos últimos quinze anos por conta da expansão da internet), acabou provocando uma alteração constitucional (Emenda Constitucional nº 87/2015), que teve como efeito transferir a receita do ICMS, antes toda alocada ao Estado remetente, em parte para o Estado destinatário onde reside o consumidor final, que corresponde ao diferencial de alíquota interna e a alíquota interestadual (com uma fase de transição até 2020).

Nos EUA a questão das compras via internet também provocou reações dos Estados destinatários, embora muitas vezes gerava uma não tributação, já que não há tributação interestadual, o que levou os Estados dos EUA a recrudescerem na utilização chamada *use tax, i.e.* a tributação sobre o 'uso ou consumo", onde o consumidor é o contribuinte por consumir determinado bem ou serviço no Estado, gerando acordos entre os Estados (*compact*) de forma que o tributo seja recolhido antecipadamente no

---

[342] Há diversos estudos sobre o tem, ver *e.g.*, VALADÃO, Marcos Aurélio Pereira ; MENDONÇA, José Ronaldo Carlos de Almeida ; BRANDAO, C. ; LINCOLN, M. A. L. ; MOURA, M. T. ; SOARES, R. B. . Aprimoramento da Tributação do Consumo: Uma Proposta de Aprimoramento do ICMS. Fórum Fiscal dos Estados Brasileiros – Programa de Estudos 2011. 1. ed. Brasília: ESAF, 2012, V. 1, p. 11-109.

Estado remetente (origem) e passado ao Estado onde reside o consumidor (destino).

No que concerne a arrecadação fiscal pelos Estados deste imposto sobre o consumo o gráfico abaixo mostra a importância arrecadatória[343]:

Receita tributária por base de incidência -2017- Estados

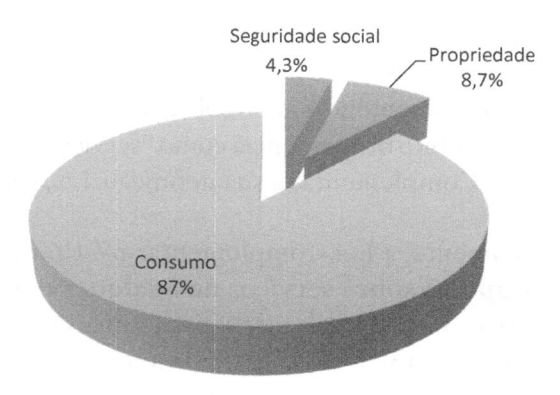

Fonte: gráfico elaborado pelos autores.

Percebe-se assim que para o ano de 2017, os percentuais da receita tributária dos Estados em relação à base de incidência eram: consumo: 87%, seguridade social (folha de salários): 4,3%, e propriedade: 8,7%.[344] Esses

---

[343] Fonte dos dados: Ministério da Fazenda. Receita Federal. Carga tributária no Brasil – 2017: análise por tributos e bases de incidência. p. 5. Disponível em: http://receita.economia. gov.br/dados/receitadata/estudos-e-tributarios-e-aduaneiros/estudos-e-estatisticas/carga-tributaria-no-brasil/carga-tributaria-2017.pdf/view . Acesso: 24.3.2019.
Nesses números, as taxas pela prestação de serviços e pelo poder de polícia estão englobados no conceito de tributo sobre o consumo (no caso consumo de serviços públicos, ainda que o valor do tributo seja a totalidade do preço pago, peculiaridade das taxas).
[344] BRASIL. Receita da Receita Federal do Brasil. Subsecretaria de Tributação e Contencioso. Coordenação-Geral de Estudos econômico-Tributários e de Previsão e Análise de Arrecadação. Carga Tributária no Brasil 2015: Análise por tributos e bases de incidência. Brasília-DF. Set. 2016. p. 29. Disponível em: <http://www.receita.fazenda.gov.br/Publico/estudoTributarios/estatisticas/CTB2016.pdf> Acesso em: 10/04/2017. Nesses números, as taxas pela prestação de serviços e pelo poder de polícia estão englobados no conceito de tributo sobre o consumo (no caso consumo de serviços públicos, ainda que o valor do tributo seja a totalidade do preço pago, peculiaridade das taxas).

percentuais não variam abruptamente, assim, por exemplo, em 2012 a extratificação era: consumo 88,4%, propriedade 7,6%, seguridade social 4%[345].

4.3.4. Competência para a Instituição de Impostos sobre o Consumo dos Municípios e Distrito Federal

Em decorrência da repartição das bases de incidência entre as entidades federativas, coube aos Municípios e do Distrito Federal, no que se refere à tributação do consumo, a tributação dos serviços, não compreendidos na competência os serviços que sejam tributados pelo ICMS. Porém a Constituição não dá competência geral sobre todos os serviços. Contudo, apesar de designar âmbito de incidência como "serviços de qualquer natureza", remete à Lei Complementar a sua definição, i.e., sobre os quase irá incidir o imposto.

Em vigor atualmente, a Lei Complementar nº. 116 de 31 de julho de 2003, trata do **imposto sobre serviços de qualquer natureza** – ISS – e estabelece em anexo a lista de serviços sobre os quais pode incidir o referido imposto. A Lei Complementar estabeleceu que a base de cálculo do ISS é o preço do serviço e que a alíquota máxima será de 5% (cinco por cento). Trata-se de tributo indireto, assim, o contribuinte de direito será o prestador do serviço e o contribuinte de fato o tomador do serviço.

O ISS, pensado como um imposto geral sobre serviços, tem a natureza de um imposto especial sobre serviços, pois o legislador selecionou quais os serviços que seriam passiveis de incidência tributária, ocorre que a lista é bastante extensa, o que o quase caracteriza, de fato, como um imposto geral sobre serviços. Ele é em regra um tributo monofásico, mas se considerarmos uma cadeia de prestação de serviços ele passa a ser plurifásico e cumulativo. O ISS também não incide na exportação de serviços, na mesma lógica dos outros tributos sobre o consumo.

O ISS é o mais importante tributo dos Municípios em termos de arrecadação. Considerando dados de 2015 para todo o país, tem-se que o ISS correspondeu a 47,3%, em média, das receitas tributárias próprias dos

---

[345] BRASIL Ministério da Fazenda. Receita Federal. Carga tributária no Brasil – 2012: análise por tributos e bases de incidência, p. 24. Disponível em http://www.receita.fazenda.gov.br/publico/estudoTributarios/estatisticas/CTB2012.pdf, Acesso em 13.03.2017,.

Municípios brasileiros[346]. A título de exemplo, considerando o Município de São Paulo na condição do mais importante Município do Brasil, em termos populacionais e econômicos, o imposto sobre serviços foi responsável no exercício fiscal de 2015 por 58,4% do total das receitas tributárias municipais próprias[347].

O ISS também é objeto de inúmeras demandas judiciais, em geral envolvendo questões relacionadas a sua incidência, v. g., ao local em que se situa o prestador do serviço ou ao local em que se dá a prestação do serviço, e em relação ao próprio conceito de serviços (tido como "obrigação de fazer" seguindo o conceito clássico do Direito Privado) para efeitos de incidência tributária, e ainda a discussão acerca da natureza da lista trazida pela Lei Complementar, se exemplificativa ou exaustiva.

De qualquer forma, por ser um imposto sobre serviços "listados", o ISS perde em neutralidade, pois resulta que alguns serviços não são tributados, e algumas atividades que a rigor não são "serviços" são tributadas, gerando impactos tributários na alocação de recursos.

Assim como ICMS o ISS também gerou uma forma de competição tributária entre os Municípios[348], tendo a Constituição Federal sido alterada para permitir a imposição de alíquota mínima, bem assim, a regulação da concessão de isenções e benefícios fiscais, por via de Lei Complementar, a ser observada por todos os Municípios, de forma a coibir tal prática (Emenda Constitucional nº 37/2002)[349]. Por conta da legislação mencionada, a alíquota máxima do ISS é 5% e a mínima é de 2%.

---

[346] BRASIL. Receita da Receita Federal do Brasil. Subsecretaria de Tributação e Contencioso. Coordenação-Geral de Estudos econômico-Tributários e de Previsão e Análise de Arrecadação. Carga Tributária no Brasil 2015: Análise por tributos e bases de incidência. Brasília-DF. Set. 2016. p. 18. Disponível em: <http://www.receita.fazenda.gov.br/Publico/estudoTributarios/estatisticas/CTB2016.pdf> Acesso em: 20/04/2017.

[347] Neste conceito não se considera o IRRF dos funcionários como receita tributária própria. Fonte: Portal Meu Município, disponível em https://meumunicipio.org.br/perfil--municipio/3550308-Sao-Paulo-SP, acessado em 20/04/2017.

[348] Ver, e.g., VIDMONTAS, Amanda Scandiuzzi; REYNALDO NETO, Humberto; SANCHEZ, Vivian Lirancos; ZUCCHI, Alberto Luiz. Conseqüências da guerra fiscal entre os municípios da região metropolitana de São Paulo na arrecadação de imposto sobre serviços (ISS). Revista da Graduação em Administração, Ciências Contábeis e Ciências Econômicas do CCSA/Mackenzie. Jovens Pesquisadores, 2004, p. 131. Disponível em: http://www.mackenzie.com.br/dhtm/seer/index.php/jovenspesquisadores/article/view/790. Acesso: 06/06/2014

[349] O art. 88 do ADCT a Constituição Federal disciplinou a matéria até a superveniência da legislação específica, o que ocorreu com a edição da Lei Complementar nº 157, de 29 de

Destaque-se que no âmbito da federação norte-americana não existe legislação dessa natureza, *i.e.*, legislação nacional fixando alíquotas mínimas e máximas para tributos locais, ou mesmo estaduais. O ISS também não encontra paralelo no sistema dos EUA, pois naquele sistema não existe um tributo específico sobre o consumo de serviços cobrado pelos entes locais. Há tributos gerais sobre vendas de bens e serviços (como um tributo só), cobrado pelos Estados e governos locais, embora haja tributos especiais sobre serviço, em geral cobrado pelos Estados e DC (sobre diversões e serviço de apostas).

Além do ISS existe ainda na esfera da competência municipal e distrital a possibilidade de instituir uma contribuição especial sobre o consumo de energia elétrica, introduzido pela Emenda Constitucional nº. 39/2002, como **contribuição para o custeio do serviço de iluminação pública" – COSIP**. Esta contribuição especial sobre o consumo de energia elétrica, foi introduzida na Constituição Federal para substituir a antiga taxa de iluminação pública – TIP – julgada inconstitucional por não atender aos requisitos formais da espécie tributária taxa.

O valor da COSIP normalmente vem discriminado e cobrado na fatura de energia elétrica, o que é permitido expressamente no Parágrafo único do art. 149-A da Constituição Federal. O contribuinte é o usuário do sistema elétrico, podendo os contribuintes de direito ser o usuário ou as empresas distribuidoras do serviço de energia elétrica, conforme dispuser a lei municipal.

De acordo com as legislações municipais e distrital o fato gerador é o consumo de energia elétrica podendo ser cobrado, a critério da legislação municipal ou distrital, com base em alíquotas específicas, ou valor fixo (podendo ter por base o custo do serviço de iluminação prestado, rateado entre os consumidores), ou por meio de alíquota é *ad valorem*, sendo neste caso a base de cálculo tomada a partir do valor do consumo da energia elétrica do contribuinte.[350]

---

dezembro de 2017, dentre outras alterações, estabeleceu como alíquota mínima 2%, e diversas regras limitadoras das concessões de benefícios fiscais.

[350] A título de exemplo de uma alíquota ad valorem é a utilizada no Município de Salvador--BA que a alíquota é de 10% As alíquotas variam de município para município e às vezes são utilizadas alíquotas. Pode-se tomar por exemplo neste caso o Município de São Paulo que optou por cobrar R$ 3,50 para os consumidores residenciais e R$ 11,00 para os consumidores

No gráfico a seguir é possível visualizar como é a divisão dos impostos de competência dos Municípios e Distrito Federal por bases de incidência[351]:

Receita tributária por base de incidência -2017- Municípios

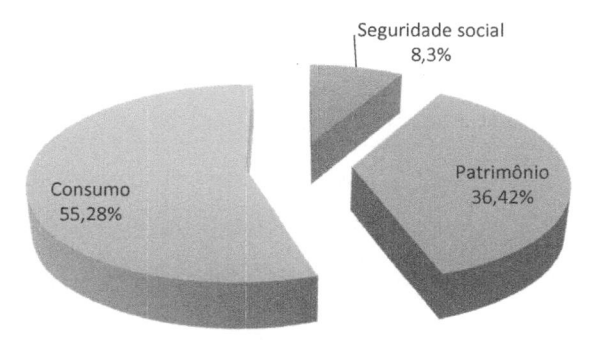

Fonte: gráfico elaborado pelos autores.

Mesmo com uma menor participação dos tributos incidentes sobre o consumo, em comparação com os Estados, é de longe a maior fonte de receitas tributárias municipais, com a participação de aproximadamente 55% do total arrecadado.

não-residenciais. Conforme o Decreto n° 24.056 de 16 de julho de 2013, do Município de Salvador-BA; e Lei No 13.479, DE 30 de dezembro de 2002, do Município de São Paulo-SP.
[351] Fonte dos dados: BRASIL. Receita da Receita Federal do Brasil. Subsecretaria de Tributação e Contencioso. Coordenação-Geral de Estudos econômico-Tributários e de Previsão e Análise de Arrecadação. Carga Tributária no Brasil 2015: Análise por tributos e bases de incidência. Brasília-DF. Set. 2016, p. 18. . Disponível em: <http://www.receita.fazenda.gov.br/Publico/estudoTributarios/estatisticas/CTB2016.pdf> Acesso em: 10/04/2017.

Considerações Finais

O estudo é dirigido à comparação dos sistemas tributários dos Estados Unidos da América (EUA) e do Brasil, a partir da formatação das suas matrizes tributárias. Entendendo-se por matriz tributária as escolhas que se faz no campo da tributação como, *v.g.*, a formatação das bases de incidência e a distribuição da carga.

Cabem algumas considerações que derivam do texto, sem, contudo, repeti-lo. Primeiramente, cumpre observar que as bases tributárias são repartidas na Constituição brasileira, sendo que a renda e comércio exterior são privativos da União as bases de consumo e propriedade são distribuídos de forma rígida pela Constituição Federal. Por segundo, nos EUA a União Federal não institui imposto sobre a propriedade, nem consumo geral (somente impostos especiais), e embora tenha receita (pequena) da tributação da herança, praticamente toda receita da União vem da tributação da renda, com prevalência da tributação da pessoa física, o que torna o sistema norte americano bem menos regressivo que o brasileiro.

Um aspecto importante no que diz respeito à tributação das pessoas físicas nos EUA é a que a tributação das *partneships* (sociedade de maneira geral) não se dá diretamente na pessoa jurídica, mas na parcela tributável (ou perda) atribuída a cada sócio a ele distribuída. Trata-se de uma entidade *pass-through*, ou seja, embora o imposto de renda seja calculado com base nas operações levadas a efeito por via da *partnership*, há a distribuição automática aos sócios no encerramento do período.

Este último aspecto talvez seja um fator que contribua para o cômputo de uma carga tributária do imposto de renda bem maior nas pessoas físicas em relação às jurídicas, ou seja, muito do que seria lucro tributável da pessoa jurídica, nos EUA, é tratado como rendimento da pessoa física e tributado desta forma[352]. A comparação com os dados do Brasil em relação a esses itens deve ter este aspecto em conta.

No que diz respeito ao sistema de financiamento da previdência (como parte da seguridade social), cabe lembrar que há Estados, nos EUA, que tem sistemas de seguridade social complementares ao federal com uma certa envergadura, com cobrança de contribuições sociais sobre folha de pagamento, como é o caso da Califórnia. Aspecto que é vedado na Constituição brasileira, que só permite aos Estados, DF e Municípios a instituição de contribuição previdenciária em relação aos seus próprios servidores públicos.

Importante também mencionar que enquanto a Constituição dos EUA veda a tributação na exportação a Constituição brasileira expressamente atribui à União competência para instituir imposto sobre a exportação. Efetivamente este tributo, sem fins arrecadatórios, é utilizado com finalidades extrafiscais de maneira efetiva, como é o caso da tributação do cigarro na exportação (pela alíquota máxima de 150%), e também de armas, com a finalidade de evitar o contrabando e a exportação ficta de cigarros para os países limítrofes, e em casos de risco de desabastecimento do mercado interno em virtude de demanda aquecida no mercado internacional de determinado produto (como já aconteceu com o açúcar, magnésio metálico e atualmente com alguns tipos de couro). Observe-se que até a Emenda nº 42/2003, os Estados brasileiros podiam tributar a exportação de mercadorias não industrializadas (neste caso o ICMS funcionava com uma tributação sobre a exportação de produtos primários).

Quando se considera as diferenças nos dois sistemas, sob o ângulo puramente jurídico, note-se que há diferenças inclusive no que diz respeito à forma de interpretar as leis. Por exemplo, como ocorre também com leis infraconstitucionais, *i.e.*, se a interpretação dada pelo judiciário não tem os efeitos pretendidos pelo Executivo e Legislativo, a norma escrita é alterada para, de forma explícita, ter o efeito pretendido inicialmente.

A esse respeito, tratando do direito dos EUA, os autores norte-americanos recomendam que é importante verificar a legislação recente e a pendente antes de se tomar um caso como precedente, adicionalmente convém verificar a posição do IRS, que pode decidir não seguir a decisão de uma corte inferior contrário à sua posição. Veja que esta posição é

352 Disponível em: https://www.irs.gov/uac/soi-tax-stats-soi-bulletin-articles-index-by-topic

mais complexa desde um ponto de vista do sistema do *common law*, onde prevalece o *stare decisis*, mas é muito comum no caso Brasil, onde só as decisões do tribunais máximos (STF e STJ) podem vincular, ou seja, a RFB e as administrações tributárias estaduais e municipais só adotam posições judiciais com as quais não concordam, somente após uma decisão em ação de controle concentrado, ou com repercussão geral (STF) ou recurso repetitivo (STJ), ou mesmo no caso de decisões do STF, que tenham sido objeto de resolução do Senado Nacional (nos termos do art. 52, inciso X, da Constituição brasileira).

Em termos estruturais da administração tributária, é relevante destacar que nos EUA o controle aduaneiro é ligado atualmente à área de segurança nacional, mais precisamente á segurança de fronteiras, enquanto no Brasil fica a cargo de RFB, da mesma forma, os tributos incidentes na importação, que nos EUA são denominados tarifas (*tariffs*) e estão sob a administração do Departamento de Comércio, em virtude de sua natureza comercial. Esta diferença de concentração das atividades traz vantagens e desvantagens, a depender de se considerar a questão pelo ângulo da arrecadação ou da agilidade nas ações de comércio.

Por fim, ficou evidenciado que a tributação no consumo no caso do Brasil é mais pesada em relação aos EUA, mesmo se considerarmos a tributação estadual e municipal norte-americana sobre o consumo. Embora nos EUA a tributação sobre o consumo também seja a principal fonte de renda tributária autônoma dos Estados, a tributação da renda e do patrimônio é relativamente bem mais relevante que no Brasil, considerando a carga tributária das três entidades federativas. Donde se conclui que o sistema tributário brasileiro é mais regressivo que o dos EUA e, portanto, mais concentrador de renda. Ademais, conforme verificado, a concentração de renda no Brasil é maior que nos EUA.

Por fim, há que ressaltar que da análise comparativa podem ser extraídas lições que identifiquem boas práticas (dos dois sistemas), mas adoção de modelos ou de práticas deve levar em consideração diversos fatores, como cultura, sistema jurídico, e as especificidades da estrutura federativa, e o tipo de federação, de cada país considerado.

REFERÊNCIAS

ABRAHAM, Marcus. **As Emendas Constitucionais Tributárias e os Vinte Anos da Constituição de 1988**. São Paulo: Quartier Latin, 2009.

ABRAMSON, Leslie, W. State Taxation of Exports: The Stream of Constitutionality. **North Carolina Law Review,** Chapel Hill, v. 54, n. 1, p. 59-82, 1957., disponível em http://scholarship.law.unc.edu/nclr/vol54/iss1/6, Acessado em 17/04/2017.

AGRESTI, James D. **Tax Facts. Just Facts,** October 15, 2012. Revised 4/5/13. http://www.justfacts.com/taxes.asp. Acesso: 30.5.2014.

ALMEIDA, Paulo Roberto de. **Formação da Diplomacia Econômica no Brasil: as Relações Econômicas Internacionais no Império**. São Paulo: Editora SENAC São Paulo; Brasília: Fundação Alexandre de Gusmão, 2001.

BALTHAZAR, Ubaldo César. **História do Tributo no Brasil**. Florianópolis: Fundação Boiteux, 2005.

BASTO, José Guilherme Xavier de. A tributação do consumo e a sua coordenação internacional. **Cadernos de Ciência e Técnica Fiscal,** v. 164, Centro de Estudos Fiscais, Lisboa, 1991.

BECKER, Alfredo Augusto. **Teoria geral do direito tributário**. 3. ed. São Paulo: Lejus, 1998.

BERCOVICI, Gilberto. **Dilemas do Estado Federal Brasileiro**. Porto Alegre: Livraria do Advogado, 2004.

BITTKER, Boris. I; LOKKEN, Lawrence. **Federal Taxation on Income Estates and Gifts**. Vol. 5. 2 ed. Boston: Warren, Gorham & Lamont, 1993.

BITTKER, Boris. I; LOKKEN, Lawrence. **Federal Taxation on Income Estates and Gifts**. Vol. 1. 3 ed. Boston: Warren, Gorham & Lamont, 1999.

BJUR, Timothy et al. (Eds.). **2016 State Tax Handbook**. Chicago: Wolters Kluwer, 2015.

Black's Law Dictionary, 10th ed., 2014, versão eletrônica, em WestLaw.

BOGENSCHNEIDER, Bret N. The Taxing Power After Sebelius. **Wake Forest Law Review**. v. 51, 941-983, Winter 2016.

BORDIN, Luís Carlos; LAGEMANN, Eugênio. **Formação tributária do Brasil: a trajetória da política e da administração tributárias.** Porto Alegre: Fundação de Economia e Estatística Siegfried Emanuel Heuser, 2006.

BRADFORD, David (ed.). **Distributional Analysis of Tax Policy**. Washington, D.C.: AEI, 1995.

BRASIL. Ministério da Fazenda. Receita Federal. **Carga tributária no Brasil – 2012: análise por tributos e bases de incidência**. Disponível em http://www.receita.fazenda.gov.br/publico/estudo-

Tributarios/estatisticas/CTB2012.pdf, Acesso em 13.03.2017.

BRASIL. Receita da Receita Federal do Brasil. Subsecretaria de Tributação e Contencioso. Coordenação-Geral de Estudos econômico-Tributários e de Previsão e Análise de Arrecadação. **Carga Tributária no Brasil 2010: Análise por tributos e bases de incidência.** Brasília-DF. Set. 2011. Disponível em: <http://www.receita.fazenda.gov.br/Publico/estudoTributarios/estatisticas/CTB2010.pdf> Acesso em: 05/04/2017.

BRASIL. Receita da Receita Federal do Brasil. Subsecretaria de Tributação e Contencioso. Coordenação-Geral de Estudos econômico-Tributários e de Previsão e Análise de Arrecadação. **Carga Tributária no Brasil – 2017 (Análise por Tributo e Bases de Incidência).** Brasília-DF. Nov. 2018. Disponível em: < http://receita.economia.gov.br/noticias/ascom/2018/dezembro/carga-tributaria-bruta-atingiu-32-43-do-pib-em-2017/carga-tributaria-2017-1.pdf> Acesso em: 24/03/2019.

BRASIL. Secretaria da Receita Federal do Brasil. **Primórdios do imposto de renda no mundo.** Disponível em: http://www.receita.fazenda.gov.br/Memoria/irpf/historia/histPriomordiosMundo.asp. Acesso: 25.5.2014.

BRASIL. Receita da Receita Federal do Brasil. Subsecretaria de Tributação e Contencioso. Coordenação-Geral de Estudos econômico-Tributários e de Previsão e Análise de Arrecadação. **Carga Tributária no Brasil 2015: Análise por tributos e bases de incidência.** Brasília-DF. Set. 2016. Disponível em: <http://www.receita.fazenda.gov.br/Publico/estudoTributarios/estatisticas/CTB2016.pdf> Acesso em: 10/04/2017.

BRASIL. STF. 2ª T. Recurso ordinário em *habeas corpus* n° 128.245, São Paulo, Rel. Min. Dias Toffoli. Data da decisão: 23/08/2016. Disponível em: http://redir.stf.jus.br/paginadorpub/paginador.jsp?docTP=TP&docID=11898938.

BROWNLEE, W. Elliot. **Federal Taxation in America: A Short History.** Cambridge, UK: CUP, 1999.

BURNHAM, William. **Introduction to the Law and Legal System of the United States.** 3 ed. St. Paul, Mn: West Group, 2002.

CAPLINGER, Dan. **The 5 States with no Sales Tax.** Disponível em: http://www.fool.com/how-to-invest/personal-finance/taxes/2013/05/05/the-5-states-with-no-sales-tax.aspx. Acesso: 4.6.2014.

CARVALHO, Pedro Humberto Bruno de. Estrutura de Alíquotas do IPTU nos Municípios. **Boletim regional e urbano,** Brasília, IPEA, n. 01, p. 45-59, dez/2008.

CHAPMAN, Michael W. Top 10 States That Rely Most on Federal Aid. Cnsnews.com,, disponível em http://www.cnsnews.com/news/article/michael-w-chapman/top-10-states-rely-most-federal-aid, acessado em 10/04/2017.

CONGRESS OF UNITED STATES. **Overview of The Federal Tax System As In Effect For 2018.** Prepared by the Staff of the Joint Committee on Taxation. February 7, 2018 JCX-3-18. Disponível em https://www.jct.gov/publications.html?func=startdown&id=5060, Acesso em 14/12/2018.

CONGRESS OF UNITED STATES. **Overview of The Federal Tax System As In Effect For 2017.** Prepared by the Staff of the Joint Committee On Taxation. March 15, 2017 JCX-25-14. Disponível em: https://www.jct.gov/publications.html?func=startdown&id=4989. Acesso: 02/04/2017.

CONGRESS OF UNITED STATES. Overview of The Federal Tax System as in Effect for 2014. Prepared by the Staff of the. March 28, 2014 JCX-25-14. Disponível Joint Committee on Taxation em: https://www.jct.gov/publications.html?func=startdown&id=4568. Acesso: 4.6.2014.

CONGRESS OF UNITED STATES. Overview Of The Federal Tax System As In Effect For 2012. Prepared by the Staff of the Joint Committee On Taxation. February 24, 2012, JCX-18-12. p. 23. Disponível em: https://www.jct.gov/publications.html?func=startdown&id=4400. Acesso: 4.6.2014.

CONGRESS OF UNITED STATES. Overview of The Federal Tax System As In Effect For 2018. Prepared by the Staff of the *Joint Committee on Taxation*. February 7, 2018 JCX-3-18. Disponível em https://www.jct.gov/publications.html?func=startdown&id=5060, Acesso em 14/12/2018.

CONGRESSIONAL BUDGET OFFICE. **Federal Grants to state and local Governments. Washington: US Congress, 2013**. Disponível em https://www.cbo.gov/sites/default/files/113th--congress-2013-2014/reports/03-05--13federalgrantsonecol.pdf, cessado em 31/03/2017.

COOLEY, Thomas M. **A Treatise on the Law of Taxation Including the Law of Local Assessments**. 1st rep. New York: Johnson Rep. Cop., 1972.

DAVID, René. **Os grandes sistemas do direito contemporâneo**. São Paulo: Martins Fontes, 1996.

DAVIS, Carl; DAVIS, Kelly; GARDNER, Matthew; HEIMOVITZ, Harley; MCINTYRE, Robert S.; PHILLIPS, Richard; SAPOZHNIKOVA, Alla & WIEHE, Meg. **Who Pays? A Distributional Analysis of the Tax Systems in All 50 States**. Institute on Taxation and Economic Policy – ITEP: Washington, D.C. 4 rd. Edition. January 2013.

DAVIS, Carl; DAVIS, Kelly; GARDNER, Matthew; MCINTYRE, Robert S.; MCLYNCH, Jeff & SAPOZHNIKOVA, Alla. **Who Pays? A Distributional Analysis of the Tax Systems in All 50 States**. Institute on Taxation and Economic Policy – ITEP: 3 rd. Edition Washington, D.C., 2009.

DENIS-ESCOFFIER, Shirley; FORTIN, Karen A. **Taxation for Decision Makers**. Hoboken, NJ: John Wiley & Sons, 2011.

DEWEY, Davis Rich. **Financial History of the United States**. New York: Longmans, Green, & CO. 6. ed. 1918.

DÓRIA, Antônio Roberto Sampaio. **Discriminação de competência impositiva: sua evolução na federação brasileira**. São Paulo: 1972.

DUNCAN, John C. A Critical Consideration of Executive Orders: Glimmerings of Autopoiesis in the Executive Role, **Vermont Law Review**, n. 35, 333-411, Winter/2010.

ECKES. Alfred E. **Opening America's Market: U.S. Foreign Trade Policy since 1776**. Chapel Hill, NC: University of North Carolina Press, 1995.

FRIEDMANN, Lawrence M. **A History of American Law**. 2 ed. New York: Touchstone, 1985.

GASSEN, Valcir. Matriz tributária: uma perspectiva para pensar o Estado, a Constituição e a tributação no Brasil. *In*: **Revista dos Tribunais** (São Paulo. Impresso), v. 935, p. 243-266, 2013.

GASSEN, Valcir. **Tributação na origem e destino:** tributos sobre o consume e processos de integração econômica. 2. ed. São Paulo: Saraiva, 2013.

GASSEN, Valcir; OLIVEIRA, Luiz Fernando de. Tributação, direito tributário e

Inconfidência Mineira no contexto das revoltas fiscais brasileiras: para além de Tiradentes. **Revista de Direito Internacional Econômico e Tributário – RDIET**. Brasília, V. 11, nº 1, 377-400, Jan-Jun, 2016.

GASSEN, Valcir; LEITE, Guilherme Cardoso. **O imposto sobre transmissão *causa mortis* e doação no Distrito Federal**: uma análise do intercâmbio de informações entres os Fiscos e a utilização do imposto como instrumento de justiça social. 2014.

GASSEN, Valcir; SILVA, Jamyl de J. A tributação do patrimônio como instrumento de justiça social. In. GASSEN, Valcir (Org). **Equidade e eficiência da matriz tributária brasileira: diálogos sobre Estado, Constituição e Tributação**. 2. ed. rev., atual., aum. Belo Horizonte: Arraes Editores, 2016.Capítulo VIII. **pp. 149-173.**

GASSEN, Valcir. A natureza histórica da instituição do direito de propriedade. In: Antonio Carlos Wolkmer. (Org.). **Fundamentos de história do direito**. 9 ed. Belo Horizonte: Del Rey, 2016, v. , p. 169-194.

GELFAND, M. David; MINTZ, Joel A.; SALSICH JR., Peter. **State and Local Taxation and Finance**. 3ʳᵈ ed. St. Paul: West Group, 2007, p. 116-124.

GODOY, Arnaldo Sampaio de Moraes. As Ordens Executivas no Presidencialismo Norte-Americano. **Revista da AJURIS**, Porto Alegre, v. 42, n. 138, Junho, 2015.

GODOY, Arnaldo Sampaio de Moraes. **Direito Tributário nos Estados Unidos**. São Paulo: LEX, 2004.

GODOY, Arnaldo Sampaio de Moraes. Conceituação de Tax nos Tratados Internacionais Tributários: paradoxos e possibilidades de um esperanto jurídico-fiscal. **Direito Tributário em Questão**, v. 8, p. 38-58, 2012.

GOMES, Carla Amado. Estado e integração económica: subsídios para uma reflexão sobre o conceito de soberania. **In: Curso de integração econômica e direito internacional fiscal: programa de cooperação técnica** – *disciplina de direito comparado estatal*. Brasília: Comissão da União Européia/Escola de Administração Fazendária/Gabinete de Apoio da Universidade Técnica de Lisboa, 1998.

GOMES, Carla Amado. Estado e integração económica: subsídios para uma reflexão sobre o conceito de soberania. **In: Curso de integração econômica e direito internacional fiscal: programa de cooperação técnica – disciplina de direito comparado estatal**. Brasília: Comissão da União Européia/Escola de Administração Fazendária/Gabinete de Apoio da Universidade Técnica de Lisboa, 1998. Mimeo. p. 46.

GOZZI, Gustavo. Estado contemporâneo: o Estado fiscal. *In*: BOBBIO, Norberto; MATTEUCCI, Nicola; PASQUINO, Gianfranco. **Dicionário de política**. Tradução de Carmen C. Varriale et al. 4. ed. Brasília: UnB, 1992. p. 404.

GRAETZ Michael J.. Distributional Tables, Tax Legislation and the Illusion of Precision. In: BRADFORD, David (ed.). **Distributional Analysis of Tax Policy**. Washington, D.C.: AEI, 1995.

GRAETZ, Michael J.; SCHENK, Deborah H. **Federal Income Taxation: Principles and Policies.** 4 ed. Rev. New York: Foundation Press, 2002.

GRAPPERHAUS, Ferdinand. H. M. **Taxes Through the Ages: A pictorial History**. Amsterdam: IBFD, 2009.

HALL, Kermit L. et al. (Eds.) **The Oxford Companion to American Law**. New York: Oxford Univ. Press, 2002.

HOFSTADTER, Richard. **The Tariff Issue on the Eve of the Civil War**. *The American Historical Review*. Oxford, UK: Oxford University Press. Vol. 44, No. 1 (Oct., 1938).

HOLMES, Kevin. **The Concept of Income**: A multidisciplinary analysis. Amsterdam: IBFD, 2001.

HOLMES, Stephen; SUNSTEIN, Cass R. **The cost of rights: why liberty depends on taxes**. New York, London: W.W. Norton & Company, 1999, p. 14, 17.

JACOBSON, Dafrien B.; RAUB, G. Brian; JOHNSON, Barry W. *The Estate Tax: Ninety Years and Counting*. IRS Publications. Available aty https://www.irs.gov/pub/irs-soi/ninetyestate.pdf Acessado em 15/12/2018.

KATZEFF, Paul. How Tax Reform Impacts Your Tax Bracket And Rate. **Invertor's Business Daily**, 3/16/2018. Disponível em https://www.investors.com/etfs--and-funds/personal-finance/how-tax--reform-impacts-your-tax-bracket-and--rate/.

KNOLL, Michael. *The Implications of the Supreme Court's Wayfair Decision, The Regulatory Review*, Jul 112, 2018, disponível em https://www.theregreview.org/2018/07/24/knoll-implications-supreme-courts-wayfair-decision/, acesso em acesso em 11/12/2018.

KRUGMAN, Paul. The Trump Tax Cut: Even Worse Than You've Heard. **NYT**, Jan, I, 2019, Disponível em https://www.nytimes.com/2019/01/01/opinion/the--trump-tax-cut-even-worse-than-youve--heard.html.

LACROIX, Alison L. **The Ideological Origins of American Federalism**. Cambridge: Harvard University Press, 2010.

LAGEMANN, Eugenio; OLIVEIRA, Cristiano Aguiar de; MARQUES JUNIOR, Liderau dos Santos. **Federalismo fiscal brasileiro: problemas, dilemas e competências tributárias**. Porto Alegre: Fundação de Economia e Estatística, 2011.

LEAL, Victor Nunes. **Problemas de direito público e outros problemas**. V. 1.Brasília: Imprensa Nacional, 1999.

LIND, Stephen. A. et al. **Fundamentals of Coporate Taxation**. 5 ed. New York: Foundation Press, 2002.

LIND, Stephen. A. et al. **Fundamentals of Partneship Taxation**. 6 ed. New York: Foundation Press, 2002.

LUNDER, Erika K. **Export Clause: Limitation on Congress's Taxing Power**. Congressional Research Service. 2012. Disponível em https://fas.org/sgp/crs/misc/R42780.pdf. Acessado em 23/03/2017.

MORGAN, Patricia T. **Tax Procedure and Tax Fraud**. 2nd ed. St. Paul: West Group, 1999.

MIKESELL, John L. The American Retail Sales Tax: Considerations on Their Structure, Operations, and Potential as a Foundation For a Federal Sales Tax. National. **Tax Journal**, p. 149-65, Vol 50 no. 1, March, 1997.

MONTESQUIEU, Charles de Secondat, Barão de. **O Espírito das Leis**. Trad. Cristina Murachco. São Paulo: Martins Fontes, 1996.

MURPHY, Liam; NAGEL, Thomas. **O mito da propriedade: os impostos e a justiça**. Trad. Marcelo Brandão Cipolla. São Paulo: Martins Fontes, 2005.

MUSGRAVE, Richard A.; MUSGRAVE, Peggy B. **Finanças públicas: teoria e prática**. Tradução de Carlos Alberto Primo Braga. São Paulo: Editora da Universidade de São Paulo, 1980.

NÓBREGA, Cristóvão Barcelos da. **História do imposto de renda no Brasil**: um enfoque da pessoa física. *Brasília*: Receita Federal, 2014.

NORTHRUP, Cynthia Clark; TURNEY, Elaine C. Prange. **Encyclopedia of Tariffs and Trade in U.S.** Westport, Connecticut: Greenwood Publishing: 2003. Volume 3.

OCDE. **Revenue Statistc 2018.** Disponível em: http://www.oecd.org/tax/tax-policy/revenue-statistics-2522770x.htm. Acesso: 22.3.2019.

OECD. **Consumption Tax Trends 2016**: VAT/GST and excise rates, trends and policy issues. Paris: OECD Publishing, 2016.

OECD. Glossary of Tax Terms. Disponível em: http://www.oecd.org/ctp/glossaryoftaxterms.htm. Acesso: 9.6.2014.

OLIVEIRA, Fabrício Augusto de. **A Evolução da Estrutura Tributária e do Fisco Brasileiro: 1889-2009.** Brasília: IPEA, 2010.

OLIVEIRA, Fabrício Augusto de. **A reforma tributária de 1966 e a acumulação de capital no Brasil.** São Paulo: Brasil Debates, 1981.

OLIVEIRA, Ricardo Mariz de. **Fundamentos do Imposto de Renda.** São Paulo: Quatier Latin, 2008.

PALMA, Clotilde Celorico. **Introdução ao Imposto sobre o Valor Acrescentado.** 2ª ed. Coimbra: Almedina, 2005.

PEETERS, Bruno (Ed.). **The Concept of Tax.** Amsterdam: EATLP/IBFD, 2005.

PIKETTY, Thomas. **Capital in the Twenty-First Century.** Translate by Arthur Goldhammer. Cambridge, Massachusetts, and London: The Belknap Press of Harvard University Press. 2014.

PIKETTY, Thomas. **O capital no século XXI.** 1ª ed. Tradução de Monica Baumgarten de Bolle. Rio de Janeiro: Intrínseca, 2014.

RIBEIRO, José Aparecido Carlos; LUCHIEZI JR., Álvaro; MENDONÇA, Sérgio Eduardo Arbulu. (Orgs.). **Progressivi-dade da Tributação e Desoneração da Folha de Pagamentos.** Brasília: Ipea/Sindifisco/Dieese, 2011.

RICHMOND, Gail Levin. **Federal Tax Research**: Guide to Material and Techniques. 6th ed. New York: Foundation Press, 2002.

RICHMOND, Gail Levin. **Federal Tax Research**: Guide to Material and Techniques. 9th ed. New York: Foundation Press, 2014.

SÁ, José Delfino; CAVALCANTE, Carlos Arthur Mattos; KALID, Ricardo de Araújo; MALVEIRA, Ulisses de Araújo. **Um modelo de otimização para alíquotas do IPTU socialmente mais Justas.** Dados do biênio 2002-2003. Disponível em: http://www.scielo.br/scielo.php?script=sci_arttext&pid=S0034-76122013000100005. Acesso: 3.6.2014.

SANTI, Eurico Marcos Diniz de et. al. (Orgs). **Transparência Fiscal e Desenvolvimento: Homenagem ao Professor Isaías Coelho.** São Paulo: FISCOSoft, 2013.

SÃO PAULO, Governo do Estado de. Diário Oficial do Poder Legislativo. Imprensa Oficial do Estado: 31 de maio de 2014.

SELIGMAN, Edwin R. A. **Progressive Taxation in Theory and Practice.** Baltimore: American Economic *Association*, 1894.

SILVA, Enio Moraes da. **Limites Constitucionais Tributários no Direito Norte-Americano.** Curitiba: Juruá, 2001.

SMITH, Adam. **An Inquiry into the Nature and Causes of the Wealth of Nations.** 1776.

STIGLIZT, Joseph. E. Sobre a Liberdade, o Direito de Cohecer e o Discurso Público: o Papel da Transparência na Vida Pública/ *On Liberty, the Right to Know, and Public Discourse: the Role of Transparency in*

Public Life. (texto bilíngue) In SANTI, Eurico Marcos Diniz de et. al (Orgs). **Transparência Fiscal e Desenvolvimento: Homenagem ao Professor Isaías Coelho**. São Paulo: FISCOSoft, 2013.

SULLIVAN, Kathleen M. e GUNTHER, Gerald. **Constutional Law**. 13a ed. New York: The Foundation Press, 1997.

SYU, Erika; NALUKWAGO, Milly Isingoma; VALADÃO, Marcos Aurélio Pereira. Lessons from Existing Subnational Unitary and Formulary Apportionment Approaches for a Regional Transition to Unitary Taxation. In: PICCIOTTO, Sol. (Org.). *Taxing Multinational Enterprises as Unitary Firms*. 1ed. v. 1, p. 150-172. Brighton – Reino Unido: IDS, 2017, p. 150-153.

TAUSSIG, Frank William. **The Tariff History of the United States**. 5. ed.N ew York and London: The Knickerbocker Press, 1910.

TAX FOUNDATION. Federal Individual Income Tax Rates History: Nominal Dollars Income Years 1913-2013. Disponíveis em: www.taxfoundation.org. Acesso: 29.5.2014.

TAX FOUNDATION. Federal Individual Income Tax Rates History: Nominal Dollars Income Years 1913-2013. Federal Individual Income Tax Rates History: Inflation Adjusted (Real 2012 Dollars) Using Average Annual CPI During Tax Year Income Years 1913-2013. Disponíveis em: www.taxfoundation.org. Acesso: 29.5.2014.

TERRA, Ben. **Sales Taxation**: The Case of Value Added Tax In The European Community. Boston : Kluwer Law and Taxation Publishers, 1988.

TILBERY, Heny. **Reflexões sobre a tributação do patrimônio**. São Paulo: Resenha Tributária, 1987, p. 295.

TUCKER, Barbara and TUCKER, Kenneth H. **Industrializing Antebellum America: The Rise of Manufacturing Entrepreneurs in the Early Republic**. Palgrave Macmillan, 2008.

U.S. Census Bureau 2010 Census Special Reports *Centenarians: 2010*, C2010SR-03, U.S. Government Printing Office, Washington, DC, 2012. Disponível em: http://www.census.gov/library/publications/2012/demo/c2010sr-03.html. Acesso: 10.6.2014.

UNITED KINGDOM. The National Archives. A tax to beat Napoleon: 1799-1999 bicentenary of income tax. Disponível em: http://webarchive.nationalarchives.gov.uk/+/http://www.hmrc.gov.uk/history/taxhis1.htm. Acesso: 06/04/2017.

UNITED STATES Federal, State, and Local Governments. Government Finance and Employment. Classification Manual. **Description of Tax Categories**. United States Census Bureau. Disponível em: http://www.census.gov/govs/www/class_ch7_tax.html. Acesso: 4.6.2014.

UNITED STATES. **Statistics of Income Bulletin**. Department of the Treasury: Internal Revenue Service, Fall 1984. p.3. Disponível em: http://www.irs.gov/pub/irs-soi/84rpfallbul.pdf. Acesso: 3.6.2014.

UNITED STATES. Department of Commerce, Bureau of the Census. **Historical Statistics of the United States 1789-1945**: A Supplement to the Statistical Abstract of the United States. 1949. Disponível em: http://www.census.gov/compendia/statab/past_years.html. Acesso: 1.6.2014.

UNITED STATES. Federal, State, and Local Governments. Government Finance and Employment. Classification Manual. **Description of Tax Categories**. United States Census Bureau. Disponível em:

http://www.census.gov/govs/www/class_ch7_tax.html. Acesso: 4.6.2014.

UNITED STATES. **State Government Tax Collections Summary Report: 2013**. Governments Division Briefs. By Sheila O'Sullivan, Russell Pustejovsky, Edwin Pome, Angela Wongus, and Jesse Willhide. Released April 8, 2014. U.S. Department of Commerce. Economics and Statistics Administration. U.S. CENSUS BUREAU. Disponível em: http://www.census.gov/govs/statetax/. Acesso: 3.6.2014.

UNITED STATES. IRS "The IRS Collection Process", Publication 594, 2018. Disponível em https://www.irs.gov/pub/irs-pdf/p594.pdf.

UNITED STATES. GENERAL EXPLANATION OF PUBLIC LAW 115-9" *Joint Committee on Taxation*. Disponível: https://www.govinfo.gov/content/pkg/CPRT-115JPRT33137/pdf/CPRT-115JPRT33137.pdf. Acesso em 14/12/2018.

VALADÃO, Marcos Aurélio Pereira ; MENDONÇA, José Ronaldo Carlos de Almeida ; BRANDAO, C. ; LINCOLN, M. A. L. ; MOURA, M. T. ; SOARES, R. B. . Aprimoramento da Tributação do Consumo: Uma Proposta de Aprimoramento do ICMS. **Fórum Fiscal dos Estados Brasileiros** – Programa de Estudos 2011. 1. ed. Brasília: ESAF, 2012, V. 1, p. 11-109.

VALADÃO, Marcos Aurélio Pereira. Comentários sobre as alterações tributárias à Constituição de 1988. **Ciência e Técnica Fiscal**, Lisboa, Portugal, v. 413, p. 07-133, 2004.

VALADÃO, Marcos Aurélio Pereira. Evolução da discriminação das rendas tributárias no constitucionalismo brasileiro: aspectos históricos e conceituais. **Direito em Ação**, Brasília – DF, v. 1, n. 1, p. 57-87, 2000.

VALADÃO, Marcos Aurélio Pereira. Income Tax Treaties and the Treatment of Dividends Received by Foreign Shareholders from Domestic Corporations Under an Integrated System (Without the Double Level of Taxation). **North Carolina Journal of International Law and Commercial Regulation**, North Carolina, U.S.A., v. 29, n. 3, p. 457-486, 2004.

VALADÃO, Marcos Aurélio Pereira. **Limitações Constitucionais ao Poder de Tributar e Tratados Internacionais**. Belo Horizonte: Del Rey, 2000.

VALADÃO, Marcos Aurélio Pereira. Sustação de atos do Poder Executivo pelo Congresso Nacional com base no artigo 49, inciso V, da Constituição de 1988. **Revista de Informação Legislativa**, Brasília – DF, v. 153, p. 287-302, 2002.

VALADÃO, Marcos Aurélio Pereira. Value Added Tax (VAT) and Retail Sales Tax (RST): A Comparative Analysis on the Two Tax Methodologies in the U.S. **Revista de Direito Internacional Econômico e Tributário**. Brasília, v. 1, n. 1, p. 28-47, 2006.

VALADÃO, Marcos Aurélio Pereira: Intervenção no domínio econômico e tributação – extrafiscalidade – aspectos. p. 223-248. In: DIAS, João Luis Fischer et al. **Estudos de Direito Público: homenagem aos 25 anos de Mestrado em Direito da UnB**. Brasília: Brasília Jurídica, 2000.

VALADÃO, Marcos Aurélio Pereira; et ali. Estudo sobre o Contencioso Administrativo Fiscal da Federação Brasileira: Problemas e Soluções. In: **Estudos do Fórum Fiscal Dos Estados 2012**. 1ª ed. BRASÍLIA – DF: ESAF, 2013.

VASQUES, Sergio. **Os Impostos do Pecado**: O Álcool, o Tabaco, o Jogo e o Fisco. Coimbra: Almedina, 1999.

VASQUES, Sérgio. **Os Impostos Especiais de Consumo**. Coimbra: Almedina, 2001.

VIDMONTAS, Amanda Scandiuzzi; REYNALDO NETO, Humberto. SANCHEZ, Vivian Lirancos. ZUCCHI, Alberto Luiz. Conseqüências da guerra fiscal entre os municípios da região metropolitana de São Paulo na arrecadação de imposto sobre serviços (ISS). A Revista da Graduação em Administração, Ciências Contábeis e Ciências Econômicas do CCSA/Mackenzie.Jovens Pesquisadores, 2004. Disponível em: http://www.mackenzie.com.br/dhtm/seer/index.php/jovenspesquisadores/article/view/790. Acesso: 6.6.2014.

WARAT, Luis Alberto **et ali**. senso comum. In: ARNAUD, André-Jean (org). **Dicionário Enciclopédico de Teoria e Sociologia do Direito**. Rio de Janeiro, Renovar, 1999. p. 714 – 716.

WATSON, Camillla E. **Tax Procedure and Tax Fraud**. 5th ed. St. Paul: West Academics, 2016.

WETHERELL, Kent. The New Burdens of Proof in Ad Valorem Tax Valuation Cases. **Florida State Univ. Law Review**. n. 25, p. 185-233, 1988.

PRINCIPAIS SITES DE CONSULTA

http://oll.libertyfund.org/titles/franklin-the-works-of-benjamin-franklin-vol-xii-letters-
-and-misc-writings-1788-1790-supplement-indexes

http://www.boe.ca.gov/sptaxprog/tax_rates_stfd.htm#1.

http://www.cbo.gov/publication/43904

http://www.census.gov/compendia/statab/past_years.html

http://www.previdencia.gov.br/servicos-ao-cidadao/todos-os-servicos/gps/tabela-con-
tribuicao-mensal/

http://www.constitution.org/eng/magnacar.htm

http://www.imf.org/external/pubs/ft/weo/2014/01/weodata/weorept.aspx?sy=2013&ey
=2013&scsm=1&ssd=1&sort=country&ds=.&br=1&pr1.x=37&pr1.y=17&c=111&s=PP
PGDP%2CPPPPC&grp=0&a=. Acesso: 10.6.2014.

http://www.receita.fazenda.gov.br/Memoria/irpf/graficos/graficos.asp

http://www.receita.fazenda.gov.br/Memoria/irpf/historia/histPriomordiosMundo.asp.

http://www.tax-brackets.org/californiataxtable

http://www.ibge.gov.br/home/estatistica/populacao/estimativa2016/serie_2001_2016_
tcu.shtmhttp://data.worldbank.org/data-catalog/GDP-ranking-table

http://hdr.undp.org/en/countries

http://www.stf.jus.br/portal/cms/verTexto.asp?servico=estatistica&pagina=decisoesco
legiadas

https://www.gpo.gov/fdsys/pkg/CFR-2011-title3-vol1/pdf/CFR-2011-title3-vol1-eo13531.pdf

www.civilrights.org/judiciary/courts/supreme.html?

http://uscode.house.gov/view.xhtml?path=/tables/table4&edition=prelim

http://uscode.house.gov

http://www.mtc.gov/The-Commission

http://redir.stf.jus.br/paginadorpub/paginador.jsp?docTP=AC&docID=347383

www.ncsl.org/research/fiscal-policy/real-estate-transfer-taxes.aspx

www.irs.gov/pub/irs-pdf/i706.pdf

www.irs.gov/businesses/small-businesses-self-employed/frequently-asked-questions-
-on-estate-taxes#4, acessado em 10/04/2017.

https://factfinder.census.gov/faces/tableservices/jsf/pages/productview.xhtml?src=bkm

www.census.gov/content/dam/Census/library/publications/2016/econ/g16-qtax4.pdf,
acessado 11/04/2017

www.receita.fazenda.gov.br/Publico/estudoTributarios/estatisticas

http://www.seplag.df.gov.br/noticias/item/2885-arrecada%C3%A7%C3%A3o-tribut%C3%A1ria-em-2015-foi-de-r$-136-bilh%C3%B5es.html

www.deepask.com

ww2.prefeitura.sp.gov.br/arquivos/secretarias/financas/contas-publicas/boletimdatransparencia2014.pdf

www.taxpolicycenter.org/statistics/local-property-taxes-percentage-local-tax-revenue,

https://www.taxadmin.org/assets/docs/Research/Rates/apport.pdf

https://www.taxadmin.org/2015-state-tax-collection-by-source

https://www.census.gov/govs/statetax/index.html – US Census Bureau – State Government Tax Collections –

www.cbp.gov

www.law.cornell.edu/uscode/pdf/uscode47/lii_usc_TI_47_CH_5_SC_I_SE_152.pdf

www.law.cornell.edu/uscode/text/19

https://meumunicipio.org.br/perfil-municipio/3550308-Sao-Paulo-SP

www.stf.jus.br (fonte de decisões do STF citadas no trabalho, de maneira geral).

https://www.law.cornell.edu/uscode/text/26

https://apps.irs.gov/app/picklist/list/writtenDeterminations.html

http://uscode.house.gov/browse/tables&edition=prelim

https://www.supremecourt.gov/opinions

ANEXO ÚNICO

Descrição dos Tipos Tributários do Quadro de Tributos Recolhidos por Tipo de Tributo e Tipo de Jurisdição Tributária nos EUA

CATEGORY: Property Taxes
Taxes imposed on ownership of property and measured by its value.

Code: T01	ITEM: Property Taxes
Includes:	General property taxes, relating to property as a whole, taxed at a single rate or at classified rates according to the class of property. Property refers to real property (*e.g.*, land and structures) as well as personal property; personal property can be either tangible (*e.g.*, automobiles and boats) or intangible (*e.g.*, bank accounts and stocks and bonds).
	Special property taxes, levied on selected types of property (*e.g.*, oil and gas properties, house trailers, motor vehicles, and intangibles) and subject to rates not directly related to general property tax rates.
	Taxes based on income produced by property as a measure of its value on the assessment date.
	Penalties and interest on delinquent property taxes; proceeds of tax sales and tax redemptions, up to the amount of taxes due plus penalties and interest (report any excess receipts as follows: report amounts retained by the taxing government at *Miscellaneous General Revenue, NEC*, code U99, and exclude any amounts held for or returned to original property owner(s)).
	For governments collecting taxes as agents for another, includes any commissions, fees, or other items representing collection expenses retained from tax proceeds.
Excludes:	Discounts to taxpayers for prompt payment of their tax bill.
	Taxes or other charges on property measured by any basis other than its value, such as area, front frontage, and benefits from public improvements, or other "special assessments" (use code U01) as well as such measures as corporate stock, bank deposits, or "per head" taxes (see description under *License Taxes*).

Taxes measured by taxpayer's income from intangible property (report at *Individual Income Taxes,* code T40).

Taxes paid in protest and held by government in a suspense fund (report as property tax revenue if dispute is settled in government's favor; do not report as tax revenue any amounts returned to taxpayer). See Section 6.71.

Taxes from utility owned by the taxing government (nonrevenues).

Payments-in-lieu-of-taxes (if paid by another government, report at *Intergovernmental Revenue*; if paid by a private organization, use code U99; and if paid by another agency or utility of the same government, exclude entirely from revenue).

CATEGORY: Sales and Gross Receipts Taxes

Taxes on goods and services, measured on the basis of the volume or value of their transfer, upon gross receipts or gross income therefrom, or as an amount per unit sold (gallon, package, etc.); and related taxes based upon use, storage, production, importation, or consumption of goods and services. Includes licenses levied at more than minor rates.

Excludes dealer discounts or "commissions" allowed to merchants for collecting taxes; taxes on the severance of natural resources, measured by value or quantity severed (report at Severance Taxes, code T53), except when imposed as a part of and at the same rate as general sales or gross receipts taxes.

Code: T08	ITEM: Federal Customs Duties
Includes:	Taxes levied on the importation or exportation of goods and services.

Code: T09	ITEM: General Sales and Gross Receipts Taxes
Includes:	Taxes applicable with only specified exceptions (e.g., food and prescribed medicines) to sales of all types of goods and services or to all gross receipts, whether at a single rate or at classified rates; and sales use taxes.
Excludes:	Taxes imposed distinctively on sales of or gross receipts from selected commodities, services, or businesses (report at *Selective Sales and Gross Receipts Taxes,* codes T10-T19).

SUB-CATEGORY: Selective Sales and Gross Receipts Taxes

Taxes imposed on the sale of particular commodities or services or on gross receipts of particular businesses separately and apart from General Sales or Gross Receipts Taxes;and licenses measured by sales or gross receipts and producing more than minor amounts of revenue.

Excludes license fees for commodity inspections at a rate per unit of commodity inspected that produces only minor revenue (report at License Taxes, codes T20-T29).

Code: T10	ITEM: Alcoholic Beverages
Includes:	Taxes on sale of alcoholic beverages, whether collected through government-operated liquor stores or through private outlets.

Code: T11	**ITEM: Amusements**
Includes:	Taxes on admission tickets or admission charges and on gross receipts of all or specified types of amusement businesses.

Code: T12	**ITEM: Insurance Premiums**
Includes:	Taxes imposed distinctively on insurance companies and measured by gross premiums or adjusted gross premiums.

Code: T13	**ITEM: Motor Fuels**
Includes:	Taxes on gasoline, diesel oil, aviation fuel, "gasohol", and any other fuels used in motor vehicles or aircraft.
Excludes:	Taxes on sale of fuels other than motor fuels--e.g., for heating, lighting, cooking, etc. (report at *Other Selective Sales Taxes,* code T19); and refunds of fuel taxes (deduct from gross tax proceeds).

Code: T14	**ITEM: Pari-mutuels**
Includes:	Taxes measured by amounts wagered or bet on horse-racing, dog racing, jai-lai, etc., including "breakage" collected by the government.
Excludes:	Race track licenses not based on amounts wagered (report at *Amusement License Taxes,* code T21); sales taxes on race track admissions (use code T11).

Code: T15	**ITEM: Public Utilities**
Includes:	Taxes imposed distinctively on public utilities, both privately- and publicly-owned, such as public passenger and freight transportation companies, telephone, telegraph, and light and power, and others; and measured by gross receipts, gross earnings, or units of service sold, either as a direct tax on consumers or as a percentage of gross receipts of utility.
Excludes:	Payments-in-lieu-of-taxes from utilities operated by other governments (report at *Intergovernmental Revenue*); any tax or payment-in-lieu-of-taxes imposed on a government's own utility gross receipts (interfund transfer); taxes levied on such companies on any other basis (report at appropriate tax related to the type of measurement concerned).
Notes:	Report here taxes imposed by a government on its own utility if they are billed directly to consumers on a percentage or flat rate base and are clearly visible to the consumer as a tax separate from the utility charges. Do not include taxes on the gross receipts of its own utilities.

Code: T16	**ITEM: Tobacco Products**
Includes:	Taxes on tobacco products and synthetic cigars and cigarettes, including related products like cigarette tubes and paper.

Code: T19	ITEM: Other Selective Sales and Gross Receipts Taxes
Includes:	Taxes on specific commodities, businesses, or services not reported separately above (e.g., on contractors, lodging, lubricating oil, fuels other than motor fuel, motor vehicles, meals, soft drinks, margarine, etc.).

CATEGORY: License Taxes

Taxes exacted (either for revenue raising or for regulation) as a condition to the exercise of a business or nonbusiness privilege. Can be levied at a flat rate or by such bases as capital stock or surplus, number of business units, or capacity. Generally, includes taxes on property levied on some basis other than assessed value (e.g., on corporate stock or bank deposits). Also includes "fees" related to licensing activities as well as license taxes producing substantial revenues.

Excludes taxes measured directly by transactions, by gross or net income and receipts, or by value of property, except those with only minor rates (report at appropriate tax code related to the type of measurement concerned).

Code: T20	ITEM: Alcoholic Beverages
Includes:	Licenses for manufacturing, importing, wholesaling, and retailing of alcoholic beverages.
Excludes:	Taxes based on volume or value of transactions (report at *Alcoholic Beverage Sales Taxes,* code T10) or on assessed value of property (report at *Property Taxes,* code T01); and Federal customs duties on alcoholic beverage imports (use code T08).

Code: T21	ITEM: Amusements
Includes:	Licenses on amusement businesses generally and on specific types of amusement enterprises or devices (e.g., race tracks, movie theaters, athletic events, pinball and video game machines, etc.).
Excludes:	"Licenses" based on value or number of admissions (report at *Amusements Sales Taxes,* code T11), on amount of wagers (report at *Pari-mutuels Sales Taxes,* code T14), or on gross or net income and receipts (use code T11).

Code: T22	ITEM: Corporations in General
Includes:	Franchise license taxes; organization, filing and entrance fees; taxes on property measured by amount of corporate stock, debt, or other basis besides assessed value of property; and other licenses applicable with few, specified exceptions to all corporations.
Excludes:	Taxes on corporations based on value of property (use code T01), on net income (report at *Corporation Net Income Taxes,* code T41), or on gross receipts from sales, other than at minor rates (use code T09); and taxes distinctively imposed on particular kinds of businesses, such as public utilities, insurance companies, etc. (report at appropriate *Selective Sales Tax,* codes T10-T19).

Code: T23	ITEM: Hunting and Fishing
Includes:	Licenses for commercial and noncommercial hunting and fishing; and shipping permits.

Code: T24	ITEM: Motor Vehicles
Includes:	Licenses imposed on owners or operators of motor vehicles for the right to use public highways, such as fees for title registration, license plates, vehicle inspection, vehicle mileage and weight taxes on motor carriers, highway use taxes, and off-highway fees.
Excludes:	Personal property taxes on motor vehicles (use code T01); sales or gross receipts taxes on the sale of motor vehicles (use code T09); taxes on motor carriers based on assessed value of property (use code T01), gross receipts (use code T09), net income (use code T41); and other taxes on the business of motor transport (use code T28).

Code: T25	ITEM: Motor Vehicle Operators
Includes:	Licenses for the privilege of driving motor vehicles, both commercial and private.

CATEGORY: Income Taxes
Taxes levied on the gross income of individuals or on the net income of corporations and businesses (i.e., after allowable deductions).
Deduct refunds of taxes from gross collections even if they were recorded as tax revenue in a previous fiscal year.

Code: T40	ITEM: Individual Income Taxes
Includes:	Taxes on individuals measured by net income and taxes on special types of income (e.g., interest, dividends, income from intangible property, etc.).
Excludes:	Taxes using income from intangible property as a measure of its value as of assessment date (report at *Property Taxes*, code T01); income taxes on unincorporated businesses (report at *Corporation Net Income*, code T41); payroll taxes to finance insurance trusts programs, such as Social Security taxes (report at appropriate *Insurance Trust Revenue* code); and city gross earnings taxes (report at *Taxes, NEC*, code T99).
Notes:	Includes combined individual and corporation income taxes where proceeds cannot be separated.

Code: T41	ITEM: Corporation Net Income Taxes
Includes:	Taxes on corporations and unincorporated businesses (when taxed separately from individual income), measured by net income, whether on corporations in general or on specific kinds of corporations, such as financial institutions.

Excludes:	Income taxes on gross income or receipts of corporations (report at *Sales and Gross Receipts Taxes*, codes T09-T19); and combined corporation and individual income taxes not separable by type (use code T40).

Notes:	Although such taxes may be called "license" or "franchise" taxes, they are classified here if measured by net income.

CATEGORY: Other Taxes

Code: T50	ITEM: Death and Gift Taxes

Includes:	Taxes imposed on the transfer of property at death, in contemplation of death, or as a gift (e.g., inheritance and estate taxes).

Code: T51	ITEM: Documentary and Stock Transfer Taxes

Includes:	Taxes on the recording, registration, and transfer of documents, such as mortgages, deeds, and securities.

Excludes:	Taxes on recording or transfer of motor vehicle titles (report at *Motor Vehicle Licenses,* code T24).

Code: T53	ITEM: Severance Taxes

Includes:	Taxes imposed distinctively on removal (severance) of natural resources (e.g., oil, gas, coal, other minerals, timber, fish, etc.) from land or water and measured by the value or quantity of products removed or sold.

Code: T99	ITEM: Taxes, NEC

Includes:	Taxes not listed separately or provided for in categories above, such as taxes on land at a specified rate per acre (rather than on assessed value).